AF570193

5-7, rue de l'École polytechnique, 75005 Paris

http://www.harmattan.fr
diffusion.harmattan@wanadoo.fr
harmattan1@wanadoo.fr

ISBN : 978-2-343-04705-8
EAN : 9782343047058

La critique radicale de l'argent et du capital chez le Dernier-Marx

Matériaux pour une refondation du marxisme

Ouverture philosophique

Collection dirigée par Aline Caillet, Dominique Chateau, Jean-Marc Lachaud et Bruno Péquignot

Une collection d'ouvrages qui se propose d'accueillir des travaux originaux sans exclusive d'écoles ou de thématiques.

Il s'agit de favoriser la confrontation de recherches et des réflexions, qu'elles soient le fait de philosophes « professionnels » ou non. On n'y confondra donc pas la philosophie avec une discipline académique ; elle est réputée être le fait de tous ceux qu'habite la passion de penser, qu'ils soient professeurs de philosophie, spécialistes des sciences humaines, sociales ou naturelles, ou… polisseurs de verres de lunettes astronomiques.

Dernières parutions

Pascal BOUVIER, *Court traité d'ontologie*, 2014.
Pascal GAUDET, *Le problème kantien de l'éthique,* 2014.
Gilles GUIGUES, *Recueillement de Socrate. Sur l'âme, source et principe d'existence*, 2014.
Mylène DUFOUR, Aristote, *La Physique, Livre VI. Tome 2 : Commentaire*, 2014.
Mylène DUFOUR, Aristote, *La Physique, Livre VI. Tome 1 : Introduction et traduction*, 2014.
Donald Geoffrey CHARLTON, *La pensée positiviste sous le Second empire*, 2014.
Jean-Serge MASSAMBA-MAKOUMBOU, *Philosophie et spécificité africaine dans la* Revue philosophique de Kinshasa, 2014.
Hélène de GUNZBOURG, *Naître mère, Essai philosophique d'une sage-femme*, 2014.
Jacques STEIWER, *Une brève Histoire de l'Esprit*, 2014.
Jean-Marc LACHAUD, *Walter Benjamin. Esthétique et politique de l'émancipation*, 2014.
John DEWEY (traduit par Michel Guy GOUVERNEUR), *L'expérience et la nature* suivi de *L'expérience et la méthode philosophique*, 2014.
Xavier VERLEY, *Le symbolique et transcendantal*, 2014.
Grégori JEAN et Adam TAKACS (eds.), *Traces de l'être Heidegger en France et en Hongrie*, 2014.

Philippe Bayer

La critique radicale de l'argent et du capital chez le Dernier-Marx

Matériaux pour une refondation du marxisme

L'Harmattan

Introduction

A) 1) Depuis les années 80, le monde est entré dans une phase où sa lecture ne peut plus s'armer des seules armes théoriques dont le mouvement ouvrier s'était doté depuis Marx. Pendant un siècle et demi, l'histoire a semblé porter en son sein les luttes et les révolutions qui la parcouraient et lui imposaient son sens. Le progrès des forces productives semblait nourrir le développement d'un prolétariat, dont le caractère de sujet substantiel de cette histoire s'affirmait aussi bien quantitativement que qualitativement. Les luttes de par le monde s'y référaient et les révolutions se coloraient du sang des luttes prolétariennes. Le sens de la lutte des classes ponctuait les moments de l'histoire dont l'échéance victorieuse ne faisait guère de doute. Il y eut certes quelques révolutions manquées et quelques luttes non abouties, mais c'était l'effet d'un rapport de force conjoncturel entre belligérants d'un conflit rythmant toujours l'histoire. Quand ce rapport de force défavorable se prolongeait, c'était le fait de « déformations » et autres « trahisons » venant affaiblir les forces vives de la révolution en marche. Bref, au-delà de quelques questionnements, la taupe creusait toujours, sortant son nez à l'occasion, comme en mai 68 pour organiser la « répétition générale ».

Ce ne sont pas les certitudes théoriques qui, de plus en plus tirées par les cheveux, finirent par avoir la migraine. Mais bien plutôt l'histoire elle-même qui finit par ne plus répondre et mit fin à une histoire d'amour entre elle-même et la théorie. Et le bilan s'énonce à partir des questions que pose cette rupture. Y eut-il jamais une telle histoire d'amour partagée ? L'histoire a-t-elle eu à quelque moment un sentiment pour la théorie ? N'est-ce pas plutôt la théorie qui s'est trop donnée à un amour au point d'y perdre ses forces et faire montre de faiblesses ?

2) Mais ce bilan, la théorie a du mal à le faire. L'histoire n'est plus aussi transparente à sa lecture ? Qu'à cela ne tienne ! La théorie se sent armée pour ménager des « rencontres » avec elle, moment de compassion sur sa triste réalité. Mais peut-on prétendre comprendre cette triste réalité quand on se refuse à voir que si l'histoire ne répond plus, c'est tout simplement parce qu'elle n'a jamais répondu pour avoir été toujours infidèle, embarquée qu'elle était dans une autre aventure?

C'est dès lors qu'on ouvre les yeux, qu'on se réveille d'un long rêve, que l'on voit que la théorie marxiste s'est trompée d'histoire. Elle s'est entichée d'une histoire qui menait une vie cachée avec un autre, le capital, et c'est en tant qu'histoire de cet « affreux jojo » qu'elle est dans un triste état. Il lui faut entreprendre une « auto-analyse » afin de se reconstruire contre la logique du capital dont elle a pris les vessies pour des lanternes d'une histoire idéalisée. Et il faut pour cela qu'elle suive les traces de Marx.

3) Car nous tenons que Marx a, sur le tard, entrepris le début d'une telle « auto-analyse » dans l'édition française du Capital (que nous nommerons LC). Ce Dernier-Marx, nous en avons entrepris la lecture jusqu'à la fin de la §1 du chapitre I de LC, pour y découvrir une « critique radicale de la valeur-travail », où le capital commence à se révéler pour ce qu'il est, en son sens profond, en son être spécifique. Et nous nous proposons dans ce livre de continuer et d'achever cette « relecture » afin de comprendre la force d'un système qui a pu nous faire prendre ses vessies pour des lanternes. Par là même nous comprendrons en quoi la théorie marxiste se prédisposait à une telle confusion. Car toute la théorie, avant LC, s'est constituée sur cette aventure avec l'histoire que constitue le schéma matérialiste historique. Et ce n'est pas en élaguant les textes des passages par trop marqués par le déterminisme historique qu'on aura lavé la théorie de ses traces.

Afin de poursuivre cette « relecture », il nous faut exposer les résultats auxquels nous a menés la « critique radicale de la valeur-travail ».

B) 1) L'introduction à la §1 définit l'*objet de LC* et le *point de départ* de la théorie. L'objet de LC est la logique du capital à saisir comme théorie pure d'un sens, indépendamment d'une histoire complexe dans laquelle il se déploie. Il s'agit d'une société dans laquelle règne le capital, et non pas dans laquelle il domine d'autres modes de production. Quant au point de départ, il impose sa nature dialectique pour dire un mauvais infini, la richesse comme immense accumulation de marchandises, dont il faut chercher le vrai infini dans sa forme élémentaire, la marchandise comme absolu.

2) Pour définir cet absolu, nous avons analysé les passages essentiels d'un texte postérieur à LC, les « Notes marginales sur le traité d'économie politique d'Adolph Wagner » (NMW). À la catégorie « homme » de Wagner, Marx oppose l'homme social déterminé dans une société où il vit déjà. Avec ce déjà, on voit d'abord qu'on n'est pas dans une ontologie traditionnelle, mais aussi que, si c'est d'un absolu qu'il s'agit, comme le laisse voir l'introduction de §1, cette « société » ne peut signifier un tout social déterminant extérieurement. Marx fait partout, dans sa critique, la chasse aux extériorités que cultive Wagner, en reprenant les choses extérieures pour en faire « *certaines* choses extérieures ».

3) C'est un second texte de NMW qui nous donne à voir cet absolu en une ontologie de l'identité vitale, qui se développe en trois moments qui sont ceux de la vie en sa dimension subjective immanente.

— Le *premier moment* est celui d'une naissance en tant que commencement de la vie. « Les hommes commencent (...) par se comporter activement, par s'emparer par l'action de certaines choses du monde extérieur ». C'est l'identité vitale de l'homme et de ses certaines choses comme objets vitaux, que nous donne à saisir Marx. Une identité vitale où les certaines choses sont les objets vitaux d'un être vital qui se les approprie par l'acte immédiat qui ne peut avoir l'épaisseur d'un temps. Contre le temps objectif, avec le temps sans durée d'une naissance, Marx affirme le caractère subjectif immédiat du temps.

— Le *deuxième moment* est celui du reflet dans le cerveau, par la répétition du présent s'imprimant comme mémoire d'un présent-passé.

— Le *troisième moment* enfin est celui du langage. D'abord, du besoin de se souvenir de ce qui est en mémoire naît un prélangage. Mais surtout, l'imagination naît du besoin réel présent d'un objet inexistant, dont l'image est projetée dans un présent-futur. En tant que ce présent-futur est un objet vital, la durée de sa réalisation s'inscrit comme nécessité vitale d'un but chaque fois présent. Ainsi la durée du mouvement n'a pas l'objectivité d'un temps que la pensée objective lui prête, pour ne pas avoir d'autre réalité que la subjectivité chaque fois présente qui le parcourt. Le langage naît du besoin d'imaginer la même chose et en même temps au sein d'une communauté d'hommes.

C'est cette théorie de la vie, qui est aussi bien ontogénétique que phylogénétique, et qui concerne l'être de l'homme en tant qu'identité vitale, que le Dernier-Marx vient opposer à la pensée objective d'une philosophie de l'histoire scrutant ses horizons du haut de son pouvoir imaginatif comme autant de buts qu'elle s'est elle-même fixés en légiférant. Mais c'est aussi l'idéalisme qui est radicalement critiqué, pour ne plus être une simple inversion qui conserve le sens de l'énoncé critiqué. Car la pensée objective en s'énonçant dans l'écart spatio-temporel d'un objet qu'elle se donne de manière « critique », ne fait en fait que se rendre à un donné aveuglant dont l'origine n'est pas questionnée. C'est donc contre toute théorie de la connaissance que s'énonce cette théorie de la vie.

4) C'est pourtant par la réintroduction d'une extériorité que se termine ce texte. En reconnaissant la substantialité de la chose, la certaine chose est renvoyée à un état de nature. Or, si cette fin est incompatible avec ce qui précède, c'est que Marx vient éclairer l'origine du point de vue wagnérien, en ayant subrepticement introduit un rapport de pouvoir au sein même de la vie. Or, cette rupture au sein même de la vie, nous oblige à concevoir l'identité vitale par sa temporalité d'essence, c'est-à-dire comme une identité vitale chaque fois là, spécifique, car se redéfinissant elle-même dans les circonstances qui lui sont faites. Aussi est-ce comme une investigation propre à la définition du point de départ de l'exposition du sens propre du capital, qu'il faut prendre le texte de NMW. Et c'est cette investigation qui vient se conclure par l'introduction de la §1, montrant par là que le point de départ de LC n'est pas dans LC pour venir se donner comme la marchandise. C'est que Marx a déjà appris de Feuerbach que c'est par son objet qu'on connaît l'homme. Or, ici, la

marchandise n'est rien d'autre que l'objet vital d'une identité vitale spécifique définissant l'être spécifique que l'on recherche.

C) 1) Cette *marchandise*, elle se donne d'abord comme trônante par rapport à un homme qui se présente d'abord comme souvenir de ce qu'il était en NMW, et cela pour être simplement situé dans les rapports marchands. En tant que cet homme-situé, il a pour visée la valeur d'usage saisie dans ses trois moments de la vie.

Le premier moment est celui de la naissance du sujet de la philosophie occidentale comme vie marquée par l'appropriation-absente de l'objet du besoin ; le deuxième est celui de son reflet comme chose utile ; le troisième étant celui du langage attribuant une utilité à la chose, que la volonté peut croire s'approprier en en faisant l'objet d'un jugement, une valeur d'usage.

Ce que la tradition a pris comme une « analyse de la valeur d'usage » en tant qu'objet extérieur que se donne la pensée analysante de Marx, et qui est effectivement son statut dans la *première édition*, se révèle être la « marchandise » comme chose de nature, que Marx critiquait chez Wagner au nom des certaines choses.

2) Marx passe alors à la valeur d'échange, c'est-à-dire de la valeur d'usage de l'autre côté du rapport d'échanges à la chose possédée contre laquelle il faut échanger cette valeur d'usage.

a) Cette valeur d'échange est d'abord valeur d'échange relative (VER), c'est-à-dire la continuité de l'être-situé confronté à sa réalité au sein du rapport d'échange. Ici, afin de conserver son intégrité en une extériorité absolue au rapport d'échange, la VER ne peut être qu'un rapport d'échange quantitatif entre des valeurs d'usage, soit la quantité de valeurs d'usage contre laquelle s'échange la « valeur d'usage » possédée. Mais en cette extériorité, notre « homme » n'a aucune prise sur un rapport « changeant », qui semble soumis à une sorte d'identité abstraite, Dieu.

Aussi la question d'une conscience de soi à travers la maîtrise du rapport se pose-t-elle, et elle se pose à propos de la propriété qu'a l'objet possédé de s'échanger. Mais en laissant la valeur d'usage visée de l'autre côté du rapport d'échange, pour voir la chose de « plus près » en tant qu'objet possédé, notre « homme » change de posture, et d'homme-situé devient homme-en situation. De personne il devient propriétaire, ce par quoi il veut s'affirmer dans le rapport d'échange en n'étant plus soumis à une volonté divine.

b) La valeur d'échange est alors envisagée comme valeur d'échange intrinsèque (VEI) à la « marchandise ».

— Le premier paragraphe (VEI1) est le pendant, pour cette « marchandise » possédée, de l'« analyse de la valeur d'usage », et Marx y reproduit les trois moments de la vie. À l'objet extérieur qui satisfait, fait pendant la « marchandise » qui s'échange contre d'autres articles. À la chose utile comme reflet correspond la conscience de soi, en tant que la valeur d'échange « reste immuable... ». Au troisième moment de l'utilité fait pendant le fait qu'elle doit aussi « avoir un contenu », dont on ne sait rien.

— En VEI2, Marx passe à l'équivalent de la VER, le rapport d'échange quelconque de deux marchandises, dont celle possédée reste le froment de l'expérience vitale de VEI1. Aussi ce rapport est-il ramené à l'échange de « un quarteron de froment », ce connu donné de l'expérience vitale, contre une quantité quelconque de fer. De ce moment expérimental, on peut conclure, en passant de l'un aux deux, et non pas le contraire, comme le fait la pensée objective, qu'en elles « il existe quelque chose de commun ».

Cependant, Marx introduit la nécessité d'un troisième objet pour « mesurer et comparer ». Mais si cette conclusion n'est pas de l'ordre de la vie en sa subjectivité immédiate, c'est pour l'être d'une réflexion se donnant d'une expérience scientifique des objets de nature, ici d'un « exemple géométrique ». Ce troisième objet, auquel CEP en restait pour expliquer la monnaie est le résultat d'une pensée objective.

— Il reste que notre « homme » a à définir en VEI3 ce « quelque chose de commun » pour pouvoir affirmer sa conscience de soi par son appropriation, sur le même mode que nous avons vu en VU3. En d'autres termes, notre homme cherche à ramener le problème à une solution déjà éprouvée, celle de la valeur d'usage. Si je fais abstraction de ce que ma « marchandise » est valeur d'usage pour l'autre, ce qui ne relève que de lui, il lui reste d'être une utilité pour l'autre, son contenu propre. Et c'est par mon jugement de valeur sur cette utilité, que je me l'approprie en tant que *valeur d'utilité*. Alors que la *première édition*, en faisant de « l'analyse de la valeur d'échange » un procès de connaissance, concluait en VEI1 à ce contenu comme valeur, le Dernier-Marx nous dit la valeur d'utilité. Cette conclusion, qui est propre à LC, faisant problème à la tradition, où elle n'y apparaît nulle part.

3) C'est que la tradition reste comme hypnotisée par la phrase suivante, avec laquelle la messe semble dite : « La valeur d'usage des marchandises une fois mise de côté, il ne lui reste plus qu'une qualité, celle d'être des produits du travail ». C'est une lecture objectiviste qui identifie la « mise de côté » avec une abstraction de pensée, ce qui est le cas dans la *première édition* où on fait abstraction du rapport d'échange pour accéder à une pseudo transparence de la production (« même un enfant… »). Mais ici, Marx vient conclure une impasse en faisant un retour à NMW, qui n'est plus un retour conditionné laissant l'homme « sujet » sans appropriation, mais un retour à ce qui est le repère de la critique. Dès lors qu'à l'identité vitale de NMW, on enlève son objet vital, il ne reste qu'un acte appropriatif sans objet vital. C'est le lieu d'une contradiction qui traverse notre homme-en situation qui s'énonce ici, et non pas le *benedictum* d'une grand-messe. Contradiction entre le discours illusoire de la valeur d'utilité tenue par l'« homme » qui refuse la triste réalité de sa

négation absolue, et cet autre de lui-même qui se dessine en tenant ce discours impossible. Et c'est le fait même que ce discours impossible soit tenu qui doit être expliqué, et constitue le troisième moment de la §1 du chapitre I.

D) La tradition n'a vu dans la suite du texte qu'une détermination du travail, et c'est effectivement le point de vue de la *première édition.* Qu'est-ce que le travail ? demande la pensée objective. Et elle répond : c'est une dépense de force de travail. Quoi de plus « évident » ? Et pourtant il n'y a là rien d'évident pour le Dernier-Marx.

1) « Mais déjà le produit travail lui-même est métamorphosé à notre insu ». Ce « déjà » on l'avait dès le début, c'est la marchandise trônante. C'est à elle qu'il faut se rendre maintenant, et plus exactement à sa réalité vitale spécifique en tant qu'objet vital d'une identité vitale. Et au sein de celle-ci, la marchandise est objet vital...de la force de travail. « Il ne reste donc plus que le caractère commun de ces travaux : ils sont tous ramenés (…) à une dépense de force humaine de travail ». Pour s'imposer d'une séparation au sein même de la vie, cette identité vitale spécifique est de l'ordre de *l'inconscient*, que Marx a découvert avant Freud, et de manière selon nous plus probante.

2) Alors que la pensée objective de la *première édition* « démontrait » la valeur en VEI pour en conclure la substance par une abstraction des plus problématiques, le Dernier-Marx déduit, en un reflet vital, la valeur de la substance. Parmi les autres subtilités du texte, Marx déduit la nécessité vitale de cette substance comme substance sociale commune. Et c'est alors que « en tant que cristaux de cette substance sociale commune, ils sont réputés valeurs ». La valeur n'est pas ici le fait d'un jugement de valeur porté sur un contenu propre à la chose, une utilité, mais désigne ce qui donne sens à une vie. « Métamorphosés en *sublimés* identiques (...) tous ces travaux *ne manifestent plus qu'une chose* (ns), c'est que dans leur production une force humaine de travail a été dépensée ». La valeur est l'objet vital dans un monde où à l'homme s'est substituée la force de travail comme être spécifique.

3) Le temps de travail socialement nécessaire ne se déduit pas, comme dans la *première édition*, d'un processus social objectif, où l'on voit trop agir la « main invisible » Smithienne. À cette régulation d'une mécanique bien huilée, le Dernier-Marx substitue la détermination subjective de la durée d'une identité vitale dans son propre temps. Et c'est à son propos que Marx utilise, et souligne à chaque fois, le concept hégélien de quantum : « c'est donc seulement le *quantum* de travail, ou le temps de travail nécessaire (...) à la production d'un article qui en détermine la quantité de valeur ». Dans le monde de cette identité vitale spécifique, quand on dit la substance, on dit immédiatement sa mesure spécifique.

4) Il reste à Marx à clore ce système. Et il le fait en revenant à la valeur d'usage, non plus comme valeur d'usage de la « marchandise » du début, mais comme

valeur d'usage de la marchandise qui est maintenant dans ses deux facteurs en tant qu'identité de la valeur d'usage et de la valeur, laissant le caractère double de la « marchandise » en tant que valeur d'usage et valeur d'échange. La tradition n'a pas vu ce retour pour s'en tenir à la valeur d'usage de la « marchandise ». C'est pourtant Marx qui répond durement à Rodberthus qui faisait de même, que s'agissant de la vraie valeur d'usage, il en a dit ce qu'il fallait en dire : « Pour produire des marchandises il *doit* (ns) non seulement produire des valeurs d'usage, mais (...) des valeurs d'usage sociales ». En d'autres termes, le caractère social de la valeur d'usage est dicté par la nécessité vitale de l'identité vitale spécifique.

E) Voilà donc le moment d'une expérience vitale auquel nous sommes arrivés. Nous nous proposons dans ce livre d'en poursuivre l'aventure, en continuant et en finissant la lecture du texte de Marx. Pour cela, nous ne pouvons que reproduire les quelques précisions sur la rédaction que nous avons faite dans notre précédent livre.

— N'étant pas germaniste, pour cette lecture nous disposons, pour le Premier chapitre, d'une traduction de la première édition (P.-D. Dognin), et de deux traductions de la quatrième édition (P.-D. Dognin, et J.-P. Lefebvre). Pour le reste du livre I nous disposons de la traduction de la quatrième édition (J.-P. Lefebvre). Nous ne disposons malheureusement pas des traductions de la totalité des première et deuxième éditions allemandes. Cela impliquera des hypothèses peut-être erronées les concernant, qui seront facilement rectifiables par un germaniste.

— Nous avons fait le choix d'introduire en note les commentaires concernant les auteurs postérieurs à Marx, pour ne garder dans le texte même que les auteurs qui lui sont antérieurs ou contemporains. S'agissant en effet d'une lecture de Marx, nous avons préféré le laisser avec lui-même.

— La bibliographie concerne les ouvrages cités. Nous n'y trouvons pas quelques éminents marxistes comme G. Lukacs, K. Korsch par exemple, ou, plus près de nous, D. Bensaid. D'abord parce qu'il ne s'agit pas de faire une histoire du marxisme, et aussi parce que cela ne s'est tout simplement pas trouvé, les auteurs cités n'étant là souvent que pour exemple.

— Afin d'en faciliter la lecture, nous avons introduit dans le texte même la référence des citations. L'absence de référence à une citation renvoie à la précédente.

— Nous utilisons les abréviations suivantes :

CDPH : Critique du droit politique hégélien
CEP : Contribution à la critique de l'économie politique
DOG : I. Traductions du premier chapitre du Capital par P.-D. Dognin
DOG : II. Commentaires
G : Les Grundrisse

Gotha : Critique du programme de Gotha
IA : L'Idéologie allemande
JPL : Traduction de la quatrième édition du Capital par JP Lefebvre
LC : Edition française du Capital
LSC : Lettres sur le Capital
MPC : Mode de production capitaliste
MPh : Misère de la philosophie
MQ : Manuscrits de 1844
NMW : Notes marginales sur le « Traité d'économie politique » d'Adolphe Wagner
PPD : Principes de la philosophie du droit, de Hegel
QJ : La question juive
SF : La Sainte-Famille
SMH : Schéma matérialiste historique
SL : La Science de la logique, de Hegel
TPV : Théories sur la plus-value

Nous tenons à remercier nos ami(e)s, Adiba Baloutch, Marie Yaqoub-Clerteau, Vincent Gay, Philippe Jalladeau et Thierry Pasquier, dont l'aide décisive a rendu possible la publication de cette recherche.

Première partie. De l’être spécifique à l’homme déterminé-situé (Les déterminations de la valeur et de sa substance)

Dans cette première partie, on va faire un retour à l'« homme » en tant que s'y donne l'inconscient, que constitue l'identité vitale spécifique, en un mouvement de refoulement qui va s'opérer en deux temps.

Dans un premier temps, l'inconscient se donne dans le préconscient, à mi-chemin entre l'inconscient et le conscient. Il s'y donne d'abord en un reflet spécifique immédiat (chapitre 1), puis dans son temps et espace propres et spécifiques (chapitre 2). C'est alors que nous serons en mesure de voir ce qui se donne et se déploie dans la conscience de l'échangiste (chapitre 3). Ce retour va permettre d'éclairer la réalité de cet « homme » situé et en situation, dont nous étions partis en tant qu'il s'originait dans un souvenir de sa nature d'homme (NMW). Et cet éclairage va provenir de ce que la réelle origine qui était la sienne, s'est révélée être ce qui, dès le début, était refoulée, l'identité vitale spécifique. Dès lors, notre « homme » va apparaître dans ses véritables postures en tant qu'homme déterminé-en situation, dans le préconscient, puis homme déterminé-situé dans le conscient.

Chapitre premier. §2 : Le double caractère du travail présenté par la marchandise

A lire la §2, il faut avoir particulièrement à l'esprit l'avertissement de Marx sur le fait que la *première édition* aurait nécessité plus de soins dans son remaniement. On a vu en effet que la §1 a été profondément remaniée par rapport à la *première édition,* ce qui aurait dû sans doute entraîner un remaniement aussi profond de la §2. Or, il n'en est rien. À part quelques formulations, toutefois significatives, que nous relèverons, la §2 dans LC est pratiquement identique à l'« original ».

On peut avancer trois raisons à cela. La première, qui nous semble la moins probable, est que Marx n'a pas maîtrisé la portée des modifications apportées à la §1 ; la seconde, plus probable, est que Marx a jugé que la lecture du même, sous le nouveau regard apporté par la §1, suffisait en grande partie (ce qui est vrai) à en modifier le sens, sous condition de quelques retouches (ce qui l'est moins). Allant dans ce sens, soulignons que la §2 n'était pas distinguée de la §1 dans la *première édition* ; reste enfin, pour troisième raison, la question lancinante de l'impact politique d'une modification théorique d'ampleur. Toujours est-il que c'est à la lumière de cet éclairage, qu'il nous faut interpréter la §2.

De l'objet de la §2 et sa signification

1) Il convient de remarquer le titre de cette §2 : « Le double caractère du travail *présenté* (ns) par la marchandise ». « Chose double », « double caractère », « chose à double face » ou encore « double aspect », ce sont là des expressions identiques que Marx utilise pour qualifier quelque chose d'essentiellement différent des « deux facteurs » du titre de §1, qui désignaient, on l'a vu, la valeur d'usage et la valeur comme les deux moments de la vie spécifique de la marchandise. L'aspect est une catégorie hégélienne qui désigne la non-subsistance par soi de ce qui est relatif pour se rapporter à autre chose. Elle intervient au deuxième niveau de la trilogie hégélienne, soit l'équivalent de l'être-là... ou de la §2. Le texte de la §2 est très expressif : ce double caractère du travail est ce que la marchandise présente. Il s'agit donc de ce qui se donne de §1 en reflet à la pensée de l'homme, mais de manière différente qu'en NMW2 et §1. Le premier reflet nous donnait la valeur dans sa transparence avec l'identité vitale spécifique, dans la mesure où nous avions l'être spécifique dans son espace structuré à l'identique de NMW. Maintenant, c'est cette transparence qui doit disparaître et c'est pourquoi ce qui s'imprime

comme mémoire dans le cerveau en §2, le *préconscient*, ne peut être un pur reflet comme en NMW2 et §1.

À la fin de la §2, Marx nous dit rétrospectivement ce dont il s'agit dans la §2 : « la substance de la valeur et la grandeur de la valeur sont maintenant déterminées » (I, 49). Il s'agit donc de déterminer la substance. Mais la détermination n'a plus le sens de la *première édition* où il s'agissait de déterminer historiquement. Elle consiste à voir comment la substance et la valeur se donnent au niveau de l'« homme ».

2) À l'issue de la §1, l'être spécifique apaisé par la déhiscence de son identité avec soi, vient immédiatement se confronter à la disruption du souvenir de l'être naturel. C'est donc à ce souvenir, que nous avons quitté pour investir le « mais déjà... », que nous faisons retour, mais non plus comme seulement issu de NMW, mais investi de l'expérience de l'être spécifique. Ainsi de l'homme-situé et en situation, on va passer à *l'homme déterminé* par cette expérience, que Marx enjoignait Wagner de nous livrer, et ce dans la mesure où c'est la nouvelle posture de cet « homme » qui va nous dire le pourquoi et le comment du « mais déjà... », c'est-à-dire la réalité de l'homme-situé et en situation du début. C'est donc le chemin inverse de celui parcouru jusqu'ici que nous inaugurons, et d'abord en nous mettant, avec la §2, dans les pas du produit travail.

Le traumatisme que constitue l'expérience de la réalité de l'être spécifique pour le souvenir de l'être naturel, va être combattu par l'angoisse devant la substance et la valeur qui se donnent comme excès interdisant toute clôture d'un monde autour de l'« homme ». Aussi, au « ne reste que » du produit du travail, ouvrant au négatif absolu, se substitue l'*excès* de ce par quoi l'« homme » ne peut être, et qui, à ce titre, doit être prohibé par le souvenir.

Après sa recherche infructueuse de positivité, ce souvenir de l'être naturel est maintenant sollicité négativement, c'est-à-dire non pas pour être mais pour censurer son absolue négation. Pour ne pas être, en tant que simple souvenir, il intervient passivement, et sa censure ne peut consister qu'à travestir. On a vu qu'avec l'extériorité du monde des certaines choses à l'homme-en situation, la tentative de sauver l'être consistait en une fuite en avant. Mais maintenant que l'objet extérieur de la pensée avec son contenu se révèle en sa réalité comme objet vital identique à soi, cette tentative ne peut plus s'opérer par une fuite devant l'objet extérieur, mais doit avoir recours à un autre moyen. Or, comment la vie faisant face à sa mort qui est, peut-elle se refuser soi-même ? Par le *refoulement*.[1]

Le refoulement s'opère par un double mouvement concomitant de modification de ce qui est refoulé, et d'extériorisation de cette modification.

[1] Freud dit bien cela : « S'il s'agissait de l'effet d'une excitation extérieure, la fuite serait évidemment le moyen approprié. Mais dans le cas de la pulsion, la fuite ne peut servir à rien, car le moi ne peut s'échapper à lui-même » (1958, 45).

La modification consiste en ce que le souvenir attribue le sens vital des moments de l'identité vitale spécifique à ses propres moments par une sorte de mimétisme, et cette modification est la condition même de la réceptivité du premier par le second. Mais justement, parce que, de par sa passivité, le souvenir ne peut s'opposer au sens vital spécifique, sa seule donation viendrait subvertir le sens même de la vie de l'être naturel. Aussi la modification s'accompagne-t-elle d'une extériorisation, ce par quoi le sens vital spécifique se donne, à travers ses formes de naturalité, comme un donné transcendant qui s'impose extérieurement à l'évidence d'un « homme » préfigurant le « sujet » de la philosophie occidentale. Le refoulement du mort-vivant consiste ainsi en un travestissement des formes de la vie naturelle qui, se voyant attribuer un sens vital étranger, deviennent des formes de naturalité de l'identité vitale spécifique. En tant que celle-ci se donne transcendantalement un « sujet », elle est l'objet de la raison. La raison est ce par quoi l'« homme » se soumet à son inconscient refoulé comme à un donné transcendant, et l'« homme » est raisonnable dans la mesure où son agir est conforme à l'évidence de ce donné, ce par quoi il fait preuve de raison, et il doit en faire la preuve parce qu'elle n'a pas de sens pour l'homme[2]. C'est cette rationalité transcendantale du travail qui fait consensus comme croyance, et qui se voit dans l'acceptation extraordinaire que « les droits de l'homme et du citoyen » cessent aux portes de l'entreprise.

Refoulé par le souvenir de l'être naturel[3], il ne reste de l'être spécifique que sa forme de naturalité, de son sens vital que la forme d'un donné transcendantal, le travail avec sa rationalité propre. Le passage de la §1 à la §2 est une extériorisation de la vie, passage de l'activité productive comme dépense de force de travail à l' « homme » travaillant comme dépense de forces physiologiques, et par là passage de la vie comme identité vitale spécifique au vivant coalescent dans le temps « objectif » de sa réalisation physiologique. Dès lors, l' « homme » peut se donner, comme objet de pensée, ce qu'il a extériorisé en des formes de naturalité transcendantes. Et de la pensée de soi comme identité vitale (NMW3), on passe à la pensée d'un soi en ses différents « moments » comme « homme » vivant, « homme » travaillant et « homme » parlant[4].

---

[2] Pour J.-M. Vincent, la rationalité de la valeur a mis sous tutelle les rationalités communicationnelle et instrumentale, de sorte que la rationalité du travail abstrait est une déformation de la raison. (143). Mais il nous semble difficile de tirer de l'abstraction réelle du travail en général en tant qu'activité transhistorique, une telle rationalité s'imposant de l'extérieur aux capitalistes.

[3]L'être naturel n'intervient pas ici sur le mode du principe de réalité freudien. Pour n'être qu'un souvenir, l'être n'a aucune prétention au statut de réalité face à une « irréalité abstraite » que serait l'être spécifique. C'est au contraire cette réalité spécifique qu'il refoule en tant que telle, pour en conserver le sens sous ses formes de naturalité.

[4]Comme dirait M. Foucault qui y voit l'expression d'une épistémé moderne (1990).

Ce qui était libre en tant que totalité vitale spécifique en §1, va être *lié* dans le préconscient, en une liaison d'extériorités fixées, et ainsi contrôlées, par une nécessité apparemment extérieure[5]. Ce n'est donc pas la liberté qui est angoissante, mais l'être spécifique de cette liberté[6]. Aussi n'est-ce pas la liberté qui va être liée, et par là limitée, mais l'être spécifique qui, se redéfinissant comme homme déterminé, va exercer sa liberté comme « sujet », dans un monde constitué d'extériorités transcendantes.

Toute séparation survenant dans la vie en tant qu'identité vitale est génératrice d'un inconscient, dans la mesure où elle suscite un repositionnement vital qui appelle négativement le souvenir de l'origine vitale de l'homme. Sans compréhension de la vie, soit on ne peut accéder à cet inconscient[7], soit on en fait une dimension innée au psychisme[8].

3) Dans la nécessaire détermination de la substance, est contenu le fait que l'« homme » ne peut voir sa propre réalité pour être celle de sa déchéance, et il ne peut dès lors la recevoir que comme un donné transcendantal. Il y a dans cette nécessité, l'idée d'un inconscient qui, pour manifester son efficace, se donne sous la forme d'un préconscient. C'est dire si les catégories de la §2 seront celles d'une transcendance, et si le passage de la §1 à la §2 est passage de l'inconscient au préconscient, à la conscience immédiate, non réfléchie, de ce qui se donne immédiatement imprimé dans le cerveau comme mémoire. Le préconscient de §2 est la forme du reflet qui, ne pouvant être transparent à ce qu'il reflète, le travesti en une forme de naturalité qui se vit en toute évidence.

Si le travail est le sens de l'identité vitale spécifique, celle-ci restant du domaine de l'inconscient le travail en tant que tel se donne comme un fait naturel, comme activité qui, si elle n'a pas le sens de l'« homme », a son propre sens, sa propre rationalité. C'est ainsi que la puissance de l'identité vitale est attribuée par l'« homme » lui-même au travail en tant que tel, faute de pouvoir être saisie en tant que logique relevant de sa propre métamorphose. Le mouvement de la vie part de celle-ci pour décrire ses moments existentiels. La vie spécifique au MPC, cernée à la fin de §1, se distingue de NMW1 par son refoulement nécessaire, de sorte que ses moments dans le savoir déjà d'une mémoire et sa nomination dans sa durée vont avoir leur spécificité. Ainsi, le savoir déjà ne peut être l'expression de la vie se donnant dans sa répétition, mais bien plutôt ce qui se donne de l'inconscient, le travail qui devient l'objet

[5]Cf le « libre » et le « lié » dans les processus primaires et secondaires freudiens (2008 b, 85 et s). L'énergie totalement libre dans l'inconscient freudien relève d'une liberté d'entendement décrivant la contingence et non pas celle d'une identité vitale spécifique.

[6]Ce qui invalide, pour nous, la mauvaise foi sartrienne, répondant à l'angoisse devant la liberté par la construction d'une transcendance la limitant.

[7]C'est le cas de la philosophie classique qui la remplit d'entités métaphysiques telles que Dieu, ou de la chose en soi.

[8]C'est le cas de la psychanalyse freudienne.

transcendantal d'une croyance. La réification de l'objectivisme se trouve ainsi redéfinie du point de vue de l'identité vitale[9].

Parce que le premier moment de l'homme déterminé celui de sa naissance déterminée, est celui où l'identité vitale spécifique s'imprime dans le cerveau de l'homme, celui-ci se vit comme être pensant. Et comme l'homme déterminé garde de l'homme l'idée de sa puissance en tant qu'identité vitale, cette idée devient puissance de l'idée, ou de la pensée en tant que volonté, pour ne pouvoir être celle de sa vie. Et la raison naît de ce que la réalisation de l'identité vitale spécifique ne pouvant être attribuée à celle-ci, sa nécessité sera attribuée à la raison censée habiter la volonté de l'homme. Elle appartient à la logique des rapports marchands, dans la mesure où, avec eux, pour la première fois, l'« homme » a, extérieur à soi, le travail et la nature comme moyens, de sorte que le travail devient le médiateur entre l'homme et la nature. Le travail est dépense de force humaine de travail, et rien d'autre. Mais il « apparaît » à l'« homme » comme doué d'une rationalité propre, qui en fait l'expression de la raison d'une philosophie de l'histoire : « Dans le peuple, dit Hegel, le travail devient dans sa singularité un travail universel », car « il a une *méthode universelle*, une règle de travail qui est quelque chose qui existe pour soi, qui apparaît comme un être extérieur comme nature inorganique et qui doit être apprise » (*La Première Philosophie de l'Esprit*, 124).

Marx, dans LC, dénonce de fait cette rationalité dont se nourrit l'idéologie du progrès, et à laquelle il a longtemps souscrit, pour n'être que la forme déterminée de l'être spécifique du MPC, celui-ci affirmant ainsi sa dictature sur les autres expressions de socialité possibles. Evidemment qu'il se passe quelque chose entre l'homme et la nature. Mais l'idéologie du progrès doit attribuer les progrès, cette transcendance, à une entité, le travail, à laquelle l'« homme » doit se soumettre en faisant preuve de raison. C'est cette dictature que Marx nous a fait saisir en §1, de manière prématurée avons nous dit, avec l'exemple des tisserands anglais. Cet exemple nous montre que la loi de la valeur n'est pas, en son essence, le résultat du mouvement de régulation des échanges multiples qui, ramenant à l'équilibre, imposerait celle-ci comme loi. Elle n'agit pas comme une loi physique, une sorte de loi de la gravitation, sur des éléments naturels. C'est proprement de la loi *de la valeur* qu'il s'agit, et celle-ci s'impose dans la mesure où il faut préalablement être habité par ses normes, pour y souscrire comme à une loi naturelle extérieure.

4) Si le « travail » est la destinée naturelle de l'« homme », la valeur est naturellement le produit du « travail ». Elle se donne de §1 comme une

[9]L'école de Francfort en reste au point de vue objectiviste quand elle fait de la raison le résultat de l'abstraction nivelante. « Les hommes sont contraints (...) de s'insérer, comme porteur d'un rôle, au sein du mécanisme social, et de se modeler sur lui sans laisser subsister le moindre espace où se réfugier » (T.W. Adorno ; Société : Intégration, Désintégration, Payot, 2011, 93). D'où l'échec du pronostic d'un capitalisme tardif comme capitalisme organisé dépassant la centralité du marché.

propriété objective intrinsèque, comme un contenu objectif de la chose, c'est-à-dire comme VEI, et c'est comme cela qu'il faut la comprendre en §2. La marchandise *est* valeur et valeur d'usage en §1, mais elle apparaît *avoir* une valeur d'échange et une valeur d'usage en §2. On passe du mode de l'être, spécifique, de la force humaine de travail, à celui de l'avoir de l'« homme », parce qu'on passe du refoulé dans l'inconscient, à la « conscience immédiate » qu'on en a, et que celle-ci résulte d'une extériorisation de soi. Par le système de l'avoir, l'« homme » survit dans un monde extérieur qu'il accepte pour être son monde inconscient. Parce que l'identité vitale spécifique s'est construite sur la séparation réelle des éléments de la vie de l'homme, elle fait retour à celui-ci en se déterminant, pour être vécue par l'homme ainsi déterminé, non plus sur le mode de l'*aliénation* mais sur celui de la *normalité*.

La notion de norme est essentielle, pour faire l'interface entre la §1 et la §2. Pour autant, pour dire sa propre construction, elle n'a aucune nomination possible dans l'un comme dans l'autre. Nous avons parlé de normes en §1, parce qu'il fallait en montrer la construction par rapport à l'« homme ». Mais pour ce qui est de l'objet théorique pris en tant que tel, il n'y a pas de normes puisque l'identité vitale est tout simplement transparente à elle-même. En revanche, pour ce qui est de la §2, elle est bien là pour désigner le mode opératoire de ce qui se donne de §1. Mais elle ne peut non plus se dire, pour se couvrir de la naturalité transcendantale. La norme s'impose à notre homme déterminé comme un « impératif catégorique » à la rationalité. Et cet impératif nourrit la quantification alignant les « sciences de l'homme » sur les sciences de la nature. L'idéal des sciences naturelles n'est donc pas introduit de l'extérieur à partir de l'idée de progrès, portée notamment par une philosophie de l'histoire. Il y a entre le progrès et la quantification une homologie qui renvoie à la norme pratique, transcendantale, imposée par l'identité vitale spécifique. Le progrès mesuré quantitativement est l'expression de l'idéologie immanente au système du capital[10].

La critique du progrès qui se présente comme critique du quantitatif oublieux du qualitatif, en reste au point de vue objectif pour manquer le qualitatif porteur de ce triomphe du qualitatif. Elle en reste à un point de vue de pensée portant sur le même, en l'occurrence un qualitatif qui, pour être seulement intrinsèque à la chose, ne se pose pas plus de questions sur sa réalité de forme de détermination de l'être vital agissant.

La naturalisation procède donc à cette naissance de l'homme-déterminé en tant qu'être pensant et de volonté. L'extériorité ne pose plus problème, en tant qu'elle est forme d'extériorité de ce qui est interne, et c'est ce qui fait la force « idéologique » du système. Force « idéologique », dans la mesure où

[10]D'un point de vue freudien, le travail appartient au principe de réalité : « Aucune autre technique de conduite de la vie, plus que l'accentuation du travail, n'attache aussi fermement l'individu à la réalité dans la mesure où il l'insère du moins avec sûreté dans un morceau de la réalité, de la communauté humaine » (Malaise dans la civilisation, cit, P.-L. Assoun, 333).

l'« idéologique » est la réalité même du système. En ce sens, l'extériorité n'est pas reçue de l'extérieur par l'« homme », pour constituer un système caractérisé par la « fragilité permanente » due à l'expression propre de cet « homme ». La systématicité du MPC ne se constitue pas par intériorisation subjective d'un extérieur objectif, mais procède d'elle-même, c'est-à-dire de sa logique propre qui n'est pas étrangère à la logique vitale de l'homme. Le problème de l'intériorisation est qu'elle présuppose l'extériorité d'un pouvoir suggestif à intérioriser[11]. Il est alors trop facile de renvoyer la résistance au pouvoir à une réflexion de soi à soi refusant toute médiation[12], le pouvoir n'étant pas avant tout produit d'une médiation, ce qu'on ne peut voir en restant au point de vue du « sujet ». Qui nous dit que ce « soi » n'est pas déjà l'expression du pouvoir ? Bien loin de s'en tenir à une telle réflexion, c'est à la redéfinition d'un besoin de la vie, à la localisation d'un autre objet vital, qu'il convient plus de faire appel. Et ceci n'est pas de l'ordre d'une éthique, mais de la politique.

L'économique est idéologique, non pas bien sûr en ce qu'il ne serait qu'une pure construction de la pensée venant, après coup, justifier la domination d'une classe. Il faut saisir le sens et le lieu de cette idéologie. Fondée en §1, l'idéologie se constitue en §2, en tant que refoulement de l'être spécifique pour sa forme de naturalité. À ce moment, la donation transcendantale de cette « naturalité » vient légitimer le système en confondant sa logique propre avec toute logique possible. On comprend alors que, dans le moment d'« achèvement » de son histoire propre, cette idéologie consiste à vouloir soumettre toutes les dimensions de la vie concrète des individus à sa seule raison calculatrice, venant en quelque sorte préconiser de s'affranchir des « béquilles » avec lesquelles le système marchait encore[13]. Mais cette prétention idéologique n'est nullement le produit d'une pensée malade. Elle ne fait bien plutôt qu'exprimer la logique vitale d'un « homme » malade de son inconscient destructeur, qui ne peut être confondu avec une volonté de puissance à si grande presse. D'abord parce qu'il ne s'agit nullement d'une « volonté », mais surtout parce que cette volonté de puissance désigne immédiatement un « homme » malade, critiqué dans les termes de §2, donc comme une sorte d'aliénation qui méconnaît son propre horizon. On le voit, l'idéologie n'est pas seulement une construction de pensée enseignée à l'école des élites, par un Appareil Idéologique d'État par exemple. Elle est aussi cela, mais à un niveau objectif qu'il s'agit de construire à partir de son essence subjective vitale. Ajoutons que c'est en tant que reflet d'une vie spécifique

[11]Que ce soit à la manière freudienne où le surmoi résulte de l'« introjection » de l'autorité parentale, ou de tout autre manière...

[12]Comme le propose par exemple M Foucault (2001). Ou le premier Marx qui faisait de la vérité, et de la liberté, le refus de la médiation (Cf CDPH).

[13]Cf. par exemple le discours de D. Kesler par rapport au programme du Conseil National de la Résistance...

qu'elle ne s'arrête pas aux portes des dominés, mais s'y invite peu à peu, au rythme d'une imprégnation de la logique du capital.

Dans le refoulement, ce qui se donne de l'inconscient en ses formes de naturalité, est nécessairement pris comme tel, comme une naturalité originaire d'ordre anthropologique. Dès lors, ce qui est une construction de l'homme inscrit dans des rapports, est reçu immédiatement dans l'évidence d'une transcendance inquestionnée et inquestionnable. L'idéologie n'est pas une production de pensée sur un monde réel. Il faut être idéologiquement avant de la produire en pensée. C'est une connaissance extérieure qui la réduit à un discours de l'« homme » sur ses conditions d'existence. Mais ce faisant, elle s'ignore elle-même comme posture produite, et elle ignore l'origine de son objet. Dès lors, l'idéologique se montre le plus évidemment dans sa critique sur elle-même distillant des points de vue différents sur le même. La critique de l'idéologie par sa centration[14], qui serait à l'origine des trois grandes révolutions épistémologiques, copernicienne, darwinienne et freudienne[15], a ceci de problématique qu'elle interdit de penser le monde des certaines choses. La multiplicité des éléments de la structure, cette description du monde comme combinaison de rapports, qu'on lui oppose, n'est qu'une construction de pensée pour laquelle l'idéologie se réduit à un système de pensée alors qu'elle est dans la nature de ce centre qu'est l'homme, en tant qu'il est lui-même centré sur l'unidimensionalité de la force de travail. L'idéologie est cette centration du centre sur un autre de lui-même, qui ne saurait être lui-même qu'inconscient, et non pas la centration elle-même.

De ce point de vue, la critique « scientiste » du discours anthropologique, confond l'être naturel de l'homme, l'homme de NNW, avec l'homme-déterminé élevé au statut de l'être de l'homme, et fait en cela la confusion que distille le mode de production capitaliste. Car la force du système est dans sa nature ontologique, et c'est dès lors se perdre dans les pièges qu'il nous tend, que de refuser toute ontologie. L'homme déterminé l'est par la détermination de la substance de la valeur. Ainsi défini, il est comme l'attribut de la substance absolument infinie spinozienne, une « essence infinie en son genre » (Ethique I. P 16 Dem), « ce que l'entendement perçoit d'une substance comme constituant son essence» (id. Déf).

5) Commençons par rechercher des éléments de confirmation de ce que nous venons d'avancer par une lecture attentive de la différence entre les deux textes introductifs de la *première édition* et de LC.

a) Le texte de la *première édition* est celui-ci : « Nous connaissons maintenant la *substance* de la valeur. C'est le travail. Nous connaissons la *mesure de sa grandeur*. C'est le *temps de travail*. Il nous reste à analyser sa *forme*, cette forme qui donne à la valeur le caractère d'une valeur d'*échange*. Auparavant,

[14]Cf. L. Althusser(1993)

[15]Trois selon Freud lui-même, quatre selon Althusser si on ajoute Marx.

il nous faut toutefois développer un peu plus en détail les déterminations antérieurement découvertes (…). Dès le début (Cette expression est reprise en toutes les éditions allemandes (PB)), la *marchandise* nous est apparue comme une *chose double* : valeur d'usage *et* valeur d'échange. Une considération plus attentive nous montrera que le *travail contenu* dans la marchandise est *double* lui aussi. Ce point, que je suis le premier à avoir développé de manière critique (Marx renvoie ici à CEP (PB)), est le point cardinal autour duquel pivote la compréhension de l'économie politique » (DOG. I, 31-33). Il est clair qu'ici ce qu'il s'agit de « développer plus en détail », ce sont les déterminations de §1, ce qui se traduit par une continuité entre la chose double de la marchandise («§1») et le caractère double du travail («§2»). Cette continuité est également de forme, puisque dans les deux cas il s'agit d'une même «considération», la seconde demandant à être « plus attentive». En outre nous dit Marx, ce caractère double est le point central d'une compréhension critique de l'économie politique, et constitue le lieu de la différence essentielle du point de vue marxien.

b) Mais si nous prenons le texte de LC, nous voyons des différences sensibles: «Nous connaissons maintenant la substance de la valeur: c'est le travail. Nous connaissons la mesure de sa quantité: c'est la durée du travail (…) Au premier abord, la marchandise nous est apparue comme quelque chose à double face, valeur d'usage et valeur d'échange. Ensuite nous avons vu que tous les caractères qui distinguent le travail productif de valeur d'usage disparaissent dès qu'ils s'expriment dans la valeur proprement dite. J'ai le premier, mis en relief ce double caractère du travail représenté dans la marchandise (Marx renvoie ici en note à CEP (PB)). Comme l'économie politique pivote autour de ce point, il nous faut ici entrer dans de plus amples détails» (I, 45).

Dans la première partie de la citation, qui constitue une sorte de conclusion de §1, LC a éliminé les deux dernières phrases (« Il nous reste… découvertes »). La première pour renvoyer la forme exclusivement à la §3, comme nous le verrons, et la seconde en ce qu'elle fait de la §2 un développement plus en détail de la §1. Reste cependant le début qui pose problème en ce qu'il nous dit la substance comme travail sans savoir à quoi renvoyer ce travail. C'est pourquoi la *quatrième édition* (JP L, 46) tranche dans le vif en éliminant ce reste, et il ne reste plus rien du passage de la *première édition.*

Quant à la seconde partie, le « premier abord » renvoie bien la double face à l'apparence de la « marchandise » en tant que valeur d'usage et valeur d'échange, là où le « dès le début » de la *première édition* établit une continuité de l'analyse. La deuxième phrase est ajoutée en LC et vient traduire la nouvelle problématique, par rapport à celle de la *première édition*, qui différencie la double valeur d'usage/valeur d'échange des deux facteurs valeur d'usage / valeur. Pourtant, de manière étrange, c'est au double du travail concret / travail abstrait que semble être renvoyé ce double valeur d'usage / valeur dans la troisième phrase, et à son origine en CEP. On sait pourtant que CEP en reste à la valeur d'échange, et ce qu'il faut lire, pour rendre cohérent un passage qui, sans cela, n'a pas de sens, c'est que le travail métamorphosé de §1 annonce sa détermination en §2, et que c'est ce double du travail en §2 qui redouble celui de la «marchandise» du début. Et c'est parce que ce double du travail n'est plus qu'une telle détermination, que l'analyse de CEP ne l'a plus « développé de manière critique », à la manière de l'*Introduction de 1857*, mais l'a, plus humblement, « mis en relief ». Il s'agit en effet maintenant d'un débat « interne à l'économie politique », la critique du même n'étant pas la rupture que réalise la §1. C'est ce que vient nous dire la dernière phrase, où le « un peu plus en détail », importé ici, ne concerne plus la §1, mais la distinction déjà opérée en CEP.

Avec ces aspects, c'est donc au retour à ce début de la §1 que nous assistons, moment où il y a de l'« homme », situé ou en situation, mais maintenant déterminé pour être informé de la substance de la valeur. Il est donc essentiel de remarquer que, malgré l'introduction de la valeur, c'est toujours au couple valeur d'usage / valeur d'échange qu'est renvoyé celui travail concret / travail abstrait, de sorte qu'on ne peut faire du travail abstrait la substance de la valeur.

6) Ainsi, cette introduction de §2 nous dit que ce à quoi nous faisons retour, c'est à l'homme-situé et en situation avec ses deux aspects de la « marchandise » en tant que valeur d'usage et valeur d'échange. Mais c'est pour ajouter aussitôt que nous y faisons retour à partir de ce par quoi nous sommes passés entre-temps, l'identité vitale spécifique. C'est en effet celle-ci qui, en se déterminant, rend possible le discours impossible du produit du travail, et permet ce renvoi des deux aspects de la « marchandise » aux deux aspects du travail qui la produit.

La détermination refoulante est nécessaire pour relever de la spécificité qui interdit la transparence et demande une différenciation allant des deux facteurs aux deux aspects. L'identité vitale spécifique ne peut donc être refoulée que dans les termes de l'« homme », flanqué de sa prérogative de la valeur d'usage immédiatement parlante. Aussi sa détermination va-t-elle nous donner d'abord un travail concret qui, dès cet instant, ne pose aucun problème et peut atteindre immédiatement le conscient ; et un travail abstrait qui, lui, pose encore problème en ce que sa réception garde son lot d'aliénations de soi, et demande donc un autre travail de refoulement avant de pouvoir atteindre le conscient.

Il n'y a plus rien ici d'un résultat d'« une considération plus attentive ». Plus généralement, l'insuffisance du travail rectificatif sur le texte de la *première édition* se voit dans la forme de l'exposé. Mais si le texte de la *première édition* s'annonce dans les termes d'une pensée objective se donnant un objet, LC vient dévoiler la réalité de cet objet de pensée comme ce qui se donne de l'identité vitale spécifique.

7) Le fait que le travail abstrait ne soit pas la substance de la valeur, cela peut se voir, nous semble-t-il, en nous reportant directement aux deux paragraphes conclusifs de cette §2, pour voir ses trois rédactions différentes dans la *première édition*, LC et la *quatrième édition.*

Le texte de la *première édition* est celui-ci : « Il résulte de ce qui précède que, s'il n'y a pas à proprement parler deux sortes de travaux dans la marchandise, le *même* travail y reçoit cependant des déterminations différentes et opposées entre elles, suivant qu'on le rapporte à la *valeur d'usage* de cette marchandise comme à son *produit*, ou à la *valeur de celle-ci* comme à sa pure expression *objective*. De même que la marchandise ne peut être valeur sans être d'abord objet d'usage, de même le travail doit être d'abord travail utile, activité productive déterminée par un but, pour compter comme *dépense de force de travail humaine* et, donc, comme *travail humain* sans plus. Étant donné que jusqu'ici n'ont été déterminées que la substance et la grandeur de la valeur, venons-en maintenant à l'analyse de la *forme valeur* » (DOG. I, 45).

La première phrase reflète tout à fait l'objectivisme de la *première édition.* LC la conserve toutefois, mais c'est pour lui donner, selon nous, un tout autre sens, avec toujours une interrogation sur cette « valeur » conservée, celui d'une opposition qui concerne la vie de notre « homme » à l'issue de la §2, opposition qui doit être résolue en §3. Cependant, cela ne suffit pas, et il faut rappeler le point de vue subjectif, en deux phrases que LC interpose entre la première et la deuxième phrase, et qui distribuent ces deux opposés aux deux côtés du rapport d'échange dans lequel notre « homme » est inscrit, et il était important de le faire pour passer à la §3 : « Le travail est d'un côté dépense, dans le sens physiologique de force humaine, et à ce titre de travail humain égal, il forme la valeur des marchandises. De l'autre côté, tout travail est dépense de la force humaine sous telle ou telle forme productive, déterminée par un but particulier, et à ce titre de travail concret et utile, il produit des valeurs d'usage ou utilité » (I, 49). Ce texte est exemplaire quant aux concepts utilisés, et nous verrons pourquoi. Ce sont d'ailleurs ces deux seules phrases que la *quatrième édition* retiendra pour constituer son paragraphe conclusif. Le nouveau sens de la première phrase était sans doute trop « subtil », aussi est-elle purement et simplement supprimée.

Il ne reste donc rien du texte de la *première édition* dans la *quatrième édition.* Car ce sont les deux dernières phrases, que LC conservait avec les modifications conceptuelles voulues, que la *quatrième édition* supprime également et essentiellement celle-ci :« De même que la marchandise doit avant tout être une utilité pour être une valeur, de même, le travail doit être avant tout utile, pour être censé dépense de force humaine, travail humain, dans le sens abstrait du mot ». La raison nous semble évidente. Le premier membre de phrase nous renvoie à la clôture du système de la marchandise en §1, alors que le second membre concerne la §2, de par les concepts utilisés.

Mais il est évident qu'on ne peut conclure de §1 à §2 par un « de même », comme s'il y avait entre les deux la continuité qu'on trouve dans la *première édition.* Si on maintenait la phrase, il faudrait rabattre la §1 sur la §2 et dire que le « double aspect » valeur d'usage-valeur dit identiquement le caractère double travail concret-travail abstrait..., alors que le travail abstrait concerne la valeur d'échange et non pas la valeur.

Dans l'analyse qui va suivre, Marx aborde successivement le travail concret et utile, et le travail abstrait, et ce en partant d'un exemple : « Prenons deux marchandises, un habit par exemple, et 10 mètres de toile ; admettons que la première ait deux fois la valeur de la seconde, de sorte que si 10mètres de toile=x, l'habit=2x » (I, 45). Soulignons que, par ce chapeau commun, Marx installe toute la suite de l'analyse dans le monde de la marchandise. Mais il importe de souligner que cet exemple sera également celui utilisé pour la §3. Seulement ici on a 10 mètres de toile =x, l'habit=2x, et non pas 20 mètres de toile=1 habit, comme ce sera le cas dans la §3. Au début de la partie du §2 analysant le travail abstrait, Marx dira : « D'après notre supposition, l'habit vaut deux fois la toile. Ce n'est là cependant qu'une différence quantitative qui ne nous intéresse pas encore » (47). Il est clair que ce qui importe ici, ce n'est pas l'expression de la valeur dans un rapport de valeur, mais chacun des termes en tant que lieu de l'expérience déterminante de la substance spécifique. Il en est ainsi parce que, comme toujours dans le Dernier-Marx, le rapport procède des termes et non pas le contraire.

Le travail concret : La naturalisation du travail et de la valeur d'usage

Compte tenu de ce qui vient d'être dit, l'objet de la première partie de la §2 n'est pas, comme on le croit généralement, de traiter du travail utile comme ce qui est commun à tout mode de production, mais au contraire, de montrer comment le produit du travail est naturalisé, et que cette naturalisation est la condition du discours « impossible ». Cette naturalisation s'exprime dans le travail utile, dans la mesure où il concerne le rapport de l'homme à la « nature », et où il s'agit de la constitution d'un savoir déjà spécifique à l'homme-déterminé, savoir déjà qui apparaît comme celui de la pensée transcendantale pour ne pouvoir être saisi comme détermination du savoir déjà de l'identité vitale spécifique.

Là encore, comme toujours, Marx commence par la « marchandise » singulière (l'habit) ; pour passer ensuite au rapport simple de deux « marchandises » particulières (l'habit et la toile) ; pour en déduire enfin la généralisation du rapport d'échange marchand (l'ensemble des « marchandises »). Et le quatrième paragraphe synthétisera l'ensemble des résultats.

1) Le premier paragraphe aborde donc la « marchandise » singulière : « L'habit est une valeur d'usage qui satisfait un besoin particulier. Il provient d'un genre particulier d'activité productive, déterminée par son but, par son mode d'opération, son objet, ses moyens et son résultat. Le travail qui se manifeste dans l'utilité ou la valeur d'usage de son produit, nous le nommons tout simplement travail utile. À ce point de vue, il est toujours considéré par rapport à son rendement » (45-46).

Que nous fassions retour à l'« homme », en tant que déterminé, et qu'en ce retour, il s'agit d'abord de la « marchandise » singulière telle qu'elle se donne immédiatement à lui, c'est ce que Marx nous invite à lire dans les deux premières phrases. La première nous donne en effet VU3 ; la seconde nous la dit comme produit du travail. Simplement, ce qui était séparé, valeur d'usage d'un côté, produit du travail de l'autre, est maintenant réuni au niveau de l'homme-déterminé, par la nécessité de l'identité vitale spécifique. Car il est clair que nous avons ici, et c'est ce que nous donne à lire la troisième phrase, le déploiement de cette identité dans sa durée, moment du travail avec son but, et moment où nous nommons le « travail utile » pour savoir déjà qu'il produit des valeurs d'usage. Car c'est bien aux valeurs d'usage requises par l'identité vitale spécifique à la fin de la §1, que nous avons affaire, mais pour apparaître, au niveau de l'homme-déterminé, dans la forme d'extériorité de VU3. À ceci près que le chemin parcouru a permis de nier la forme d'extériorité absolue de sa pure naturalité, pour une autre naturalité médiatisée par la naturalité du travail.

C'est cette naturalité que Marx nous donne à saisir par le fait que, alors qu'on vient de nous dire, dans le chapeau introductif, qu'on avait bien affaire à des « marchandises », celle-ci est singulièrement absente du texte. Elle est pourtant là, trônante encore, et affirmée comme telle, mais sans apparaître comme telle pour se fonder dans l'apparence d'un produit du travail utile commun à tout mode de production. Ce qui est donné immédiatement à l'« homme » ne peut être une marchandise, dans la mesure où elle lui dirait sa détermination, mais un objet, une naturalité qui, par définition, n'a pas de spécificité, puisque ce qui se donne à l'« homme » est, lui aussi, « tout simplement », comme il l'était à Wagner. En tant qu'objet, elle est valeur d'usage produit d'un travail utile qui tient son nom de ce qu'on sait déjà ce qu'a clos la §1 pour constituer l'identité vitale spécifique.

Notons que le travail de réécriture qu'opère Marx sur le texte de la *première édition*, consiste à gommer le contenu objectiviste qui nous fait perdre de vue le déploiement de l'identité vitale. Notamment la *première édition* nous dit que le travail « est déterminé en fonction d'un but, d'un mode d'opération, d'un objet, d'un moyen et d'un résultat » (DOG. I, 33).Le possessif de LC supprime le regard impersonnel de la pensée. Ou encore, en remplaçant un mot par un autre, LC dénaturalise la pure naturalité du travail utile dans sa détermination. La *première édition* nous dit : « De ce point de vue, il est toujours considéré par rapport à l'*effet utile* qu'il a pour but de produire ». Et la *quatrième édition* reprend l'effet utile, là où LC nous dit qu'« il est toujours considéré par rapport à son *rendement* », ce qui inscrit l'effet utile dans un rapport qui fait déjà de la valeur d'usage une « marchandise ».

Bref, en ce premier paragraphe, nous sommes déjà inscrits, sans le savoir, dans la détermination de la substance en sa forme de naturalité… qui ne pose pas de questions.

2) Le deuxième paragraphe aborde le rapport de deux « marchandises » : « De même que l'habit et la toile sont deux choses utiles différentes, de même le travail du tailleur qui fait l'habit, se distingue de celui du tisserand, qui fait la toile. Si ces objets n'étaient pas des valeurs d'usage de qualités diverses et, par conséquent, les produits de travaux utiles de diverses qualités, ils ne pourraient se faire vis-à-vis comme marchandises. L'habit ne s'échange pas contre l'habit, une valeur d'usage contre la même valeur d'usage » (46)[16]. On remarquera que l'habit et la toile viennent dans ce rapport en tant que « choses utiles » et ne deviennent « marchandises » que par leur mise en rapport. En somme, les choses apparaissent ainsi à notre « homme » comme à la tradition objectiviste : le tout détermine les parties. Que la marchandise soit avant sa mise en rapport, cela va sans dire du point de vue de §1. Et que Marx l'ait, en plus, précisé dès le départ, cela n'a pas suffi à rompre l'inertie des évidences données, que Marx a sous-estimée.

À une pensée pressée, il semblerait que Marx traite des conditions de l'échange. Mais ces conditions s'énoncent comme le constat d'un fait qui se déploie en sa nécessité : « l'habit et la toile sont deux choses utiles différentes… ». C'est du procès vital nécessaire qu'il s'agit, et il ne peut donc qu'en être ainsi.

3) Le troisième paragraphe aborde la généralisation du rapport d'échange simple. Mais ici le mode d'exposition est très éclairant sur la logique qui le porte et qu'il reflète.

En effet, Marx commence par exposer, comme un fait donc, le principe vital de la logique propre à tout système spécifié par le type d'identité qui le porte : « A l'ensemble des valeurs d'usage de toute sorte correspond un ensemble de travaux utiles également variés, distincts de genre, d'espèce, de famille — une division sociale du travail. ». Comme nous le verrons, la division sociale du travail est contenue dans l'analyse du procès de travail, lui est immanente, dans la mesure où c'est en réalisant la nécessité vitale comme son but, que chacun réalise le procès social de production. L'un n'est pas sans l'autre. Pas de réalisation de la nécessité sans division sociale du travail fonctionnant comme

[16]C'est pour être dénué de pensée dialectique que P.-D. Dognin voit dans ce passage une contradiction avec l'idée que « ce qui caractérise le rapport d'échange marchand, c'est précisément l'abstraction que l'on y fait de leurs valeurs d'usage » (DOG. II, 38 n. 34).

une sorte de coopération, et pas de division sociale du travail qui ne soit le cadre de cette réalisation.

C'est ce principe vital que Marx affirme à la suite du texte : « Sans elle, pas de production marchande, bien que la production marchande ne soit pas réciproquement indispensable à la division sociale du travail… ». Qu'est-ce à dire sinon que, pour être inhérente au principe de l'identité vitale, la division sociale du travail est la « condition » de tout système, mais qu'elle diffère d'un système à l'autre selon l'être vital spécifique qui le porte. Cependant, on voit bien le danger d'oublier §1, et de prendre cette division sociale du travail comme ce qui s'en donne immédiatement en §2, soit comme la forme d'un contenu transhistorique, la totalité du travail social. Si A. Smith en reste à la « main invisible » comme à une chose en soi kantienne, c'est en oubliant §1 que les analyses de la *première édition* en font la détermination de la partie par le tout social autonomisé. Alors que cette division sociale du travail s'est constituée dans le mouvement allant de l'un au tout comme nécessité de l'identité vitale spécifique, l'objectivisme « dépasse » la chose en soi, en « affirmant » la réalité du tout comme continuité de l'Histoire dans ses formes.

4) Enfin, le quatrième paragraphe reprend ce qui a été dit, de manière synthétique, dans un texte où il s'agit uniquement de « marchandises » . Même la « marchandise » singulière y apparaît explicitement. Tout est ramené à la « marchandise », comme si, en définitif, il ne s'agissait que d'elle sous la forme de son apparente naturalité. Le sens général du texte est donc que, tout en reposant sur une identité vitale spécifique, le MPC épouse des formes générales où semble disparaître sa spécificité. Cet effet de voile apparaît dès la « marchandise » singulière pour se développer avec celle-ci.

Le travail concret : Le travail et la valeur d'usage naturalisés et leur cause

Cette partie se compose de trois paragraphes, dont nous regrouperons les deux derniers.

1) Le premier paragraphe nous déclare ce qui est devenu un dogme : « Il est d'ailleurs fort indifférent à l'habit qu'il soit porté par le tailleur ou par ses pratiques. Dans les deux cas il sert de valeur d'usage. De même le rapport entre l'habit et le travail qui le produit n'est pas le moins du monde changé parce que sa fabrication constitue une profession particulière, et qu'il devient un anneau de la division sociale du travail. Dès que le besoin de se vêtir l'y a forcé, pendant des milliers d'années, l'homme s'est taillé des vêtements sans qu'un seul homme devienne pour cela un tailleur. Mais toile ou habit, n'importe quel élément de la richesse matérielle non fourni par la nature, a toujours dû son existence à un travail productif spécial ayant pour but d'approprier des matières naturelles à des besoins humains. En tant qu'il

produit des valeurs d'usage, qu'il est utile, le travail, indépendamment de toute forme de société, est la condition indispensable de l'existence de l'homme, une nécessité éternelle, le médiateur de la circulation matérielle entre la nature et l'homme » (46-47).

C'est parce que la division sociale du travail est immanente à tout procès vital pour relever de son principe, auquel nul mode de production ne saurait échapper que, partout, l'habit sert de valeur d'usage. C'est dès lors que le travail est catégorisé, que sa naturalisation consiste à voir de trop loin des formes ressemblant à ce qui se donne à nous, que l'on peut dire que le rapport de l'habit au travail n'a pas d'histoire. Et parce que ce qui se donne à nous est notre point de départ, on confond ce qui est la forme de réalisation de l'identité vitale spécifique, avec toute forme de réalisation de toute identité vitale. On confond pour ne pas voir l'antécédence du principe de l'identité vitale, pour ne pas voir §1, pour ne pas se voir. Pour ne pas à voir le présent, on le construit en y ramenant des souvenirs, et en disant que le présent est à l'image de ces souvenirs. Qu'importe alors l'intérieur, dès lors que l'extérieur, en sa ressemblance trompeuse, s'offre à nous, qui n'atteignons que ça pour n'attendre que ça.

Parce que le travail a ses lois qui s'imposent à l'« homme », le rapport de cet « homme » au travail a une seule histoire, celle du progrès des forces productives. Mais si le travail est cette nécessité éternelle de la vie, c'est que la vie est réduite à sa dimension physiologique, dans la complète ignorance de l'identité vitale, de sorte que cette nécessité n'est pas la nécessité vitale, mais celle propre au monde des extériorités. Et c'est pourquoi, alors que le paragraphe se terminait, dans les éditions allemandes, par ces mots, « c'est-à-dire en vue de médiatiser la vie humaine » (DOG. I, 37), Marx, dans LC, les gomme. Car si le « travail » est la médiation de la circulation matérielle entre l'« homme » et la nature, la vie, en sa réalité, n'est pas, elle, médiatisée, n'est pas médiatisable par autre chose qu'elle-même.

Le moins que l'on puisse dire, c'est qu'il faut déchiffrer le texte pour lui faire dire son contenu implicite. Marx aurait sans doute dû le remanier considérablement, mais, en lisant cela, il faut toujours avoir à l'esprit que Marx ne fait que transcrire comment notre « homme » se vit, son expérience vitale en tant qu'homme déterminé.

2) Les deux derniers paragraphes s'énoncent ainsi : « Les valeurs d'usage, toile, habit, etc., c'est-à-dire les corps des marchandises, sont des combinaisons de deux éléments, matière et travail. Si l'on soustrait la somme totale des divers travaux utiles qu'il recèle, il reste toujours un résidu matériel, un quelque chose fourni par la nature qui ne doit rien à l'homme. L'homme ne peut point procéder autrement que la nature elle-même, c'est-à-dire il ne fait que changer la forme des matières. Bien plus, dans cette œuvre de simple transformation, il est encore constamment soutenu par des forces naturelles. Le travail n'est donc pas l'unique source des valeurs d'usage qu'il produit, de la richesse

matérielle. Il en est le père, et la terre, la mère, comme dit William Petty » (I, 47). La vanne des extériorités étant ouverte, il ne reste rien des « certaines » choses. Elles sont les produits du travail médiateur, et pour la « vie » physiologique l'appropriation n'a d'autre sens que de rendre l'objet de nature conforme aux besoins.

Qu'il ne s'agisse pas ici du procès vital d'une identité vitale, mais de sa forme d'apparition au niveau de l'« homme », c'est ce que nous dit implicitement la première phrase du second paragraphe. Alors que le chapitre VII, en son moment de démystification, nous disait que « ce n'est pas qu'il opère seulement un changement de forme de la matière naturelle ; il y réalise du même coup son propre but » (136), ici, Marx nous dit la restriction. En effet, en NMW, nous avons vu que les « certaines choses du monde extérieur », emportaient avec elles ce qui, maintenant, est présenté comme un « résidu matériel (...) qui ne doit rien à l'homme ». Avec la naturalisation, ce « résidu » n'est plus arraché à la pure matérialité extérieure et ce dans la mesure où si le travailleur convertissait « ainsi des choses extérieures en organes de sa propre activité, organes qu'il ajoute aux siens de manière à allonger (...) sa nature naturelle » (137), ici, dans un procès de travail vu à travers la pure extériorité de ces trois éléments, que sont l'homme, la nature et le travail médiateur, notre « homme » est « soutenu par des forces naturelles » extérieures. Il faut conclure de cela que l' « homme » n'est plus l'homme de l'activité productive de NMW, mais la détermination de l'identité vitale spécifique, l'homme déterminé. Ainsi, la catégorie de travail, cette construction historiquement datée, procède de la métamorphose en §1, de la réduction de l'homme à une force humaine de travail, loin d'être une pure construction idéologique[17], ou un résultat de l'échange marchand développé. Ainsi, ce passage présenté comme l'acte de foi écologique de Marx, nous dit « presque » le contraire de ce qu'on veut lui faire dire. « Presque », car bien évidemment il y a un contenu écologique, mais qui se dit dans les termes de ce qui crée le problème écologique, c'est-à-dire la naissance de l'« homme » s'extrayant de la nature, pour la concevoir comme un moyen à soumettre à son progrès.

Il apparaît que, là où la tradition a cru voir l'analyse de ce qui est commun à tous les modes de production, donc un discours général sur le travail utile et la valeur d'usage en général, il faut voir, au contraire, le déchiffrement d'une pseudo-évidence que le système nous donne à voir. Là encore, la tradition est tombée dans le piège tendu par le MPC, pour ne pas voir que le discours de la §2 ne nous dit pas ce qui est, mais ce qui apparaît.

Au terme de cette première partie de la §2, nous avons le savoir déjà spécifique à notre homme-déterminé. C'est celui-ci qui va pouvoir se

---

[17]C'est ce travail naturalisé que convoque D. Meda pour en faire une invention conceptuelle du XVIIIe siècle par son caractère marchand et son objet marchand : « Le travail est l'activité qui porte exclusivement sur des marchandises, donc sur des objets susceptibles d'être échangés, et il est lui-même une marchandise au centre des échanges » (73).

manifester dans la deuxième partie consacrée à la « marchandise » comme « valeur ».

Le travail abstrait : La naturalisation de la substance de la valeur

Alors qu'en §1, la force de travail se donne immédiatement dans son temps de travail socialement nécessaire et sa valeur d'usage ou travail utile, ici, dans ses formes de matérialité, c'est le travail concret-utile qui vient en premier, et son abstraction indifférente à son contenu, le travail abstrait, qui vient en second.

Le renvoi de l'exemple introductif à la §2 à l'expression de la valeur en §3, pose le problème de la commensurabilité. Aussi passe-t-on de la valeur d'échange de l'habit, à son égalité formelle : « 20 mètres de toile sont égaux à un habit ». Si la valeur d'échange vient de ce que « en tant que valeurs, l'habit et la toile sont des choses de même substance, des expressions objectives d'un travail identique» (47), on voit immédiatement que ce qui permet la commensurabilité est le résultat de la §1, et nullement le résultat à sa question posée. Mais alors que la chose est dite et résolue en §1, pour être transcendante en §2, voilà que Marx semble en faire fi pour poser la question : « Mais la confection des habits et la toile sont des travaux différents ». Mais où est le problème, serait-on tenté de dire, puisque §1 nous a donné, avec la clôture de la valeur d'usage de la valeur, la compréhension du fait que les travaux utiles ne sont rien d'autre que les différentes formes prises par la substance. Est-ce cela que Marx veut maintenant aborder « dans le détail », en une sorte d'analyse plus détaillée de la substance ?[18] Non pas ! Et nous savons déjà ce qu'il faut entendre par cette opération de « détail ».

Ce qu'il faut voir en effet ici, c'est que la question est posée du point de vue d'un savoir déjà qui n'est pas celui de la §1, mais celui spécifique à l'homme déterminé. Et c'est parce que ce savoir déjà est celui de la naturalité du produit du travail, par le biais du travail naturalisé, que la réponse s'inscrit naturellement dans cette dimension : « Il y a cependant des états sociaux dans lesquelles le même homme est tour à tour tailleur et tisserand, ou par conséquent ces deux espèces de travaux sont de simples modifications du travail d'un même individu, au lieu d'être des fonctions fixes d'individus différents, de même que l'habit que notre tailleur fait aujourd'hui et le pantalon qu'il fera demain ne sont que des variations de son travail individuel. On voit encore au premier coup d'œil que dans notre société capitaliste, suivant la direction variable de la demande du travail, une portion donnée de travail humain doit s'offrir tantôt sous la forme de confection de vêtements, tantôt sous celle de tissage. Quel que soit le frottement causé par ces mutations de forme du travail, elles s'exécutent quand même ».

---

[18]Point de vue de la tradition : « Le sous-chapitre 2 complète le sous-chapitre1, puisque le concept de valeur est analysé « plus en détail » » (I. Roubine, 152). Marx « précise peu après certaines caractéristiques de la substance qu'il n'avait fait qu'affirmer » (Forest, 34).

A priori, la réponse semble étrange, puisque à la fin de la §1, la valeur semblait propre à la marchandise pour exclure le travail produisant des valeurs d'usage personnelles. Or, on semble nous dire maintenant, par une extrapolation étonnante, que le travail qui produit des valeurs d'usage personnelles, est un travail en général susceptible d'être productif de valeurs. Mais la contradiction est évidemment « apparente », pour être celle de l'« homme » confronté à la réalité de son identité vitale spécifique. Ce qui nous est donné est rien d'autre que ce qui se donne de la substance dans le monde de l'homme déterminé. Et ce qui se donne à lui, qui est en position de voir l'objet donné dans l'évidence d'un « premier coup d'œil », c'est une sorte de « main invisible » qui répartit le travail de l'ensemble de la société, de sorte que « ça marche ».

L'évidence ici invoquée, au lieu d'être critiquée pour être incompatible avec la théorie[19], doit au contraire être soulignée pour être significative de ce dont il s'agit. Elle n'est pas de l'ordre de la réflexion, mais désigne ce qui se donne de la substance dans l'espace de l'homme déterminé où, en tant que telle, elle a l'évidence de ce qui n'a pas à être questionné. Et cette soumission à l'évidence, qui se fait un « devoir de s'offrir », est un impératif non pas dicté par la survie face à la domination du capital, de sorte que l'individu se construirait en se plongeant dans un monde préexistant, mais par la détermination nécessaire de l'identité vitale substantielle. Que ce ne soit pas là l'adaptation d'un être préexistant, c'est ce que souligne Marx en renvoyant la pratique individuelle à sa simple détermination par la substance : « Quel que soit le frottement... elles s'exécutent quand même ». Déterminé par la substance, le travail humain exécute ses mutations, et ce malgré le frottement provenant de ce que le corps de l'homme, fait de chair et d'os, offre une résistance à ce qui pourtant, du plus profond de son être, s'impose à lui comme l'évidence d'une « raison transcendantale », pour n'être rien d'autre que la forme du déploiement nécessaire de la substance dans sa durée.

De la substance de la valeur en §1, on est passé à sa détermination en tant qu'elle se donne à la pensée immédiate comme travail de l'« homme ». Et c'est dès lors que le travail a été naturalisé que l'on peut opérer un syllogisme sur trois termes où le « travail individuel » de « notre tailleur » opère comme moyen-terme. Celui-ci est en effet, une première fois impliqué « de même » que le travail de l'homme « des états sociaux », et une seconde fois impliqué dans « notre société capitaliste » pour être pris de l'exemple présupposé de notre production marchande. C'est par ce syllogisme que se réalise la naturalisation de la substance de la valeur, en ce qu'il permet le retour au présent d'un « souvenir » historique, qui se fait envahissant, au point d'occulter l'origine par une association (de même, on voit encore) d'où émerge un commun, ce concept clé de la connaissance.

---

[19]Comme le fait J. Bidet, pour qui la théorie devait justement les surmonter.

Dans cette « manière de voir », le « travail humain » a fait l'objet d'un glissement conceptuel. Alors que dans la §1, le travail humain substantiel était l'activité de l'homme réduit à cette seule dimension de force humaine de travail, il est maintenant travail humain en tant que travail de l'homme, où la réduction de l'homme a disparu de sorte que c'est de lui qu'il s'agit dans le §2. Dès lors que la substance se détermine au niveau de l'« homme », celui-ci exclut de soi ce qui n'est pas soi, pour en faire une entité autosubsistante et tout autant son autre. Et nous avons ainsi la figure idéologique de l'homme déterminé, en tant qu'« homme » d'un côté, et le travail de l'autre qu'il traite comme un moyen.

De même que dans la première partie de la §2, on est passé de la naturalisation du travail au travail naturalisé, Marx va passer de la naturalisation de la substance à son résultat, la substance naturalisée.

Le travail abstrait : La substance naturalisée-Les trois modifications terminologiques essentielles

L'effort de lecture différente du même, que nous demande Marx, ne saurait se suffire à lui-même. Il doit se soutenir de modifications terminologiques qui se révèlent par ailleurs indispensables. Ainsi LC fait-il en §2 certaines distinctions qui n'existaient pas dans la *première édition*.

1) *Distinction : Valeur procédant de la substance (§1) / Valeur perçue comme provenant du travail différencié de l'homme (§2).*

Le texte de la *première édition* se poursuit ainsi : « Si l'on fait abstraction de la détermination de l'activité productive et, en conséquence, du caractère utile du travail, il reste à ce dernier d'être une *dépense de force de travail humaine*. Bien qu'activités productives qualitativement différentes, la taille et le tissage sont tous deux dépense productive du cerveau, des muscles, des nerfs, de la main, etc., *de l'homme*, et sont en ce sens, *travail humain* l'un et l'autre. Il n'y a là que deux formes différentes sous lesquelles se dépense la *force de travail humaine* (...). Mais la valeur de la marchandise représente du travail humain sans plus, une dépense de force de travail humaine en général » (DOG. I, 39).

Le texte de LC le reprend presque textuellement : « En fin de compte, toute activité productive, abstraction faite de son caractère utile, est une dépense de force humaine. La confection des vêtements et le tissage, malgré leur différence, sont toutes deux une dépense productive du cerveau, des muscles, des nerfs, de la main de l'homme, et en ce sens du travail humain au même titre. La force humaine de travail dont le mouvement ne fait que changer de forme dans les diverses activités productives, doit assurément être plus ou moins développée pour pouvoir être dépensée sous telle ou telle forme. Mais la valeur des marchandises représente purement et simplement le travail de l'homme, une dépense de force humaine en général. » (I, 47)

C'est sur ce passage que de nombreux interprètes se fondent pour définir la substance comme une dépense physiologique de force de travail, alors que d'autres y critiquent Marx pour retomber dans la naturalité. Mais on ne saurait ni lui reprocher cela, ni lui attribuer une telle définition de la substance, dans la mesure où Marx ne nous dit rien d'autre que c'est la dépense de force humaine de travail qui se détermine dans la forme de naturalité qu'est la dépense physiologique. Et celle-ci est en effet commune à toute activité productive, qu'elle puisse ou non être identifiée sous la catégorie de travail.

Soulignons deux choses par rapport au texte de la *première édition*. Tout d'abord alors que ce dernier s'inscrit dans la continuité du précédent passage pour nous dire que, dans les deux cas, si on fait abstraction du caractère utile du travail il ne lui reste que d'être dépense de force de travail humaine, LC, lui, établit une rupture, en ce que le passage ouvre un autre paragraphe.

La substance serait-elle le produit d'une abstraction de penser, alors que la §1 l'a expressément exclue ? Non pas ! Car Marx nous parle ici de tout autre chose, en l'occurrence de « toute activité productive » en général, où la substance se donne à l'homme déterminé comme une dépense physiologique, si l'on fait abstraction de son caractère utile.

Dans la *première édition*, on rencontre trois autres fois l'idée de cette abstraction, dans un texte que LC reprend avec quelques modifications. Citons d'abord le texte de la *première édition* : « De même que dans les *valeurs* habit et toile il est fait abstraction de la différence de leurs *valeurs d'usage*, de même dans le travail que ces *valeurs* représentent, est-il fait abstraction de la différence entre les *formes utiles* qui font de ce travail tantôt un *travail de tailleur*, tantôt un *travail de tisserand* (...). Cette taille et ce tissage ne sont *substance* de la *valeur* habit et de la *valeur* toile que pour autant qu'il est fait *abstraction* de leurs qualités particulières et qu'ils possèdent tous deux une *qualité identique* : celle d'être du *travail humain* » (DOG. I, 41). Dans LC, le dernier passage, où l'on peut lire la substance derrière le travail abstrait, est purement et simplement gommé, pour donner ce paragraphe que nous citons en entier : « De même donc que dans les valeurs toile et habit la différence de leur travail est *éliminée*, de même *disparaît* dans le travail que ces valeurs représentent la différence de ces formes utiles, taille de vêtements et tissage. De même que les valeurs d'usage toile et habit sont des combinaisons d'activités productives spéciales avec le fil et le drap, tandis que les valeurs de ces choses sont de pures cristallisations d'un travail identique, de même les travaux fixés dans ces valeurs n'ont plus de rapport productif avec le fil et le drap, mais expriment simplement une dépense de la même force humaine. Le tissage et la taille forment la toile et l'habit, précisément parce qu'ils ont des qualités différentes ; mais ils n'en forment les valeurs que par leur qualité commune de travail humain. » (I, 48 ns). Ce texte est remarquable à plus d'un titre, et ceci pour contenir l'essentiel des différences entre les §1 et§2.

Tout d'abord en substituant dans la première phrase la « disparition » à l'« abstraction » de la *première édition*, il introduit véritablement la substance et la valeur. Car là où la *première édition* parle des valeurs comme « des gelées homogènes de travail » (DOG. I, 41), Marx remplace l'expression par « pure cristallisation d'un travail identique ». Or, nous avons vu qu'en §1, la valeur était « pure cristallisation » de la substance et que le terme avait l'intérêt de souligner la transparence à son créateur, alors que la « gelée » s'applique mieux à la « valeur » en §2. Nous tenons qu'il s'agit là du seul passage de §2 qui vient nous redire ou nous rappeler la substance de §1, et ce afin de nous en dire la différence avec ce qui se présente à nous.

Arrêtons-nous d'abord au sens de la deuxième phrase avec ses « de même ». Une première fois on nous dit la marchandise comme valeur d'usage et valeur, celle-ci étant pure cristallisation du travail substantiel, et on ajoute un « de même » pour nous dire que ces travaux fixés dans ces valeurs expriment simplement... Manifestement il ne s'agit pas de la même chose. Une première fois la valeur est transparente à sa substance, et une seconde fois, les travaux fixés en elle expriment... quelque chose d'autre. C'est ce que nous allons voir immédiatement.

2) *Distinction : substance (§1) / sa détermination (§2).*

a) La substance en tant que dépense de force humaine de travail, ne peut apparaître comme telle à notre homme déterminé de §2. Il ne peut la recevoir que sous des formes plus conformes à son caractère « naturel ». Par ailleurs, nous avons vu que lorsque notre homme déterminé fait abstraction des particularités du travail en général, il obtient la « substance » comme dépense physiologique[20]. Comment Marx nous fait-il sentir cette différence?

Reprenons le premier texte sur l'abstraction. La *première édition* disait: si on fait abstraction... « il reste (...) d'être une *dépense de force de travail humaine* ». LC nous dit lui: « est une dépense de force humaine ».

À la suite de notre texte, la *première édition* dit : « la valeur de la marchandise représente du travail humain sans plus, une dépense de *force de travail humaine* en général (...) Il est dépense de force de travail *simple*, de

[20]L'interprétation naturaliste de la substance a fait l'objet de nombreuses critiques comme celles de Claude Lefort (62) ; C. Castoriadis (255) et C. Benetti. Mais c'est toujours dans l'ignorance du statut de la §2. C'est ainsi que I. Roubine constate l'ambiguïté des définitions de la §2, et particulièrement cette dépense physiologique, mais il se contente d'en faire abstraction au regard de « l'ensemble de la théorie de la valeur de Marx » (185). T. Hai Hac à un point de vue original sur ce §2, mais non moins étrange. Pour lui, « dans ce paragraphe (...) Marx n'analyse pas encore le travail abstrait et le travail concret en tant que forme du travail social producteur de marchandises. Ce qui est mis en évidence dans ce texte, c'est la double propriété naturelle de tout travail de production (...). Ce n'est qu'aux paragraphes 3 (...) et 4 (...) que le travail abstrait et le travail concret sont définies dans leur concept et constitués en « double caractère » du travail social spécifiquement capitaliste » (I, 29). En d'autres termes, on en reste à la forme (§3) d'un contenu (§2)...

cette force que tout homme ordinaire… » (DOG. I, 39). LC modifie le texte: « la valeur des marchandises représente purement et simplement le travail de l'homme, une dépense de *force* humaine en général (…) C'est une dépense de *force* simple que tout homme… » (I, 47 ns).

Plus loin, la *première édition* dit: « le travail contenu dans ces valeurs (...) compte (...) seulement comme *dépense de force de travail humaine* » (DOG. I, 41) ; et plus loin encore: « le travail doit être d'abord utile (...) pour compter comme *dépense de force de travail humaine*, et donc comme *travail humain* sans plus » (DOG. I, 45). Méthodiquement, LC rectifie: « les travaux fixés dans ces valeurs (...) expriment simplement une dépense de la même *force* humaine » (I, 48 ns); et encore: « le travail doit être avant tout utile, pour être censé dépense de *force* humaine, travail humain, dans le sens abstrait du mot » (I, 49 ns).

b) À notre connaissance, aucun commentateur n'a remarqué que dans LC, Marx modifie le sens du discours de la *première édition*, en gommant systématiquement la référence au travail dans l'expression « dépense de force de travail humaine ». De sorte que le terme consacré dans la §2 de LC est celui de « force humaine », dont on trouve six occurrences, alors que celui de force humaine de travail n'apparaît que deux ou trois fois. À l'inverse, il importe de souligner que, dans la *première édition*, nous trouvons nulle part le concept de force humaine, et si on trouve « cette force », c'est toujours de la force humaine de travail qu'il s'agit. Partout y règne l'expression consacrée de force de travail humaine, chaque fois soulignée, que partout Marx vient méthodiquement modifier, sauf les deux ou trois oublis mentionnés. Il importe de comprendre le sens de cette modification essentielle.

C'est dans la *première édition* que la substance est d'emblée affirmée être le travail, en une évidence qui prolonge celle des textes antérieurs. Et c'est en tant qu'une telle « évidence » se donne à la théorie elle-même que, jusqu'aux rectifications de LC, la substance de la valeur est la dépense physiologique de force de travail, et que le statut théorique de la « §2 » se perd dans les développements « plus en détails » des résultats de la « §1 ». Il est alors clair que la tendance objectiviste de la connaissance, « armée » de ses présuppositions idéologiques issues d'une philosophie de l'histoire, ne met pas Marx à l'abri de parler du point de vue de l'« homme » pour dire la substance de la valeur comme travail en général.

Or, la dépense physiologique en §2 n'est pas une dépense physiologique de force de travail, mais une dépense physiologique de forces tout court. C'est qu'en effet, en §1, nous avons effectivement la substance de la valeur, la dépense de force humaine de travail, et nulle part il n'y est question de dépense physiologique. La force n'est pas séparable du travail pour définir l'identité vitale dont la dépense constitue la substance de la valeur. Mais ne pouvant percevoir son identité vitale spécifique, l'« homme » ne peut que s'apparaître comme « homme », et le travail comme son activité extérieure médiatrice entre lui et la nature, dans la mesure où on ne peut parler de force humaine de travail en sa réalité anthropologique, le concept n'ayant de réalité que par la métamorphose vitale.

C'est qu'en effet, si la force n'est pas une fragmentation de la « force-de-travail », elle a cependant un effet de fragmentation sur la vie soumise à l'extériorité nécessaire, et non moins apparente, de ses éléments. La force semble n'être qu'en puissance, pour n'être en acte qu'au moment de sa dépense dans le travail. Produit du refoulement de la vie spécifique, la « vie » est « vécue » sur le mode de la séparation dans le temps du changement aristotélicien. C'est pourquoi le sens vital de la force de travail peut ne pas être attribué à la force en tant que telle qui, seulement en puissance, n'est qu'une dimension physiologique de l'homme déterminé, mais est attribué à l'acte de sa dépense dans le travail. Le travail, ce moment de la vie spécifique fragmentée, se voit ainsi investi d'une rationalité propre, un donné transcendantal de l'identité vitale spécifique, comme nécessité transcendantale à laquelle on doit se soumettre en tant qu'« homme » de raison. Et l'« homme » de volonté pourra, ultérieurement, venir prétendre se soumettre le travail, il ne fera que « se soumettre » à ce que lui a déjà attribué son inconscient mortifiant, et ce pour n'être que porteur des formes de naturalité de cet inconscient[21].

La raison se constitue pour « se faire une raison » de cette nécessité extérieure, par rapport à laquelle elle s'apparaît dans la nudité d'une « évidence », qui viendra plomber bien des velléités de libération. C'est pour être ainsi investi d'une rationalité transcendantale que le travail intervient comme « idéal du moi », un « surmoi » s'imposant comme impératif catégorique, au même titre qu'une loi morale ou religieuse. Et on voit que c'est de l'« esprit du capitalisme » que procède la doctrine protestante, et non pas le contraire.

En se déterminant dans le monde de l'« homme », la substance se donne dans les apparences d'une réalité physiologique ahistorique. De la même manière que le corps de la marchandise accédait, par sa forme naturelle, à un statut référentiel, le corps de l' « homme » devient la forme naturelle de la substance, en sa détermination en tant que travail de l'« homme » qui, pour répondre à l'injonction hégélienne, s'est soumis son corps. C'est, nous dit Marx à propos du travail humain, « une dépense de force simple que tout homme ordinaire, sans développement spécial, possède dans l'organisme de son corps » (48). Cette dépense de force simple est une vérité physiologique, vraie de tout temps, mais qui n'accède à l'identité d'un sens, celui du travail, que comme détermination de la substance, c'est-à-dire de la personnalité métamorphosée. Si la force de travail est refoulée au profit de la force, c'est que cette force est le mot d'un souvenir dont elle a perdu le sens. Elle tient le

[21]On ne peut faire de ce travail l'objet d'un « contre investissement » freudien du préconscient refoulant, sans le faire préexister et succomber à sa « rationalité ».

mot du souvenir pour le remplir du sens de son origine réelle inconsciente[22]. C'est ainsi que la « réalité fantomatique » de l'inconscient (§1) vient se donner en §2 ; le travail est le fantôme de sa réalité, la force de travail.

Par ce passage à la force simple, le travail acquiert une existence propre en tant que médiateur entre l'« homme » et la nature. Et en lui, l'« homme » vient avec sa force pour en faire, non pas une « force de travail », mais une force *du* travail, au sens où celle-ci vient se soumettre à la rationalité propre de celui-ci. Tel est le sens qu'il convient dorénavant de donner à la force de travail, les trois fois où elle apparaît dans la §2. Cette dépense de force est anthropologique, mais elle n'est « dépense de force de travail » qu'en §1.

Par le refoulement de soi en tant que force de travail, l'homme déterminé d'une part se désengage en tant qu'identité vitale en attribuant une rationalité transcendante au seul travail, mais d'autre part, et par là, se redéfinit comme force *du* travail. Le travail en sa rationalité propre, devient une entité objective pour être détaché de lui, et c'est cette entité que l'on peut appeler travail abstrait, qui n'est donc pas substance de la valeur, mais de la valeur d'échange, en tant que dépense de forces physiologiques.

Dans la mesure où le travail abstrait n'est rien d'autre qu'une dépense physiologique de forces, il est impossible de les distinguer comme définition négative et positive de la substance[23]. Cette distinction existe bien chez Marx, mais c'est en §3 que nous la trouvons, associée à la problématique de la *première édition* qui, héritant de *L'Introduction de 1857*, va de l'abstrait au concret, et dont LC garde encore bien des traces.

Que le travail de la §2 soit différent de la substance pour en être une détermination, et que dès lors il ne procède pas d'une réduction, c'est ce qu'on voit quand LC reprend ce passage de la *première édition* : « Si donc relativement à la valeur d'usage, le travail contenu dans la marchandise ne compte que par sa qualité, il ne compte, relativement à la grandeur de la valeur, que par sa quantité, une fois, bien entendu, qu' il a été réduit à du travail humain sans autre qualité. » (DOG. I, 43). LC reprend donc ce passage, mais c'est pour en gommer la fin, en ce que celle-ci introduit une réduction qui n'a rien à faire en §2.

c) Tout cela apparaît à ce point évident que, alors que le terme de dépense « physiologique » n'apparaît pas explicitement dans la *première édition*, où il a la suffisance de l'implicite, Marx prend la peine de l'expliciter dans LC. C'est ainsi que dans l'avant-dernier paragraphe du §2, il insère au texte de la *première édition* le passage suivant : « Tout travail est d'un côté dépense, dans le sens physiologique, de force humaine, et, à ce titre de travail humain égal,

---

[22]En ce sens, la force est comme les « traces mnésiques dans lesquelles se fixent les expériences vécues de l'Ics » (1958, 100), chez Freud. Mais en aucune manière elle est une déformation freudienne de la force de travail, cette déformation prenant un objet sans lien vital avec le refoulé.

[23]Comme le font P.-D. Dognin et J. Bidet par exemple.

il forme la valeur des marchandises. De l'autre côté, tout travail est dépense de force humaine sous telle ou telle forme productive, et à ce titre de travail concret et utile, il produit des valeurs d'usage ou d'utilité » (I, 49). Tout travail est dépense physiologique dans la §2 qui naturalise parce que c'est le propre de la substance de se déterminer dans la forme de la naturalité.

On ne peut reprocher à Marx un discours anthropologique[24], sans rester aveugle sur le fait que c'est le propre de la substance que de créer, dans sa détermination, l'apparence de son caractère anthropologique[25]. Et si la *première édition* verse effectivement dans l'anthropologisme, sa dénonciation dans LC se confond avec son exposé en tant qu'il est constitutif du système.

d) Cette distinction force de travail-force, Marx est sans doute allé la chercher chez Hegel. En effet pour Hegel, « la force n'est pas encore comme le but qui se détermine en soi-même ; le contenu est un contenu donné de façon déterminée, et, tandis que la force s'extériorise, elle est (…) aveugle en son action efficiente » (SL. Add §136). Et c'est là ce qui constitue « la différence entre l'abstraite extériorisation de la force et l'activité conforme à un but ». Et en effet, le but propre disparaît de §2 pour sa seule donation de forme. En revanche la force de travail construit en elle-même son but, et c'est ce but, le travail, qui se donne comme contenu de l'action de la force qui est aveugle pour être force *du* travail ; « la force a besoin de la sollicitation venant du dehors, agit de façon efficiente aveuglément » (§136 R). Le rapport à Hegel est évident. Il convient cependant de remarquer une chose essentielle : le rapport de la force de travail et de la force est, chez Marx, inversé par rapport à celui de la force et du concept chez Hegel. Nous avons vu[26] qu'il y a une rupture chez Marx entre la VEI et la valeur, du fait de la négation-disparition, celle-ci montrant qu'il y a deux dimensions à la dialectique marxienne, cette condition de la critique radicale, alors qu'il n'y en a qu'une chez Hegel, d'où son acriticisme. Si on veut voir, chez Marx, la force de travail devenir la vérité de l'être du commencement, c'est-à-dire pour éviter la rupture, il faut prendre le mouvement de la dialectique hégélienne comme l'inverse du mouvement de la détermination de la substance-force de travail. Et on voit alors que le point de départ de Hegel n'est pas, comme il le prétend du haut de son idéalisme, l' être absolument indéterminé (§86), mais est bien tout à fait déterminé pour être l'« homme » ultimement déterminé que nous allons avoir de §3. En remontant de celui-ci à la substance-force de travail, nous n'avons pas de rupture, et sa vérité est effectivement la force de travail. Cette inversion est évidemment le pendant spécifique de celle de NMW qui, comme nous l'avons dit, inverse la dialectique hégélienne en partant de NMW 1.

---

[24]Comme le fait J. Bidet pour qui « la connotation anthropologique du texte est manifeste : l'homme ordinaire est promu au rang d'homme en général » (24).

[25]Et cela réussit même auprès de certains marxistes qui, tel M. Itoh, pensent que « le travail abstrait doit avoir existé dans toutes les formes de société » (82).

[26]Cf Le Dernier-Marx : Critique radicale de la valeur-travail.

3) *Distinction : « création » de la valeur (§1) / « formation » de la valeur (§2).*

a) Mais, dira-t-on, dans ce dernier passage, Marx ne nous dit-il pas que la dépense physiologique de force humaine « forme la valeur des marchandises » ? La réponse est dialectique. Oui, parce qu'elle forme la valeur ; non, parce qu'elle n'est pas pour autant substance de la valeur.

En §1, nous avons vu que, en tant que cristaux de la substance, les marchandises « sont réputées valeurs », c'est-à-dire comme telles « imprimées dans le cerveau ». Ici en revanche, « la valeur des marchandises *représente* (ns) purement et simplement le travail de l'homme, une dépense de force humaine en général » (I, 47). Alors qu'en §1 elle est un savoir déjà qui appartient à la substance, la « valeur » apparaît ici en ce qu'elle est représentée par l'homme déterminé en tant que dépense de force humaine en général. Mais elle ne peut apparaître telle que parce que l'homme déterminé sait déjà, d'un savoir immanent inconscient, d'un savoir déjà qui en fait justement un homme déterminé, qu'elle est valeur.

En tant qu'en §1, le travail ne se distingue pas de celui qui l'effectue en tant que force de travail, et participe ainsi d'une identité vitale spécifique, il y a *création* de valeur en ce que celle-ci émane de soi sans une quelconque médiation. En revanche, en §2, le travail, qui est extériorisé de soi, se donne comme médiateur, doublement médiateur. D'abord dans la première partie de §2, où la §1 se donne dans la matière, de sorte que l'homme ne fait que donner forme à cette matière, comme on l'a vu ci-dessus. Et maintenant, où la « valeur » se donne de §1, comme Dieu se donne dans l'ignorance de ce qu'il est, de sorte qu'il ne reste plus au travail qu'à lui *donner forme*, de manière aveugle comme disait Hegel ci-dessus.

La force de travail se donne immédiatement comme dépense physiologique de force, travail de l'« homme ». Ce n'est plus le propre but de la force de travail qui crée la valeur, au sens où celle-ci n'est pas constituée par autre chose que l'identité vitale spécifique se déployant en tout point en son monde. Mais c'est le travail qui, « naturellement », de manière transcendantale, a la particularité de former la « valeur », de « donner forme » à une création qui se passe à son insu. La dépense physiologique de forces ne crée pas de valeur, mais forme de la « valeur », ou même, donne forme à la valeur comme *forme valeur* ou valeur d'échange. La §2 n'est pas le lieu de la valeur, car au double aspect du travail comme travail concret-travail abstrait, correspond le double aspect de la « marchandise » comme valeur d'usage-valeur d'échange. C'est pourquoi la CEP, tout en faisant bien la distinction travail concret-travail abstrait, en restait encore à la catégorie de valeur d'échange. En tant qu'elle est la forme valeur, la « marchandise » est la forme prise par le produit du travail.

b) Au terme consacré de « création » de la valeur en §1, montrant par là qu'il n'y a de valeur que par la substance, Marx substitue en §2 celui de « formation », en tant qu'ici, l'homme déterminé ne fait, par son travail en général, ou sa dépense de force humaine en général, que donner forme à ce qui, en réalité, est créé au niveau substantiel.

Le terme de « création » est absent de la § 2, et apparaît exclusivement en §1, et deux fois pour remplacer le terme de « formation » utilisé dans la *première édition.* À la question « comment mesurer la grandeur ... », la *première édition* répond : « Par *la quantité* de la « substance *formatrice* de valeur » (DOG. I, 27 ns). Alors que LC modifie : « par le *quantum* de la substance « *créatrice* de valeur » (I, 43 ns). Dans la dernière phrase de la §1, la *première édition* nous dit que le travail inutile « ne *forme* pas de valeur » (DOG. I, 33 ns), et LC rectifie : il « ne *crée* pas de valeur » (I, 45 ns).

Le terme de « formation » apparaît également deux fois, et exclusivement en §2. Nous avons vu la première occurrence. La seconde est tout à fait symptomatique, et suffit, selon nous, à montrer qu'il n'est pas question de la substance en §2, mais de sa détermination dans la forme de la naturalité. Le paragraphe qui a servi d'introduction aux différences, se termine dans la *première édition* par la phrase suivante : « cette taille et ce tissage ne sont substances de la valeur habit et de la valeur toile, que pour autant qu'il est fait *abstraction* de leurs qualités particulières et qu'ils possèdent tous deux une qualité *identique* : celle d'être du *travail humain* » (DOG. I, 41). Cette phrase fait le plein des confusions de la *première édition.* LC la modifie considérablement pour donner cette phrase qui, au contraire, résonne bien du sens de §2 : « Le tissage et la taille *forment* la toile et l'habit, précisément parce qu'ils ont des qualités différentes ; mais ils n'en *forment* les valeurs que par leur qualité commune de travail humain » (I, 48 ns).

Marx a complètement inversé son point de vue. C'est seulement en §2 que l'homme déterminé donne forme à la matière et forme la valeur (valeur d'échange), alors qu'en §1, l'identité vitale spécifique réalise son but propre et crée la valeur, et ce dans la mesure où la création est, pour Hegel, « l'activité libre, créatrice, qui n'a pas besoin d'une matière donnée hors d'elle pour se réaliser » (SL. Add §163). En revanche, en §2, le travail vient former de la valeur d'échange à partir des objets de nature. Venant remplacer la « formation » par la « création » en §1, LC fait disparaître cette critique de Hegel qu'émettait la « §3 » dans la *première édition* : « c'est seulement au travail *déterminé* que fait face une matière naturelle, un élément extérieur nécessaire à l'objectivation du travail humain. Seul le « concept » hégélien parvient à s'objectiver sans une matière extérieure » (DOG. I, 55-57).

Ce n'est pas tant que le but soit inconciliable avec la formation. On l'a vu, il est présent en §2 : « N'importe quel élément de la richesse matérielle non fournie par la nature, a toujours dû son existence à un travail productif spécial ayant pour but d'approprier des matières naturelles à des besoins humains » (I, 46). Mais ici, le but n'est pas propre pour être donné, il n'est pas créateur en une appropriation vitale, mais ne fait que donner forme à la matière extérieure sous le principe de l'identité de la valeur d'usage de la valeur de §1.

Pour être pris dans les présupposés de sa lecture objectiviste, ce changement de terminologie entre §1 et §2 est resté lui aussi complètement inaperçu à la tradition. Il est pourtant évident.

4) a) Après ce qui vient d'être dit, on peut revenir plus précisément sur les deux moments du refoulement. Le premier moment est celui du *reflet* qui attribue le sens de l'identité vitale spécifique à la naturalité, qui le reçoit de manière transcendantale en tant que rationalité transcendantale du travail en général. Le second moment est celui de sa réalisation dans *le temps et l'espace*, où le reflet est extériorisé par projection imaginative, dans un autre soi, mais qui reste un soi, et c'est là le lieu d'une contradiction à venir, en tant que simple extériorisation du reflet. Car son résultat, la force *pour* le travail, laisse, en sa détermination, le travail comme un autre soi, de sorte que cette force n'est pas pour elle-même. Quelle est alors la signification du travail abstrait ?

b) Ontologiquement, l'abstraction désigne ce qui est abstrait d'une origine, comme l'homme abstrait de VU1. Seulement, si celui-ci est situé pour être en un simple souvenir de son origine, le travail abstrait de la §2 n'est pas un simple souvenir par rapport à §1, pour être le produit d'un refoulement. Et au vu de ce que nous venons de dire, le travail abstrait dans LC désigne la transcendantalité du travail qui se donne en extériorité avec sa propriété de former de la « valeur ». Ainsi, le rapport avec l'origine n'est pas d'abstraction, mais bien plutôt de transcendance. L'abstraction se dit par rapport à la seule origine, alors que la transcendance se dit comme forme de l'origine dans la naturalité. Marx en conserve le terme dans LC, et nous en ferons de même malgré son ambiguïté, tout en lui donnant le contenu d'une transcendance subjective se donnant en extériorité à une force pour le travail.

c) S'agissant de la *première édition*, on constate que Marx y ignore l'identité vitale spécifique, et succombe à son reflet en faisant, en «§1 », du travail en général la substance de la valeur. Mais dès lors que l'on part de ce reflet, la transcendance se donne comme évidence pour une pensée objective qui en fait son objet inquestionné en lui-même, et c'est là le fondement de l'idéalisme. En lui, la transcendance disparaît immédiatement en tant que telle, pour sa forme d'évidence en tant qu'objet de pensée.

Or, avec le reflet, c'est l'immanence du temps de travail socialement nécessaire qui se donne sous la forme d'une transcendance subjective se généralisant en une sorte de division sociale du travail comme forme de « coopération », ou en une forme de l'immanence en tant que liberté sous forme liée. De ce que le travail nécessaire socialement de la substance se réalise nécessairement à travers une division sociale du travail, celle-ci est prise immédiatement comme rationalité du genre humain, s'imposant extérieurement aux formes privées des rapports de production capitalistes. Bref, en prenant la réalisation de l'identité vitale spécifique (§1) dans sa donation comme objet d'une pensée objective (§2), on la confond avec une raison de l'histoire matérialisée en un contenu (fp), se réalisant en ces différentes formes (rp). Et c'est de cela qu'hérite la pensée objective de la *première édition.*

d) Le travail abstrait de la *première édition* est alors la forme du travail en général, et participe d'une confusion de la pensée objective sur le moment de l'extériorisation du reflet. La « force pour le travail » est saisie comme séparation de la force de travail des moyens de production, concerne le prolétaire, et décrit un rapport de production capitaliste avec son tout autonomisé. C'est celui-ci qui s'impose extérieurement au travail qui est en cela abstrait. À ce stade, le travail est une catégorie de pensée, le produit d'une pensée qui a su transpercer l'opacité du tout autonomisé, grâce à sa saisie en tant que forme d'un contenu. L'économie politique quant à elle, pour ne pas avoir saisi cette forme, en reste avec un « travail » comme catégorie de pensée, et la « main invisible » du marché, cette chose en soi kantienne. Elle ne voit pas que cet « main invisible » se réalise en passant par le travail abstrait qui est l'abstraction du travail en général, et donc dépense de force de travail en général sous forme abstraite.

e) La théorie du travail abstrait, qui voit dans cette catégorie la substance de la valeur, s'enferme dans la §2, quand elle fait de l'abstraction réelle du travail utile concret, le résultat d'un procès autonomisé des rapports sociaux de production[27], alors que par ses diverses modifications du texte, Marx cherche à émonder le texte de la *première édition* de son objectivisme positiviste. C'est ainsi que là où la *première édition* nous dit : « L'évidence nous enseigne en outre que, dans notre société capitaliste (…) Une portion donnée de travail humain est alternativement fournie… » (DOG. I, 39), nous avons vu LC en rectifier le sens : cette portion n'est pas seulement alternativement fournie, simple constat d'une réflexion extérieure, mais « doit s'offrir » comme don transcendantal de la substance spécifique. On peut d'autant moins faire du travail abstrait la substance de la valeur, que Marx nous dit explicitement, dans NMW, son appartenance à la §2 : « je ne m'en tiens pas à la double manière sous laquelle se présente la marchandise, (...), dans l'être double de la marchandise, se présente le double caractère du travail dont elle est le produit : on passe alors au travail *utile* (...) et au *travail abstrait* » (NMW. II, 472). La théorie du travail abstrait partage l'inconvénient de tout objectivisme de ne pouvoir poser la question du « qui ». Or, on voit bien que s'agissant de la théorie du capital, la question est essentielle pour venir nous dire que c'est le capitaliste qui construit le capital. Et on n'aura pas compris la logique du capital tant qu'on n'aura pas compris cela.

---

[27]Le travail abstrait est « une abstraction sociale, le fruit d'une série d'opérations sociales… » (J.-M. Vincent, 31) ; il est « construit socialement par des procédures sociales spécifiques qui en fait une « abstraction réelle » » (A. Artous. 2003, 12) ; cf. encore S. Tombaszos (20) ; H. Nadel (110) ; I. Roubine (225)…

5) La chose est entendue. La substance appartient à la §1 et non pas à la §2. En tant que dépense de force humaine de travail, elle se détermine au niveau de l'homme déterminé comme dépense de force humaine. A l'immanentisme de la création en §1, succède l'émanatisme de la formation en §2, qui a §1 pour cause émanative.

a) Avec son abstraction de pensée, la §2 en reste à la question de la commensurabilité à laquelle elle répond en ses propres termes, au lieu d'aller au fondement. Pour être énoncée par l'homme déterminé, la réponse n'est plus en effet paradoxale, mais relève de l'évidence d'un donné, de sorte que la question n'est plus « qui », qui tient ce discours, mais « quoi », qu'est-ce que ce travail dont le produit a la propriété d'être valeur, et, à ce titre, échangeable avec n'importe quelle valeur d'usage. Parce que ce qui est déjà se donne dans le présent, et est traité à la manière du présent, comme un don transcendantal, la question de ce qui est commun, de la commensurabilité, en reste à l'apparence, ignorante de ce qu'elle est fondée par la substance. Et tout cela relève de ce que l'on ne peut véritablement connaître que ce qu'on a créé, de sorte que l'homme déterminé, qui ne fait que donner forme, reste avec de l'incommensurable pour lui.

b) Il y a cependant en §2 une grande absente, la valeur d'échange qui est pourtant ici en son lieu propre. Car si la valeur est en §1, elle se donne évidemment comme un contenu en §2. Et ce contenu, nous l'avons vu éclore, après la tentative de sauver l'être, pour se dire en un discours impossible. Que ce discours nous soit apparu comme tel, c'était pour être tenu par l'homme-en situation. Mais il se révèle que ce n'était déjà plus lui qui le tenait, mais notre homme déterminé déjà là. C'est parce que le travail du produit du travail qui définit la valeur d'échange comme un contenu, est en fait le travail qui se donne de la substance comme le médiateur naturel entre l'homme et la nature, que le discours peut être non seulement tenu mais porté au sommet de la flamme du progrès.

C'est donc ici, en §2, qu'il faudrait parler de *forme valeur* en tant que valeur d'échange, le concept que Marx utilise dans la *première édition* pour désigner l'expression de la valeur (§3), là où LC va parler de *forme de la valeur*. Forme valeur contient l'idée d'une immédiateté comme celle du reflet, là où la forme de la valeur exprime plus l'idée d'un écart de l'ordre de la « réflexion ». Plus précisément, la forme valeur se lit comme valeur déterminée, équivalent à substance déterminée et à homme déterminé. Alors que la forme de la valeur vient par contre nous dire la détermination de la forme valeur, en tant que c'est cet homme déterminé qui vient se déterminer non plus dans une forme de naturalité de la substance, mais dans une forme naturelle pour lui, la valeur d'usage, de sorte que la forme de la valeur est l'argent, cette autre forme « naturelle ».

Or, la valeur d'échange n'est nulle part mentionnée en §2. Plus encore, bien que la valeur ne soit plus que formée, et qu'en tant que forme valeur elle soit de toute évidence la valeur d'échange, Marx continue d'en parler dans les termes de la §1. Pourtant, Marx transpose également en §2 la phrase suivante, tirée de la « §1 » (DOG. I, 41) : « L'habit et la toile ne sont pas seulement des *valeurs en général*, mais des valeurs d'une *grandeur déterminée* » (I, 48). Marx ne modifie pas ce passage, car cette notion de valeur en général, que sa « grandeur » vient déterminer, renvoie bien à la valeur d'échange, puisque le travail formant la valeur étant médiateur, le temps en est découplé. La valeur en général n'a aucun sens en §1 et n'en a qu'en §2, pour désigner la valeur d'échange que l'économie politique confond avec la valeur.

C'est ici, en §2, que la valeur en général est de mise en tant que forcément transhistorique pour se donner dans l'évidence d'un donné. Et en cela elle accompagne le travail en général qui, de la « §1 », est ramené en son lieu, §2, comme dépense de force physiologique. Et c'est NMW, qui fait grand cas des *certaines* choses, qui renvoie cette valeur en général aux choses du monde extérieur : « le concept général de valeur est issu du comportement de l'homme vis-à-vis des choses qu'il trouve dans le monde extérieur » (II,467).

C'est un autre passage de NMW, déjà cité, qui nous dit ce qu'on doit penser en la matière. « C'est la « marchandise » (...) que j'analyse et à vrai dire dans la forme sous laquelle elle apparaît. Je trouve alors qu'elle est (...) d'autre part, *porteuse de valeur d'échange*(ns) et sous cet aspect « valeur d'échange » elle-même » (NMW, p. 471). Il faut lire ici que la « marchandise » est « valeur d'échange » en tant que porteuse de valeur d'échange, c'est-à-dire contient une VEI. La valeur d'échange en tant que détermination de la valeur en §2, est différente de la « valeur d'échange », et cette différence tient au contenu qui n'est plus l'utilité, mais la détermination de la force de travail, le travail en tant que dépense de force.

Dans la *première édition*, la «§2 » est la « détermination » historique de la « substance », mais non pas de la valeur, qui ne l'est qu'en «§3 » comme forme valeur. « Étant donné que jusqu'ici n'ont été déterminées que la substance et la grandeur de la valeur, venons-en maintenant à l'analyse de la *forme valeur* » (DOG. I, 45). LC vient modifier la phrase. « La substance et la grandeur de la valeur sont maintenant déterminées. Reste à analyser la forme de la valeur » (I, 49). Et on va voir la §3 conserver cette « forme de la valeur ».

6) a) Ne pouvant qu'être refoulée, l'identité vitale explose en ses formes extériorisées. C'est ainsi que outre la marchandise qui devient produit du travail, la dépense de force de travail c'est-à-dire la substance de la valeur, devient cette entité transcendantale qu'est le travail, celui-ci se donnant comme l'acte porteur de la rationalité même, et nous avons là l'origine des philosophies de l'histoire centrées sur le travail. De même la force de travail devient force, et c'est ainsi la réalité de la conscience de soi de VEI que §2 vient nous donner. Cette conscience de soi comme force, cette certitude de soi

nécessairement présupposée à la certitude de l'objet extérieur, est le corrélat de la donation transcendantale de la rationalité du travail, de sorte qu'elle ne peut se donner que dans l'apparence des extériorités construites. S'appliquant aux choses du souvenir, cet évident transcendantal leur imprime la marque de la naturalité transhistorique.

Dans ce retour, il n'y a plus de discours paradoxal, de situations d'aliénation, parce que l'« homme » n'est plus ici celui en situation qui s'originait en « NMW » mais l'homme déterminé par la substance-force de travail. En §2 donc, l'homme déterminé, inhibé par sa détermination, vient nous donner les conditions de possibilité du discours « impossible ». Aussi avons-nous d'une part, le travail porteur de la rationalité, et d'autre part l'homme déterminé porteur de la raison, celle-ci désignant le comportement adéquat qu'est la soumission à la rationalité. Mais la forme immédiate de la soumission à l'évidence est l'instinct, et la force de travail se donne donc en §2 comme instinct de l'homme au travail. La force de travail est immédiatement, en §2, l'être déterminé comme instinct au travail, et ce n'est qu'après qu'on vient distancier pour en faire la raison. Mais sa réalité déterminée n'en est pas moins instinctive, ce en quoi elle montre son origine inconsciente.

De par son origine, la force de l'homme déterminé est, dans sa réalité, force *du* travail. Mais cette destination se perd dans la reprise de la distinction aristotélicienne, où ce qui n'est qu'en puissance se pare de la raison et du libre arbitre pour notamment « concevoir » la liberté d'un rapport salarial, ce que Marx va reprendre à Hegel ci-dessous. Cette raison et ce libre arbitre sont évidemment aveugles sur le fait que la volonté s'est déjà rendue à la rationalité transcendantale du travail. Mais qui ne se rendrait pas à l'évidence qu'il fait jour, et non pas nuit noire, sous les rayons de son soleil ?

Les formes de naturalité de l'identité vitale spécifique sont des formes aliénées. Mais la critique de l'aliénation en reste à l'apparence quand elle ne saisit pas la réalité sous-jacente expliquant la soumission à l'extériorité transcendantale. C'est de par son origine que l'aliénation peut se vivre comme « auto-aliénation », et non pas comme souffrance. De ce point de vue, certains peuvent penser que si l'homme est aliéné, c'est parce qu'il le veut bien. Mais il s'agit si peu de volonté qu'on laisse échapper le fond vital de l'aliénation. D'autres ont fait de la centralité du travail l'expression de l'autonomisation d'une fonction au sein du tout complexe qu'est la vie [28]. Mais cette autonomisation en reste à la domination, et ne peut expliquer la puissance de cet autonomisé autrement qu'objectivement, par la puissance monstrueuse du tout par rapport à l'individu isolé.

La substitution de la force à la force de travail a cet effet essentiel de venir constituer la rationalité transcendante du travail, à laquelle l'homme pensant

[28] Cf. A. Gorz, N. Elias... Ce concept d'autonomisation de fonctions est central dans le nietzschéisme...

et de volonté a raisonnablement à se soumettre. Dès lors, le monde est un monde objectif qui laisse peu de places au questionnement, sinon, comme nous l'avons vu, celui portant sur le même. Ainsi l'objectivité transcendantale du travail emporte celle du temps, le temps de travail devenant une dimension propre à sa rationalité. C'est dans la mesure où le temps de travail se donne transcendantalement comme un temps objectif que « là il s'agit de savoir comment le travail se fait et ce qu'il produit ; ici combien de temps il dure » (I. 48). Le temps n'est plus la présence de l'être, fût-il spécifique, mais le temps objectif, qui existe d'emblée dans l'écart du travail et de la force qui doit l'effectuer. Mais en réalité le présent de l'inconscient continue à régir. Car derrière ce temps objectif, on voit bien que c'est le temps propre du travail qui régit, de sorte que l'homme déterminé n'a plus qu'à savoir combien de temps il dure, pour s'y plier.

Car de par sa transcendance, le travail fait l'objet d'un véritable culte sans lequel on ne peut comprendre la soumission au capital et à sa frénésie destructrice. C'est dire si la « marchandise » comme valeur d'usage et valeur d'échange ne méconnaît pas les « valeurs rituelles »[29], mais qu'elle fait bien plutôt l'objet d'un rite autour du travail, de la part de la force de l'homme déterminé, celle-ci orientant ses actes selon les prescriptions de la force de travail productrice d'une axiomatique[30].

b) De même, §2 vient nous dévoiler le fond de réalité de la pensée objective. C'est en effet dans la mesure où la force de travail se donne comme objectivité d'une norme extérieure, qu'elle se donne transcendantalement à une pensée extérieure comme objet de connaissance. Il faut à la pensée objective l'évidence du contenu de réalité de la chose extérieure, et c'est le refoulement de la vie spécifique de l'inconscient qui la lui donne. C'est la « rationalité » du monde extérieur qui ouvre à la pensée objective le champ d'un modèle mécanique-énergétique. Et dès lors qu'on ne fait qu'« ajouter » un sens conforme au modèle, on ne le critique pas, mais on manque le fond même de la naturalisation du sens. Le recul « scientifique » qu'elle pose comme condition de l'objectivité, n'est en fait que le reflet de la constitution de l'inconscient par la vie. Il y a, dans le refus de « voir de près » quelque chose d'une crainte d'y retrouver quelque chose de soi que l'on ne veut pas « voir ».

L'objectivisme est ainsi une forme de donation de l'identité vitale spécifique, et on n'échappe pas aux pièges du capital quand on part

[29]Comme le pense Lacan.

[30]Dans la théorie althusserienne de l'idéologie (1995), le discours idéologique est inculqué aux individus par des pratiques rituelles, par des normes pratiques transmises par et constituées dans les Appareils Idéologiques d'État. Mais ces AIE se substituent à une compréhension vitale de l'origine de ces normes, parce que Althusser ne nous dit pas ce qu'est l'idéologie elle-même, au-delà du seul discours centré.

immédiatement de §2, ou qu'on en fait le point central de la critique[31]. Voilà pourquoi l'objectivisme est au centre de la « crise du marxisme », c'est-à-dire de son incapacité à sortir des « contradictions internes », dont on attend « tous les effets »... et dont il ne sort rien ou de si « étranges » choses...

C'est en §2 que la « marchandise » a un double aspect : valeur d'échange et valeur d'usage qui ne sont pas ici les deux côtés du rapport d'échange, mais les deux aspects d'une même marchandise dont la valeur d'usage support est la forme de matérialité que prend, en §2, la valeur d'usage de la valeur dans la clôture de §1[32]. C'est la pensée objective qui, partant de la valeur d'échange, ou de la « valeur », fait de la valeur d'usage le support qui lui est nécessaire pour penser la marchandise[33].

La substance de la valeur est maintenant déterminée dans l'espace de l'« homme » où elle apparaît ; il s'agit du travail humain abstrait ou, mieux, du travail simple en général, en tant que dépense physiologique de la force simple que tout homme ordinaire possède dans son organisme corporel. Aussi convient-il maintenant d'aborder la question de la réduction du travail complexe au travail simple.

Le travail abstrait : la réduction du travail complexe au travail simple

1) C'est ici que la différence travail complexe-travail simple est introduite, et pour nous la faire sentir, Marx la renvoie à celle entre le général ou le banquier de la société civile. « Or, de même que dans la société civile un général ou un banquier joue un grand rôle, tandis que l'homme pur et simple fait triste figure, de même en est-il du travail humain. C'est une dépense de force simple que tout homme ordinaire, sans développement spécial, possède dans l'organisme de son corps. » (I, 47-48) « Comparez à Hegel » (I, 570 n. 14), nous demande-t-il. Et en son §190 des *Principes de la Philosophie du Droit*, Hegel nous dit que « dans le droit, l'objet est la personne (...). Dans la société civile bourgeoise, c'est le «Burger » (comme bourgeois), et ici, au point de vue du besoin, c'est la représentation concrète qu'on appelle l'homme. C'est ici pour la première fois, et ici seulement qu'il sera question de l'homme en ce sens ». Pour Hegel, la réalité de l'homme dans la société civile bourgeoise est d'être

[31]C'est l'essentiel de la limite des théories du travail abstrait. Mais on trouve cette limite bien au-delà du marxisme. Par exemple cette recherche néokantienne qu'est la théorie énactive de F. Varela et M. Bitbol, qui bute, selon nous, sur cet obstacle d'un espace de la détermination équivalent à «§2 ».

[32]T. Hai Hac confond les deux pour distinguer l'extériorité de la valeur d'usage en tant qu'objet utile, et son intériorité en tant que porte-valeur.

[33]Ainsi, pour Althusser, la valeur d'usage est « nécessaire à penser la marchandise, puisqu'elle est le « support » matériel de la valeur » (1978, 18). Pour J. Baudrillard, « la valeur d'usage, régi par le système de la valeur d'échange » lui apporte pourtant sa caution « naturaliste » (188). Elle n'est que « satellite et alibi de la valeur d'échange » (167). Comme si la valeur d'échange avait besoin de cette caution.

bourgeois, alors qu'au contraire pour Marx la réalité du bourgeois est d'être un « homme » lié aux besoins. C'est en tant qu'il est un homme que l'individu se trouve inscrit dans le rapport marchand, et qu'il se structure en conséquence. Il ne naît pas général ou banquier, mais comme un petit d'homme, et il devient un « homme pur et simple » avant de devenir général ou banquier. C'est pourquoi son travail « est une dépense de force simple que tout homme ordinaire, sans développement spécial, possède dans l'organisme de son corps » (I, 48). L'« homme pur et simple » fait peut-être « triste figure », mais c'est la norme à laquelle le banquier et le général mesurent leur différence. Car on peut bien se différencier socialement par un travail qualifié, plus complexe, il reste que c'est en se rapportant à la norme comme à l'unité de mesure, que l'on mesure sa différence.

En §2 règne la norme. Et celle-ci ne se dit pas comme telle, tout en se définissant par sa mesure. Pour ne pas se dire avec, quelque part, de son origine, la norme se dit par la présence d'une naturalité, la normalité de l'homme ordinaire, simple, sans développement spécial.

2) La suite du texte que nous commentons et qui traite proprement de cette réduction, est constituée tout d'abord, et pour l'essentiel, d'un texte importé de l'équivalent de la « §1 » de la *première édition* (DOG I, 27), où Marx faisait du travail simple moyen la substance de la valeur : « Le travail simple moyen change, il est vrai, de caractère dans différents pays et suivant les époques, mais il est toujours déterminé dans une société donnée. Le travail complexe (skilled labour, travail qualifié) n'est qu'une puissance du travail simple (...). L'expérience montre que cette réduction se fait constamment. Lors même qu'une marchandise est le produit du travail le plus complexe, sa valeur la ramène, dans une proportion quelconque, au produit d'un travail simple, dont elle ne représente par conséquent qu'une quantité déterminée » (I, 48). Ce rapatriement dénonce ce qui était pris dans l'évidence d'un donné, dans la *première édition*, et qu'il faut maintenant lire en sa réalité.

Si le travail simple moyen est la norme qui se donne sous la forme du travail de l'homme ordinaire, c'est qu'il n'est pas un travail concret particulier, seulement la détermination de la substance. Parce que le travail simple n'est pas le travail concret, mais la forme de naturalité de la substance, on ne saurait le critiquer pour être une retombée incompatible avec le travail abstrait qui se définissait justement en excluant le concret[34]. Il faudrait pour cela que le travail abstrait soit la substance, alors qu'il n'en est que la détermination en tant que justement travail simple moyen. Pour être un donné de la substance, la moyenne du travail n'est donc pas à construire, et il « est toujours déterminé dans une société donnée »[35].

---

[34]Comme le fait J. Bidet (23).

[35]Ce n'est pas le point de vue de R. Fausto par exemple, pour qui « le travail socialement nécessaire n'est pas (...) nécessairement le travail moyen, mais le travail qui s'impose

Si le travail simple moyen n'est que la détermination de la substance, parler de réduction du travail complexe au travail simple, n'a de sens que si le travail complexe est aussi du travail en général formateur de valeur. C'est ce que précise Marx en ajoutant à la *première édition* cette parenthèse : « (skilled labour, travail qualifié) », qualifiant le travail complexe de « labour », travail productif de « valeur », à la différence du « work », productif de valeur d'usage (Cf. I, 570 n. 16).

C'est, nous dit Marx, la « valeur » de la « marchandise » produite par le travail complexe, qui ramène celui-ci à un multiple du travail simple comme à son unité de mesure. L'action de la valeur n'est plus ici à comprendre comme une opération de la « main invisible », mais comme son activité créatrice des normes qui ramènent au travail simple comme à son unité de mesure. La valeur dictant la norme, ramène à une fonction de la normalité. C'est d'ailleurs à cet endroit que Marx modifie le texte de la *première édition* qui nous disait : « Peu importe ici les règles selon lesquelles cette réduction s'opère. Qu'elle se produise constamment, c'est un fait d'expérience » (DOG. I, 27). Ce « ici » nous renvoie à un procès ultérieur couvrant la totalité du Capital[36], c'est-à-dire au point de vue objectiviste d'un processus social autonomisé[37]. Et c'est cet objectivisme que LC vient supprimer en disant simplement : « L'expérience montre que cette réduction se fait constamment ». La seule expérience ne dit pas la nature de la réduction, parce qu'il n'y a que le fait de l'unité de la normalité.

3) Le dernier passage concernant cette réduction comprend deux phrases, reprises à cet endroit de la *première édition* avec quelques modifications. LC nous dit : « ... Les proportions diverses suivant lesquelles différentes espèces de travail sont réduites au travail simple comme à leur unité de mesure, s'établissent dans la société à l'insu des producteurs et leur paraissent des conventions traditionnelles » (I, 48). Si le travail moyen n'est qu'une unité de mesure et non pas un travail concret, il faut comprendre que tout travail est plus ou moins complexe. C'est ce que nous dit le début de ce passage.

Que les modifications apportées au texte de la *première édition* ne soient pas suffisantes, cela se voit ici dans le recours aux notions de « société » et de « conventions traditionnelles ». Le premier est un résidu de la *première édition*,

---

socialement. » (1978, 97 n. 2,). Soit « le temps de production de certaines entreprises ou quelques entreprises (qui) s'impose comme temps social » (98, note).

[36]C'est sur ce genre de considération que s'appuient J. Bidet et S. Tombaszos pour conclure à l'impossibilité de lire le concept de valeur au chapitre1 du livre I...

[37]Ce « processus social » vient relativiser la critique de l'« anarchie » du marché, qui n'est qu'une critique rationaliste- positiviste sur le même. Et de ce point de vue, A. Artous a raison de dire qu'« en fait (...) toute production est socialisée, c'est-à-dire qu'elle fonctionne comme production sociale » (2003, 142). Mais c'est en tant que détermination du tout, ce qui l'amène à inverser les choses en quelque sorte : « Et cette forme de socialisation de l'économie, génère à son tour, une forme de socialisation des producteurs ».

car la « société » est un concept trop large pour être confondue avec ce qui se donne strictement et exactement de la substance. Quant aux « conventions traditionnelles », en tant que nous sommes, en §2, au niveau du préconscient, de ce qui s'imprime immédiatement dans le cerveau, il n'y a pas ici l'espace pour une « convention », pour une réflexion extérieure, seulement pour la conscience immédiate, irréfléchie, d'un fait extérieur.

Les modifications sont cependant importantes, et nous montre Marx soucieux d'émonder le texte de son contenu objectiviste. C'est en effet à un processus objectif que la *première édition* renvoie l'unité de mesure. « Les différentes proportions (...) un processus social les établit derrière le dos des producteurs, ceux-ci ayant ainsi l'impression qu'elles leur sont données par la tradition » (DOG. I, 41). Cela n'a rien à voir avec le fait qu'elles « s'établissent dans la société à l'insu des producteurs ». Car ici, bien loin de relever d'un processus social, elles s'établissent d'elles-mêmes, de façon immanente, de sorte que notre « homme » est impliqué en ce que rien ne se passe dans son dos, mais à son insu, c'est-à-dire au-delà de son savoir conscient[38]. Et la « société » n'est pas ici efficiente mais seulement « le cadre » dans lequel cela se passe.

4) La réduction du travail complexe au travail simple a fait l'objet de la critique selon laquelle Marx se contenterait de l'expliquer empiriquement par l'expérience[39]. Mais dans cette critique, on se trompe de texte. Si on veut critiquer le recours à l'expérience, c'est à la *première édition* qu'il faut s'arrêter. Y inclure la §2, c'est ne pas voir ce dont il s'agit maintenant, en l'occurrence non pas d'une expérience empirique, mais d'une expérience vitale. Ce qui signifie qu'il n'est pas encore question ici du rapport des marchandises entre elles, mais toujours d'un rapport de la marchandise à elle-même, d'un rapport de soi à soi dans l'immanence de la vie.

C'est en effet une phrase complètement modifiée de la *première édition* qui clôt ce passage. Là où la *première édition* nous dit : « Pour simplifier, nous considérerons désormais toute espèce de force de travail comme étant immédiatement de la force de travail simple, ne faisant ainsi rien d'autre que de nous épargner la fatigue de faire la réduction » (DOG. I, 41) ; la §2 s'en tient à ceci : « Il s'ensuit que, dans l'analyse de la valeur, on doit traiter chaque

---

[38]Ce qui répond à la critique de J. Bidet soulignant « la contradiction interne de son texte : entre l'affirmation que cette réduction est un « fait d'expérience », et l'idée qu'elle se produit « à l'insu des producteurs » (27).

[39]C'est ainsi que J. Bidet écrit à ce sujet : « on est en droit de s'étonner de cet appel à l'expérience (...). Le Capital en effet ne prétend pas partir de l'expérience, mais nous y conduire (...) c'est-à-dire l'expliquer par le moyen de concepts qui ne lui appartiennent pas et qu'il faut d'abord produire » (27). C. Castoriadis sur ce point, épouse la critique faite par Bohm Bawerk : « Mais ce qui se fait dans l'expérience n'est jamais qu'une réduction de fait [...] La réduction qui se fait dans l'expérience *n'est pas* réduction de tous les travaux à du travail simple ; elle est réduction de tous les travaux à de l'*argent* » (261). En confondant le travail simple avec la substance, on dit adieu à tous les différents niveaux d'analyse....

variété de force de travail (?) comme une force de travail (?) simple » (I, 48). Exit la considération d'une réflexion extérieure s'épargnant la fatigue de faire la réduction s'opérant dans son objet social. Il ne s'agit plus de prendre la moyenne comme l'objet idéal de la pensée analysante, mais de traiter de la variété des choses comme des fonctions de la normalité imposée par l'identité vitale spécifique.

La force productive du travail

1) C'est bien le double caractère du travail contenu dans la marchandise qui constitue l'originalité de la §2. En effet, selon que ce travail est rapporté à sa valeur d'usage ou à sa valeur d'échange, « là, il s'agit de savoir comment le travail se fait ; ici, combien de temps il dure » (I, 48). De ce point de vue, Marx veut renvoyer la théorie de la valeur d'utilité dans les cordes. En effet, selon la durée du travail nécessaire à sa production, un habit peut voir sa valeur modifiée, « bien que, dans les deux cas, l'habit rende après comme avant les mêmes services » (I, 49). D'une manière générale, la « valeur » produite ne doit pas être confondue avec la « richesse matérielle » qui se mesure en quantité de valeur d'usage, car « à une masse croissante de la richesse matérielle peut correspondre un décroissement simultané de sa valeur ». L'argument n'est pas faux, mais à la condition de présupposer l'évidence d'un donné qui, sinon, devrait être démontré.

Vient alors le passage essentiel sur cette question : « Ce moment contradictoire provient du double caractère du travail. L'efficacité dans un temps donné d'un travail utile dépend de sa force productive. Le travail utile devient donc une source plus ou moins abondante de produits en raison directe de l'accroissement et de la diminution de sa force de travail. Par contre une variation de cette dernière force n'atteint jamais directement le travail représenté dans la valeur. Comme la force productive appartient au travail concret et utile, elle ne saurait plus toucher le travail dès qu'on fait abstraction de sa forme utile. Quelles que soient les variations de sa force productive, le même travail, fonctionnant durant le même temps, se fixe toujours dans la même valeur. ». C'est cette proposition qu'il faut questionner.

2) En §1, Marx traite de la valeur d'une marchandise en fonction de la force productive du travail qui fait varier le temps de travail socialement nécessaire. De ce que la valeur varie selon le temps de travail socialement nécessaire, et que celui-ci varie avec la force productive du travail, on déduit que la valeur varie avec la force productive du travail, et plus exactement en fonction inverse.

Alors que §1 traite d'une marchandise, §2 présuppose un temps de travail donné. Ici, le moyen terme n'est plus la variation du temps de travail socialement nécessaire, mais la variation de la quantité de valeurs d'usage produites. La conclusion s'impose. En un temps donné, la variation de la force productive appartient au travail utile et fait varier la quantité de valeurs d'usage produites ; par contre, elle ne peut appartenir au travail abstrait puisque la valeur produite par celui-ci ne change pas, le temps de travail étant donné. Raisonnement d'une logique imparable, mais à partir de la présupposition que la substance est le travail abstrait en tant qu'abstraction du travail utile qui lui préexiste. Nous retrouvons certes les principes du matérialisme historique, en ce que les forces productives sont renvoyées au travail utile et, par ce biais, à l'histoire, mais c'est en tant que résultat d'une pensée extérieure à laquelle est donné un objet qu'elle prend pour un présupposé. C'est à partir de là qu'on fait l'hypothèse d'un temps donné. Mais on ne démontre que ce qui a été présupposé, et ceci parce qu'on reste soumis à « l'évidence » du donné.

C'est le développement « prématuré » sur les forces productives en §1 qui a effectué un double découplage de la valeur-valeur d'usage, et de la valeur-forces productives, découplage qu'interdit la clôture du système en fin de §1, mais qui se donne en §2. C'est bien du fait d'une non-rupture avec la *première édition*, que les forces productives sont découplées de la valeur pour être référées… à l'idéologie du progrès, et proclamées neutres. C'est celle-ci qui renvoie unilatéralement les forces productives au « travail utile et concret », et montre que Marx a du mal à rompre avec ses vieux démons.

3) Le texte de la §2 se termine par son pendant de la §1 : « De même que la marchandise doit avant tout être une utilité pour être une valeur, de même, le travail doit être avant tout utile pour être censé dépense de force humaine, travail humain, dans le sens abstrait du mot » (49). Nous avons dit ci-dessus que ce passage disparaissait de la *quatrième édition* pour son « de même », qui concluait de §1 à §2. Pour autant nous pouvons y trouver quelque légitimité dans LC. D'abord, c'est ici la seule référence explicite au travail abstrait que l'on trouve dans les §1 et §2, et celui-ci est dépense de « force humaine », physiologiquement défini. Ensuite si nous avons vu que, en §1, cette conclusion s'imposait de l'identité vitale spécifique, elle n'est ici qu'affirmée. Rien en effet dans le texte de la §2 ne permet de conclure à cette affirmation. Et pourtant elle a sa légitimité qu'elle tire de son statut en tant que détermination de §1. C'est le système clos de §1 qui s'est déterminé dans un système clos de §2. Et c'est par cette clôture qu'il faut ici terminer, car c'est comme telle que §2 peut s'offrir dans l'évidence d'un donné.

À la fin de §2, nous quittons le produit du travail de la même manière que l'homme-en situation y entrait, soit en laissant de côté la valeur d'usage et le travail concret. C'est que, ne posant pas problème, ils atteignent immédiatement le conscient, et laissent notre homme déterminé avec le problème préconscient du travail abstrait et de la « valeur ».

Chapitre 2 : Forme de la valeur (§3 du chapitre 1)

Le texte de cette §3 est constitué en grande partie de passages du *Supplément à la première édition*, avec des ajouts et des rejets plus ou moins significatifs. Parmi les rajouts spécifiques à LC figure toute l'introduction. C'est dire si celle-ci va nous intéresser tout particulièrement.

Signification et nécessité de la forme de la valeur

1) Le titre de cette §3 doit d'abord nous interpeller, en ce qu'il est inédit en LC. La *première édition* en parle comme de « l'analyse de la *forme valeur* » (DOG. I, 45). Le *Supplément* que Marx ajoute à la *première édition* porte également pour titre « la forme valeur » (DOG. I, 113). Et la *quatrième édition* reprend cette formulation (DOG. I, 187). Et on verra dans LC revenir le plus souvent cette « forme valeur », ce qui pour nous constitue des oublis sur lesquels on ne s'arrêtera pas. C'est qu'en effet dans la *première édition*, la « §2 » n'est que la détermination historique du travail en général, et la forme valeur n'apparaît qu'en «§3 » comme détermination de la valeur en général. Mais dans la mesure ou en LC, la « valeur » de §2 constitue une telle détermination en tant que produit du travail humain abstrait, c'est à la §2 qu'il convient de réserver le concept de *forme valeur*, et à §3 que revient la *forme de la valeur*.

La forme valeur, que nous nommerons aussi « valeur » à l'occasion, doit en effet être comprise comme la forme prise par la valeur dans la forme de naturalité du reflet spécifique à §2. Elle renvoie au moment de la valeur d'échange et à l'unité donnée par la substance de la valeur.

S'agissant de la §3, il convient plus de parler de la forme de la valeur, dans la mesure où on va voir cette unité se « disloquer » dans la forme prise par la forme valeur, c'est-à-dire dans la forme argent. Dans NMW, Marx nous parle « du développement de la forme valeur de la marchandise, en dernière instance de sa forme-argent » (NMW. II, 472). Selon nous, il faut comprendre que la forme valeur (valeur d'échange), forme phénoménale de §2, se développe en §3 pour constituer la forme de la valeur, en tant que forme d'« expression » de la valeur. La forme phénoménale est « un mode de représentation autonome de la valeur » (471) à distinguer de son mode d'expression. §3 est l'apparaître d'un phénomène (§2) qui ne se montre pas[40].

[40]T. Hai Hac ne fait pas cette distinction : « le concept de valeur d'échange (...) renvoie à la question de la forme phénoménale de la valeur ; c'est à dire au problème de l'expression de la valeur, de son mode nécessaire de représentation » (97). Et il en est de même de la *première édition* (DOG. I, 59). Heidegger, au contraire, fait en quelque sorte cette distinction

Ou encore, la forme valeur est le reflet de la valeur, comme la chose utile est le reflet de la chose qui satisfait, et que le mode de penser est le reflet d'une identité vitale. En revanche la forme de la valeur est le développement de la forme valeur dans son temps et son espace, comme l'utilité pour la chose utile et la forme de la pensée pour son mode de penser.

2) Afin de saisir la logique du mouvement de la §3, il convient de se souvenir que l'on est dans la logique de la marchandise, qu'on ne refuse pas absolument, de sorte qu'on refoule non pas la totalité de la logique de la vie spécifique, mais seulement son origine. Refouler, c'est refouler l'origine, pour la recevoir en une réception qui en porte l'empreinte comme point de vue de l'homme déterminé-en situation puis situé. Parce que le refus n'est pas radical, mais concerne la signification de la logique pour celui qui refoule, il ne concerne que soi et non pas la situation imposée à ce soi dès le début, ce à quoi s'en prendrait le refus de la totalité de la vie spécifique.

C'est ainsi que nous avons vu en §2, que l'homme déterminé ne pouvant recevoir l'être spécifique de §1, il s'en prend à son origine, la substance force de travail, qu'il refoule en la prenant en son reflet. De là, sa propre logique vitale se déploie en ses deux moments du reflet constituant la transcendantalité, et de son temps et son espace l'extériorisant en un autre soi.

Maintenant que c'est l'homme déterminé de §3 qui ne peut recevoir cet autre soi, il procède de même et s'en prend à son origine, la transcendantalité qui le lie trop à celui-ci, en une aliénation d'un soi comme « je ».C'est contre cet autre soi que notre homme déterminé se rebelle, et cette rébellion est celle contre le père, le pouvoir transcendantal du travail qui s'impose à un soi qui n'en a pas fini de vouloir être par lui-même. C'est dire s'il va refouler le premier moment de §2, pour le recevoir immédiatement dans le moment du temps et de l'espace.

La transcendance refoulée, ce dernier moment doit être retravaillé de manière à faire disparaître l'autre soi, pour être en excès, dans un autre absolu, de sorte que la force puisse s'apparaître à elle-même en tant que telle, et non plus en tant que force *pour* le travail. L'opération va donc consister à extérioriser, non plus le reflet constituant la rationalité transcendantale du travail en général, mais le résultat de son extériorisation, le travail abstrait formateur de « valeur », cet autre soi. Le travail de l'inconscient va donc s'opérer au niveau de la seule extériorisation sous la forme de l'expression de la « valeur ».

L'extériorisation s'opère sous cette forme, car en §2 s'est opéré proprement un refoulement de soi à soi, où l'extériorisation du reflet concerne l'intériorité. Mais maintenant, en §3, ce qui est visé c'est le « refoulement » de l'autre soi en un autre absolu. Mais dans la mesure où le refoulement ne concerne que

---

entre phénomènes et apparaître (55-56) et ajoute que vouloir définir le premier à l'aide du second, « c'est tout mettre sens dessus dessous » (56).

soi, il est impropre à opérer une telle opération. En tant qu'intérieur, l'extériorisation du reflet était en quelque sorte verticale, elle doit être maintenant horizontale pour viser un autre extérieur. Celui-ci ne peut être que l'autre d'un rapport d'échange, qui se présente comme un rapport de « valeur » formé par le travail abstrait. Aussi, en exprimant la « valeur », c'est aussi celui-ci qui est exprimé, et il faut bien voir que c'est ce travail abstrait de la force *pour*, qui est essentiellement visé dans cette opération. Nous avons déjà vu comment l'homme-en situation s'y prenait pour tenter de sauver l'être ; *par la fuite*. Et c'est naturellement à ce procédé que notre homme déterminé a recours avec l'expression de la « valeur ». Mais il nous faut garder à l'esprit la limite de cette procédure, dont nous avons déjà fait l'expérience dans la tentative de sauver l'être en VEI. Et nous savons que cette limite tient au lieu où elle s'opère : une illusion d'être.

Cette fuite s'opère dans l'espace d'un déplacement possible. De la verticalité intérieure d'un soi à soi déformant, on passe à l'horizontalité d'un déplacement extérieur, car dans le monde des extériorités signifiées, il est possible d'agencer différemment, de sorte que ce qui perd sa place perd son sens.

Ainsi voyons-nous que ce nouveau « refoulement » n'est pas constitutif d'un retour du refoulé, suite à un refoulement qui aurait échoué. Le premier refoulement a bien atteint son but en §2, et ce n'est pas que le refoulement a échoué mais la censure se révèle insuffisante. Il ne s'agit donc pas de reproduire le refoulement de §2, en remplissant l'inconscient des nouveaux intrus.

On le voit, dès lors qu'au travail n'est pas reconnue sa transcendantalité, le produit du travail reprend le sens qu'il avait immédiatement, celui d'une aliénation. Il y a dans la jointure des §2 et §3, un moment où ce qui est assumé dans le préconscient de §2, devient ce qui doit être refoulé. Ce moment, c'est celui du produit du travail de la VEI, qui décrit l'espace d'un conflit entre celui qui s'assume en tant qu'homme-déterminé, et celui qui aspire à se révéler à son origine naturelle en tant qu'« homme». Pour ce dernier, il s'agit de refouler ses déterminations pour se vivre dans une illusion d'être en tant qu'«homme », en se limitant à ce qui lui reste, une liberté solipsiste, qui ne peut « s'appeler » puissance qu'en s'adjoignant une volonté illusoire, illusoire pour s'attribuer une efficacité qui n'est pas de son fait. La redéfinition de l'être de l'« homme », ce « corps et âme », en être pensant capable de volonté, participe de la vie elle-même embarquée dans un nécessaire « faire semblant » sur elle-même.

3) L'unité corporelle d'un moi qui est par lui-même, nous en avons vu le moment de la naissance. C'est celle-ci que Marx vient immédiatement nous rappeler : « Les marchandises viennent au monde sous la forme de valeurs d'usage ou de matières marchandes, tel que fer, toile, laine, etc. » (I, 50). Les marchandises « viennent au monde » ! C'est proprement à une naissance que l'on est renvoyé. Et cette naissance est celle d'une identité propre à notre « homme » en tant que conscience de soi visée. C'est à cette conscience de soi

qu'il doit parvenir pour pouvoir se vivre. On fait donc retour au point de départ, celui de l'homme-situé. Et ce début fait écho à « la marchandise est d'abord », marquant ce à quoi on n'échappe pas : la nécessité pour l' « homme » de pouvoir se vivre. Bien évidemment, les marchandises « viennent au monde » avec l'« homme » dont elles sont les objets « vitaux ». Et si cet « homme » n'est pas celui situé de l'« analyse de la valeur d'usage », notre homme déterminé n'en a pas moins la même visée en un souvenir d'une origine en tant que situé. Il s'agit bien d'une visée imposée par la vie, et non pas d'un recours à un quelconque principe de réalité qui trouve sans doute plus à s'appliquer dans la *première édition*, où il s'agit effectivement, en «§3 », de revenir des concepts abstraits de l'analyse à leur forme d'expression dans la réalité du concret matériel.

Que ce soit à l'homme déterminé s'originant en §1 que nous avons affaire, c'est ce que nous rappelle Marx en le présentant avec l'héritage de l'expérience vitale spécifique : « Cependant elles ne sont marchandises que parce qu'elles sont deux choses à la fois, objets d'utilité et porte-valeur ». Et c'est là leur condition d'existence dans le système : « Elles ne peuvent donc entrer dans la circulation qu'autant qu'elles se présentent sous une double forme : leur forme de nature et leur forme de valeur ». La forme restrictive de l'exposé reflète une restriction à la visée de notre homme déterminé, une contradiction qu'il devra résoudre pour s'atteindre en sa visée d'un « homme » en rapport avec sa valeur d'usage. La forme de la valeur constitue donc un second moment du refoulement, toujours dans la sphère du préconscient, et elle ne concerne que la « valeur » et le travail abstrait, dans la mesure où le travail concret atteint immédiatement le conscient pour être producteur de valeurs d'usage, qui peuvent dès lors être visées.

C'est en tant qu'inscrit dans cette contradiction qui le traverse, que l'homme-déterminé de §2 s'aspire à être en tant qu' « homme ». Ce premier paragraphe vise donc à poser les termes de la question vitale, telle qu'elle se pose immédiatement au sortir de §2. La pluralité des marchandises exprime la généralité des situations, un vécu commun qui déjà évoque la nécessité d'une résolution commune. Quant à la circulation ici introduite, elle signifie que du reflet préconscient, nous passons à la vie dans sa durée et son espace.

4) Dans le premier paragraphe est donc posée la contradiction entre ce qu'il en est au sortir de §2 : la « marchandise » est objet d'utilité et porte-valeur ; et la signification de l'aspiration à exister en tant qu'« homme » : la marchandise vient au monde en tant que valeur d'usage. C'est cette contradiction qu'il faut résoudre en passant de l'un à l'autre. Et là, l'obstacle est bien ciblé : c'est l'aspect porte-valeur de la marchandise. C'est ce que vient nous dire Marx au début du paragraphe suivant : « La réalité que possède la valeur (...) on ne sait où la prendre. Par un contraste des plus criants avec la grossièreté du corps de la marchandise, il n'est pas un atome de matière qui pénètre dans sa valeur. On

peut donc tourner et retourner à volonté une marchandise prise à part ; en tant qu'objet de valeur, elle reste insaisissable... ».

Après ce chemin parcouru par l'expérience vitale, il y aurait à être étonné de cette insaisissabilité. Insaisissable dans la forme de matérialité ? Mais qui a besoin d'une telle saisie ? La force de travail n'a pas besoin de la matérialité pour saisir la valeur de son objet vital. Notre homme déterminé-en situation n'en avait pas plus besoin pour saisir que sa forme valeur est le produit du travail humain abstrait. Le problème n'est donc pas ici que cette « valeur » soit insaisissable matériellement parlant, mais qu'il faut qu'elle soit saisissable de cette manière. Et cette exigence n'est pas posée par l'échange lui-même, de sorte qu'on aurait toute chance d'en rester à la monnaie comme simple signe, mais est une exigence posée par la vie en tant qu'elle doit pouvoir se vivre dans la posture spontanée de l'homme-situé du commencement.

5) C'est maintenant que Marx va nous donner les clés de la solution de la contradiction, et ce sous la forme d'un souvenir : « *Si l'on se souvient*(ns) cependant que les valeurs des marchandises n'ont qu'une réalité purement sociale, qu'elles ne l'acquièrent qu'en tant qu'elles sont des expressions de la même unité sociale, du travail humain, il devient évident que cette réalité sociale ne peut se manifester aussi que dans les transactions sociales, dans les rapports des marchandises les unes avec les autres ». Pour lutter contre le souvenir de §2, « on » fait appel à un autre souvenir qui est celui d'une autre origine. C'est donc en opposant deux souvenirs d'une origine que le refoulement va pouvoir s'opérer en tant que refoulement de l'un par l'autre. Le souvenir auquel il fait appel est celui de l'origine visée par l'« homme ». De quoi se souvient-on en effet ? De ce que la « valeur » qu'il faut ici refouler tire sa réalité de tout un processus vital qui s'est initié dès qu'« on » s'est mis dans les traces de la valeur, en VEI. C'est cette « réalité purement sociale » qu'il faut refouler pour revenir au lieu de naissance de l'« homme ». C'est ce que nous dit la fin de ce deuxième paragraphe : « En fait, nous sommes partis de la valeur d'échange ou des rapports d'échange des marchandises pour trouver les traces de leur valeur qui y est cachée. Il nous faut revenir maintenant à cette forme sous laquelle la valeur nous est d'abord apparue ».

En VEI, notre homme-en situation cherchait les traces de la valeur qui y était cachée. En VEI3 déjà nous avons vu le refus de la déduction du produit travail. Mais pour s'originer dans les paysages de NMW, c'était à la question du contenu positif que la tentative de sauver l'être était suspendue. À l'issue de notre voyage, la question posée positivement est apparue suicidaire, et c'est dès lors négativement qu'il faut la poser en tant que refoulement de la forme valeur du produit du travail de §2. C'est dire si §3 va venir dévoiler la réalité des différents moments de la VEI et de la VER.

L'évidence du souvenir du discours impossible, c'est de le refouler dans un « rapport d'échange » de marchandises, le saisir comme forme de manifestations à l'endroit dont nous étions partis. Le discours devenu impossible de §2 va ainsi se manifester dans le temps et l'espace de §3, en une forme de manifestation transformée, de même que nous avions un reflet transformé en §2. Comme dans NMW3, où le souvenir venait de la mémoire de NNW2, pour rendre possible l'imagination et sa projection, ici, le souvenir du préconscient (§2) rend nécessaire l'imagination, dont la projection est l'extériorisation dans le temps et l'espace d'une fuite, réponse à un besoin présent de fuir.

Il faut bien convenir que cette réalité « purement sociale » est ambiguë. Signifie-t-elle que l'être infini est purement relatif à un type social spécifique, le MPC, pour ne rien avoir à faire avec l'homme, mais à sa séparation ? ou bien plus simplement, parce que plus littéralement lisible, cette entité sociale abstraite car autonome. C'est en effet la *première édition* qui nous disait que l'unité-valeur venait de la société et non de la nature. Il faut aussi reconnaître que la référence aux transactions sociales est tout aussi ambiguë, en ce que ce n'est pas à un échange réel que nous allons avoir affaire.

6) C'est ici que Marx nous dit la différence qu'il y a entre la « marchandise » comme forme d'apparition de la marchandise à un autre point de vue qu'elle-même, et celle qui vient de son origine propre comme sa propre forme phénoménale issue de son développement : « Le produit du travail acquiert la forme marchandise, dès que sa valeur acquiert la forme de la valeur d'échange, opposée à sa forme naturelle » (I, 61). Si en §2, nous parlions encore de la « marchandise », alors qu'il aurait fallu parler de la *forme marchandise,* sans doute faudrait-il maintenant, en §3, parler de la *forme de la marchandise*, même si nous continuerons, par facilité de langage, à parler de « marchandise ».

Ainsi voit-on que la forme marchandise du produit du travail n'a plus rien à voir avec l'interprétation qu'en a retenu la tradition. C'est la *première édition* qui nous dit que le produit du travail, ce contenu anthropologique, n'acquiert la forme marchandise que dans la société des travaux privés. La forme de la valeur est le résultat immanent de la vie inscrite dans les rapports marchands, une négation de la négation, un processus inconscient fait de refoulement, de transfert, de sorte que les tentatives de la VER et de la VEI étaient vouées à l'échec. C'est ce que Marx nous dira plus loin en un passage inédit : « Il ressort de notre analyse que c'est de la nature de la valeur de la marchandise que provient sa forme, et que ce n'est pas au contraire de la manière de les exprimer par un rapport d'échange que découlent la valeur et sa grandeur » (60). C'est de manière tout à fait improductive que l'homme-situé ou en situation partait du rapport d'échange, croyant pouvoir y trouver la preuve de sa conscience de soi en tant qu'« homme », mais ce dans la totale ignorance de son caractère déterminé. Marx vient lui démontrer qu'il est un homme déterminé, et qu'en ce sens le rapport d'échange n'est pas un point de départ, mais bien le résultat du rapport de « valeur », sa condition de possibilité.

7) Ce que vise notre « homme », c'est le moment du conscient qui s'expose de la conscience de soi. C'est précisément cette visée ultime que Marx vient nous donner à la fin de cette introduction. « Chacun sait, lors même qu'il ne sait rien d'autre chose, que la marchandise possède une forme valeur particulière qui contraste de la manière la plus éclatante avec leurs formes naturelles diverses : la forme monnaie. Il s'agit maintenant (...) de fournir la *genèse* de la forme monnaie, c'est-à-dire de développer l'expression de la valeur contenue dans le rapport de valeur des marchandises depuis son ébauche la plus simple et la moins apparente jusqu'à cette forme monnaie qui saute aux yeux de tout le monde. En même temps, sera résolue et disparaîtra l'énigme de la monnaie » (50).

La genèse n'est pas historique, mais bien ce qui relève de la nécessité vitale. Elle part du rapport de « valeur » provenant immédiatement de §2, pour développer ce qui est contenu en lui, soit la nécessité d'exprimer cette « valeur » en des formes de naturalité adéquates à l'« homme » de la VEI. En tant que procédant du moins apparent, cette genèse s'opérera de manière inconsciente, pour ne relever que de la seule nécessité vitale. Son moment de conscience sera celui, ultime, de « cette forme monnaie qui saute aux yeux de tout le monde ». C'est dans la mesure où le développement de l'expression de la « valeur » est une quête d'identité vers la conscience de soi, une quête d'existence illusoire de l'« homme », que Marx nous en donne d'emblée le résultat : un savoir qui, en « sautant aux yeux », va se substituer au savoir déjà de §2 en éliminant son souvenir. En en faisant un savoir qui « ne sait rien autre chose », Marx nous montre qu'on arrive au bout de notre chemin d'expériences, en un ultime moment où tout ce qui pourrait rappeler l'être spécifique a été refoulé. De lui on ne risque plus de savoir quelque chose pour n'en savoir que la monnaie. S'il s'agit de revenir à la VEI c'est, nous dit Marx, pour y dévoiler l'énigme de la monnaie qui y persistait derrière le troisième objet. Troisième objet qu'on prenait si facilement pour une convention raisonnable, alors que s'y manifestait une déraison évidente.

Dès lors on voit que le mouvement de §3 va consister à parcourir à l'envers le chemin qui avait mené l'homme-situé à l'extrême de son en situation, le produit du travail. De l'homme aliéné qu'est l'homme déterminé-en situation, on va redescendre jusqu'à l'homme déterminé-situé, simplement situé ... sous condition de l'argent.

8) C'est par le rapport de « valeur » qu'agit l'efficace de la substance inconsciente, et donc par lui que peut se poser, dans la continuité, la question de l'identité de l'« homme » à lui-même, de sa conscience de soi à laquelle on fait retour. C'est donc de lui que l'on part, comme ce qui doit être refoulé en le transformant, par le moyen de l'expression de la « valeur ». C'est de lui qu'il s'agit essentiellement dans le dernier paragraphe de cette introduction : « En général, les marchandises n'ont pas d'autre rapport entre elles qu'un rapport de

valeur, et le rapport de valeur le plus simple est évidemment celui d'une marchandise avec une autre marchandise d'espèces différentes, n'importe laquelle. Le rapport de valeur ou d'échange de deux marchandises fournit donc *pour une marchandise* (ns) l'expression de valeur la plus simple ».

Il est remarquable que, comme dans l'introduction au §1, Marx passe du général au simple. Mais le général ici n'est pas le mauvais infini pour être fondé par la substance en §1, de sorte que, sous garantie d'homogénéité, on peut passer au simple, sans que cette réduction soit l'opération d'analyse de la pensée séparatrice qui, comme dit Hegel, tue ce qui est un. Mais le simple, pas plus que le développé d'ailleurs, n'est pas un rapport objectif[41]. Comme toujours chez Marx, le rapport simple renvoie au point de vue de l'un dans son rapport subjectif. C'est en cela qu'il fournit « pour une marchandise l'expression de valeur la plus simple ». Dans ce passage, Marx nous parle du « rapport de valeur ou d'échange ». Il faut être extrêmement vigilant sur le fait que ce « rapport d'échange » est celui qui se donne de §2, et non pas celui de la VEI vers lequel est dirigée l'expression de la valeur.

9) La *première édition* nous disait la valeur en VEI 1 et la valeur commune en VEI 2, de sorte que le rapport d'échange était un rapport de valeur duquel on déduisait le troisième objet comme prototype de la valeur. Aussi est-ce dans le paradigme de la séparation, dans lequel se définissait l'homme-en situation, que se déploie la « généalogie de l'argent » dans la *première édition*. Et il faut bien dire que dans les deux cas, c'est à une pensée objective que nous avons affaire. Ce qu'ajoute « §3 » à la VEI, c'est l'idée que ce troisième terme n'est pas seulement ce qui se donne d'un rapport d'échange de marchandises, mais est, en tant qu'argent, le résultat d'un *procès social objectif.*

La valeur en tant que catégorie de pensée relève de la puissance autonomisée des entités abstraites qui, en tant que telles, ne peuvent qu'être des objets de pensée : « Pour fixer la toile comme pure expression chosifiée de travail humain, il faut faire abstraction de ce qui en fait réellement une chose. L'objectivité du travail humain qui est lui-même abstrait, sans autre qualité ni contenu, est nécessairement une objectivité abstraite, une *chose de pensée* (...). Mais les *marchandises* sont des choses. Ce qu'elles sont, elles doivent l'être à la manière des choses ou le montrer dans leurs propres relations de choses » (DOG I, 53). En tant que la substance de la valeur est le travail abstrait, elle ne peut qu'être un objet de pensée, le produit de l'analyse scientifique qui a su lire le tout autonomisé des rapports de production capitalistes. Elle l'a fait en renvoyant d'abord à l'évidence de la production par l'abstraction des rapports d'échange, qui nous donne le travail en général. De là, elle déduit sa forme

[41]Comme l'interprète trop souvent la tradition… du « savoir ». C'est ainsi que pour B. Chavance « la forme simple de la valeur d'échange (...) met en relation des marchandises singulières et exprime le rapport entre leurs deux producteurs échangistes…» (47).

dans les rapports de production capitalistes, le travail abstrait qui, pour se déployer dans la forme du tout de la division sociale du travail, a une vérité mais qui n'existe que dans la pensée. Cette définition négative devient positive dès lors que les marchandises sont mises à égalité dans le rapport d'échange, les catégories de pensée ayant alors une vérité pratique comme disait l'*Introduction de 1857*. L'argent a alors un statut tout autre dans la *première édition.* Il renvoie au tout social du genre humain se réalisant au fil d'une philosophie de l'histoire, mais sous une forme aliénée dans le MPC en tant que tout social autonomisé. L'argent, c'est la puissance du tout, du genre qui, pour être aliéné, ne peut que se représenter dans la figure symbolique d'une valeur d'usage.

Seulement, la *première édition* a confondu l'inconscient avec ces entités abstraites, ces choses de pensée. Et c'est cette confusion qui permet la proximité des processus à l'œuvre dans la *première édition* et dans LC, concernant la §3. Dans l'un en effet, ce qui n'est que pensé, résultat d'une abstraction de pensée, doit se matérialiser pour un échange effectif ; dans l'autre, ce qui n'est qu'inconscient, doit s'exprimer dans la conscience d'un rapport d'échange, a priori également sous une forme matérielle. C'est pourquoi il est relativement facile de lire la §3, avec certaines limites, selon les deux interprétations.

Forme I : Forme simple ou accidentelle de la valeur

En une phrase, Marx nous donne à lire deux choses, le rapport de « valeur » et l'expression de la « valeur » : « 20 mètres de toile=1 habit, ou 20 mètres de toile ont la valeur d'un habit ».

Dans l'exemple dont est partie la §2, 10 mètres de toile=X, l'habit=2X, on avait deux marchandises en tant que valeur. Par leur mise en équation, on passe à leur rapport de « valeur », et la continuité de l'exemple nous montre que c'est à une même expérience vitale que nous avons affaire. Dans ce rapport, chaque « marchandise » est en rapport à soi dans son rapport à un autre. En revanche dans le fait que 20 mètres de toile valent 1 habit, on a le rapport de la toile à l'habit comme un autre, et c'est cela l'expression de la « valeur » : « le français valoir, exprime (...) nettement (...) que l'affirmation de l'équivalence de la marchandise B avec la marchandise A est l'expression propre de la valeur de cette dernière » (I, 54). Marx nous prévient que l'essentiel de la réflexion va porter sur cette forme simple, car « le mystère de toute forme de valeur gît dans cette forme simple. Aussi c'est dans son analyse que se trouve la difficulté » (51).

1) *« Les deux pôles de l'expression de la valeur : sa forme relative et sa forme équivalente ».*

Marx commence par une lecture de l'expression de la « valeur » faisant ressortir les rôles distincts joués par les deux « marchandises » : « La toile exprime sa valeur dans l'habit et celui-ci sert de matière à cette expression. La première marchandise joue un rôle actif, la seconde un rôle passif. La valeur de la première est exposée comme valeur relative, la seconde marchandise fonctionne comme équivalent ». Pour s'exposer comme valeur relative, c'est-à-dire sous une forme distincte d'elle-même, la « valeur » de la toile fait fonctionner l'habit comme équivalent. La fonction est définie par le rôle attribué nécessairement par un inconscient structuré par la nécessaire reproduction de la vie en son identité. Que l'expression de la « valeur » soit une nécessité vitale propre à l'homme déterminé, c'est ce que nous dit la suite du texte : « La forme relative et la forme équivalent sont deux aspects corrélatifs et inséparables, mais, en même temps, des extrêmes opposés, exclusifs l'un de l'autre, c'est-à-dire des pôles de la même expression de valeur. Ils se distinguent toujours entre les diverses marchandises que cette expression met en rapport. ». En effet, l'« équation : 20 mètres de toile = 20 mètres de toile » n'est qu'une tautologie où se montre que « la valeur de la toile ne peut (...) être exprimée que dans une autre marchandise, c'est-à-dire relativement ».

Ce n'est pas l'échange qui, en tant que tel, impose cette expression de la « valeur » en ce que s'y résoudrait la question de sa mesure, celle-ci ayant déjà été résolue. La non-réflexivité du rapport exprime non pas l'impossibilité d'être sa propre mesure, mais l'impossibilité même de se reconnaître comme « valeur ». C'est aussi l'expression nécessaire de la « valeur » qui explique que le rapport de « valeur » ne soit pas symétrique : « l'expression : 20 mètres de toile=1 habit, 20 mètres de toile valent un habit, renferme il est vrai la réciproque : 1 habit = 20 mètres de toile, :1 habit vaut 20 mètres de toile. Mais il me faut alors renverser l'équation pour exprimer relativement la valeur de l'habit, et dès que je le fais, la toile devient équivalente à sa place. Une même marchandise ne peut donc revêtir simultanément ces deux formes dans la même expression de la valeur. Ces deux formes s'excluent polariquement ».

Dans le *Supplément*, le texte se poursuit par un autre exemple qui dit la même chose, mais sous un regard objectif, et c'est pourquoi LC l'élimine : « Représentons-nous un troc » (DOG. I, 117), où les producteurs de la toile et de l'habit finissent par se mettre « enfin d'accord ». Avec cette histoire de troc, on voit que Marx confond le rapport d'expression avec un rapport d'échange, de sorte qu'est entretenue la confusion sur l'expression de la « valeur » comme mesure de la valeur. De ce point de vue il est à noter que la *première édition* confond le rapport de « valeur » et l'expression de la « valeur » dans sa présentation : «I. Forme première ou simple de la valeur relative : 20 aunes de toile=1 habit (x marchandises A=y marchandises B) » (49). Par là, on comprend que c'est à un « procès social objectif » que l'on va avoir affaire, et non pas à un procès subjectif d'extériorisation de soi. Le *Supplément* introduit la distinction (113), mais il ne la maintient pas de manière claire, pour faire du rapport d'expression un rapport objectif.

LC en reprend plus loin un exemple qui va tout à fait dans le sens de la mesure de la valeur. « Un pain de sucre (...) a un poids ; mais il est impossible de voir ou de sentir ce poids rien qu'à l'apparence. Nous prenons maintenant divers morceaux de fer de poids connu (...) Pour exprimer que (le pain de sucre) est pesant nous le plaçons en un rapport de poids avec le fer (...). De même que le corps de fer [...] ne représente que pesanteur, de même, [...] le corps habit vis-à-vis de la toile ne représente que valeur » (57). Le *Supplément* s'arrête à ce point (cf. DOG. I, 129), alors que LC poursuit en soulignant les limites de l'analogie : « Ici cependant cesse l'analogie. Dans l'expression de poids du pain de sucre, le fer représente une qualité naturelle commune aux deux corps, leur pesanteur, tandis que dans l'expression de valeur de la toile, le corps habit représente une qualité surnaturelle des deux objets, leur valeur, un caractère d'empreinte purement sociale. Du moment que la forme relative exprime la valeur d'une marchandise (...) comme quelque chose de complètement différent de son corps lui-même et de ses propriétés, comme quelque chose qui ressemble à un habit, elle fait entendre que sous cette expression un rapport social est caché »(I, 57). Certes la référence au rapport social est vague mais il reste l'essentiel. L'exemple physique en reste à une opération de mesure de la valeur, comme on l'avait avec l'exemple géométrique en VEI, à la nécessité d'un troisième objet, alors que l'expression de la valeur est rendue nécessaire par l'hétérogénéité des espaces de la vie.

2) *« La forme relative de la valeur »* (51)

a) Le passage suivant va nous montrer que l'expression de la valeur n'est pas un rapport d'échange avec d'un côté la valeur d'échange et de l'autre la valeur d'usage visée, et ce dans la mesure où elle repose sur un rapport de « valeur ». « Ce n'est que la valeur de la toile qui s'y trouve exprimée. [...] Il est d'ailleurs évident que l'habit entre dans ce rapport exclusivement comme forme d'existence de la valeur, car ce n'est qu'en exprimant de la valeur qu'il peut figurer comme valeur vis-à-vis d'une autre marchandise » (52). Dans le rapport de « valeur », l'habit figure comme « valeur », c'est-à-dire est le faire-valoir pour celui qui doit exprimer la « valeur » de la toile selon une nécessité vitale qui n'est pas celle, physiologique, visant la valeur d'usage de l'habit. Bien évidemment, l'habit est une valeur d'usage visée. Mais derrière cette intentionnalité consciente, c'est quelque chose de tout différent qui l'interpelle autrement que comme valeur d'usage. L'habit est valeur d'usage « et » équivalent car sous cet aspect, « le propre valoir de la toile se montre ici, ou acquiert une expression distincte. En effet, la valeur habit pourrait-elle être mise en équation avec la toile ou lui servir d'équivalent, si celle-ci n'était pas elle-même valeur ? ». Le rapport de « valeur » n'est pas un rapport objectif de « valeur » mais, en tant que rapport de « valeur » de la toile, le rapport subjectif contenant la possibilité de l'expression de « valeur ». Les quatre paragraphes suivants s'attachent à la même démonstration.

b) Le premier nous dit ceci : « *Si* (ns) nous disons : en tant que valeurs toutes les marchandises ne sont que du travail humain cristallisé, nous les renvoyons par notre analyse à l'abstraction valeur, mais, avant comme après elles ne possèdent qu'une seule forme, leur forme naturelle d'objets utiles. Il en est tout autrement dès qu'une marchandise est mise en rapport de valeur avec une autre marchandise. Dès ce moment, son caractère de valeur ressort et s'affirme comme sa propriété inhérente qui détermine sa relation à l'autre marchandise… ». A priori, ce passage semble sortir tout droit du *Supplément* (cf. DOG I, 145). Cependant on peut aussi y voir une autocritique de la *première édition*, et comme une critique de l'économie politique. En effet, *si* (là où les éditions allemandes disent « quand ») on cherche à définir la valeur par un procès de pensée s'aidant de l'abstraction, on n'obtient qu'une « abstraction valeur ». La marchandise ne possédant qu'une seule forme, elle ne fait pas sentir la contradiction interne, la simple « abstraction valeur » laissant notre homme « en paix » avec la forme naturelle de sa marchandise. En revanche, nous dit Marx, ici, dans le rapport de valeur de la toile, sa « valeur » ressort comme souvenir du savoir déjà de §2, et s'affirme comme une « propriété inhérente » qui fait problème à la « vie », de sorte qu'elle détermine sa relation à l'autre marchandise comme expression de sa « valeur ».[42]

c) Le deuxième paragraphe poursuit l'investigation, et commence par « le premier dire » de la marchandise, celui du savoir déjà qu'est le rapport de « valeur ». C'est qu'au sortir de §2, notre homme déterminé est avec sa toile en tant que produit du travail humain abstrait, et en la posant équivalente à l'habit il reconnaît que l'habit a un même contenu. « L'habit étant posé l'équivalent de la toile, le travail contenu dans l'habit est affirmé être identique avec le travail contenu dans la toile » (I, 52). Mais si on méconnaît le but du rapport d'expression, on en reste à un rapport d'échange où surgit l'objection traditionnelle : « Il est vrai que la taille se distingue du tissage ». Mais dans l'expression de la valeur, l'objection n'a plus cours, puisque ce n'est pas la valeur d'usage qui est visée. L'équation n'est pas une simple mise à égalité pour avoir en elle-même la fonction d'un but : « Mais son équation avec le tissage la ramène *par le fait* (ns) à ce qu'elle a de réellement commun avec lui ; à son caractère de travail humain ». *Par le fait* même de son but, l'équation ramène la taille à ce « réellement commun ». « C'est, nous dit Marx, une manière détournée d'exprimer que le tissage, en tant qu'il tisse de la valeur, ne se distingue en rien de la taille des vêtements, c'est-à-dire est du travail humain

[42]Pour T. Hai Hac, la forme matérielle de la valeur dans §3 « est une détermination nécessaire du concept de valeur. Si l'on en fait abstraction, le concept devient indéterminé. Car « si nous disons… » (80). Et l'auteur cite cette phrase. Mais par là il en reste à la *première édition* pour ne pas voir que LC gomme, d'une manière générale, toute référence à l'abstraction de pensée de la *première édition*. Enfin, l'auteur ne cite pas la suite du texte qui montre la cohérence du discours…

abstrait ». L'équation est une manière détournée d'exprimer ce qui se donnait directement en §2. Détournée car il faut à notre homme déterminé, refouler ce travail abstrait, et pour cela mettre en équation. C'est en cela que «... Cette équation exprime donc le caractère spécifique du travail qui constitue la valeur de la toile », ce pourquoi il doit être exprimé.

d) Le paragraphe suivant, introduit une troisième marchandise, de sorte que ses développements relèvent de la VEI et nous avons déjà vu qu'ils ressortent de CEP (21) où l'équivalent général est déduit comme troisième objet nécessaire à l'échange[43]. Cependant, que derrière l'apparence du rapport d'échange de VEI, ce soit l'expression de la valeur contenue dans le rapport de « valeur » qui agit, c'est le sens de ce dernier passage : « Cependant l'habit, le corps de la marchandise habit, n'est qu'une simple valeur d'usage ; un habit exprime aussi peu de valeur que le premier morceau de toile venue. Cela prouve tout simplement que, dans le rapport de valeur de la toile, il signifie plus qu'en dehors de ce rapport ». Et c'est dès lors le préconscient qui s'énonce dans la nécessité d'exprimer cette «valeur» : « Dans la production de l'habit, de la force humaine a été dépensée en fait sous une forme particulière. Du travail humain est donc accumulé en lui. À ce point de vue, l'habit est porte-valeur, bien qu'il ne laisse pas percer cette qualité à travers la transparence de ses fils, si râpé qu'il soit. Et dans le rapport de valeur de la toile il ne signifie pas autre chose... » (I, 53). C'est le caractère obsessionnel de l'expression de la valeur qui ressort, de sorte que « Malgré son extérieur si bien boutonné, la toile a reconnu en lui une âme sœur pleine de valeur. C'est le côté platonique de l'affaire... ». Platonique, au sens où l'habit n'est pas visé pour un besoin corporel.

e) L'expression de la « valeur » en tant que son extériorisation, permet à Marx de faire le parallèle avec la majesté du pouvoir : « En réalité, l'habit ne peut point représenter dans ses relations extérieures la valeur, sans que la valeur prenne en même temps l'aspect d'un habit. C'est ainsi que le particulier A ne saurait représenter pour l'individu B une majesté, sans que la majesté aux yeux de B revête immédiatement et la figure et le corps de A ». Pour que la valeur (majesté) revête l'aspect de l'habit, il faut que la toile ait exprimé sa « valeur » en lui par un acte d'extériorisation de soi. Il y a, dans la majesté, l'extériorisation d'un soi qui contient cette majesté comme sa dimension qui ne peut (ou ne trouve pas à) s'exprimer. La vérité d'un pouvoir est dans le fait qu'il est donné, et non dans le fait qu'il est extorqué.

Il n'y a rien d'étonnant à ce que le procès de l'identité vitale, qui s'était initié par une métamorphose, vienne, en son mouvement en retour, se « clore » en quelque sorte par une autre métamorphose. « Le rapport qui fait de l'habit l'équivalent de la toile métamorphose donc la forme habit en forme valeur de

[43]Cf. Le Dernier-Marx : critique radicale de la valeur-travail (chapitre 6).

la toile ou exprime la valeur de la toile par la valeur d'usage de l'habit ». Seulement, cette « métamorphose » doit être prise avec des guillemets, pour ne rien avoir d'absolu et de définitif.

Par cette « métamorphose », la toile retrouve une configuration conforme à ce qui est visé par notre homme déterminé qui, ainsi « autolimité », existe à côté de la chose extérieure sur laquelle il peut affirmer son « libre arbitre ». Son identité est relative comme la « valeur » de sa marchandise qui « acquiert la forme de valeur relative » (54). L'objet « métamorphosé » est une extériorisation de soi, par laquelle notre « homme » peut « se regarder » en autre chose. « En vertu du rapport de valeur, la forme naturelle de la marchandise B devient la forme de valeur de la marchandise A, ou bien le corps de B devient pour A le miroir de sa valeur ».

f) Seulement cette métaphore du miroir a sa limite , car il s'agit d'un *miroir magique* en ce qu'il ne sert pas à la toile pour se voir et se reconnaître telle qu'elle est, mais à renvoyer l'image sublimée d'un négatif de soi extérieur, en laquelle elle peut se comparer pour affirmer son identité seulement relative. Car quand « on » dit que ses 20 m de toile valent un habit, dès que l'habit est « métamorphosé » ce n'est plus dans la toile qu'est contenu le fait de valoir, mais dans l'habit. Ce n'est plus une propriété de la toile, mais de l'habit. C'est lui le référent et la mise en rapport n'est plus un rapport de « valeur », mais un rapport à la chose qui vaut, et à laquelle la toile ressemble.

En note, Marx ajoute ce célèbre passage : « Sous un certain rapport, il en est de l'homme comme de la marchandise. Comme il ne vient point au monde avec un miroir, ou en philosophe à la Fichte, dont le moi n'a besoin de rien pour s'affirmer, il se mire et se reconnaît d'abord seulement dans un autre homme. Aussi cet autre, avec peau et poil, lui semble-t-il la forme phénoménale du genre homme » (I, 570 n. 21 ; DOG. I, 55). La comparaison est plus qu'ambiguë puisqu'il faut lire que la marchandise vient au monde comme valeur d'usage, alors qu'elle a besoin de se reconnaître comme « valeur ». Mais ne pouvant se reconnaître en elle-même, elle utilise une autre marchandise pour y reconnaître sa « valeur ». Bref, le passage nous dit le contraire de ce que nous avons lu, soit que la marchandise vient au monde comme valeur d'usage d'un « je » visé qui n'a besoin de rien pour se reconnaître, mais qu'étant porte-valeur, elle doit extérioriser celle-ci dans une autre marchandise qui lui sert de miroir « magique », de sorte qu'elle peut se reconnaître comme valeur d'usage d'un « je ».

Le contenu de cette note est conforme au point de vue de la *première édition* et à ce que celle-ci nous dit à propos de la marchandise venant au monde : « La toile vient au monde avec l'aspect d'une valeur d'usage ou d'une chose utile. Sa corporéité compassée, c'est-à-dire sa forme naturelle, n'est donc pas sa forme valeur, mais l'exact contraire de celle-ci. Son propre être-valeur, elle ne commence à le montrer que quand elle se rapporte à une autre marchandise, l'habit, comme son égal. Si elle n'était pas elle-même valeur, elle ne pourrait pas se rapporter à l'habit en tant qu'il est son égal. » (DOG. I, 51). On voit bien ici que la toile venant au monde comme valeur d'usage n'est pas ce qui est visé, mais ce qui est objectivement, et qu'en tant que tel elle ne peut reconnaître sa valeur que dans le miroir que constitue l'autre marchandise.

On ne peut donc que constater l'ambiguïté de cette métaphore du miroir. Et c'est toujours cette ambiguïté que l'on retrouve dans la seconde référence au miroir dans LC : « La valeur d'une marchandise (...) est maintenant représentée dans d'autres éléments innombrables. Elle se reflète dans tout autre corps de marchandise comme en un miroir » (I, 62). Et la note correspondante nous dit : « Chaque expression semblable donne à entendre que c'est sa propre valeur qui se manifeste dans ces diverses valeurs d'usage » (571 n. 28). Or, c'est justement le but de l'expression de la valeur qu'elle ne donne plus à entendre cela. Le miroir magique est ce que l'on se donne afin de refuser de nous voir tel qu'on est. Il fait d'une vieille femme, la plus belle.

On voit bien l'origine de cette expérience du miroir. Elle nous dit que le produit du travail abstrait, la valeur, n'a rien de naturel, naturalité que vise le communisme avec le travail concret immédiatement social, et qui est toujours déjà là avec la valeur d'usage. Alors que l'extériorisation, par l'expérience du miroir magique, a pour but de se donner la figure d'une nature anthropologique, à l'inverse, l'expérience du miroir prend celle-ci pour un fait de la connaissance qui, une fois de plus, tombe dans le piège tendu par le système, pour nous donner non pas une extériorisation, mais une « reconnaissance », par la marchandise, de sa propre valeur dans une autre.

g) En un passage, par ailleurs problématique, Marx nous dit que le langage de la marchandise est celui d'une extériorisation. « Comme on le voit, ce que l'analyse de la valeur nous avait révélé auparavant, la toile elle-même le dit, dès qu'elle entre en société avec une autre marchandise, l'habit. Seulement elle ne trahit ses pensées que dans le langage qui lui est familier, le langage des marchandises… » (53).

— Commençons par son caractère problématique. Il existe dans le *Supplément* un passage qui manifestement l'inspire : « Quand je dis : *en tant que marchandise*, la toile est valeur d'usage *et* valeur d'échange, j'exprime sur la *nature* de la marchandise le jugement qui résulte de mon analyse. Par contre, dans l'expression (...) c'est la toile elle-même qui prend la parole pour dire… » (DOG. I, 145). Dans les deux cas, le début est manifestement connoté par la *première édition*, et plus encore, la fin semble le confirmer. Car le langage de la marchandise renvoie implicitement à ce qui précède, au règne d'une pensée extérieure analysante, qui en reste à une théorie du jugement vrai comme conformité à la réalité.

— Venons-en à ce qui, au-delà de ces traces, nous intéresse dans ce texte, et qui concerne le fait qu'il introduit l'idée une *trahison des origines*. Pour ce que nous en lisons, en fait de langage des marchandises c'est la toile qui trahit son savoir déjà pour l'exprimer dans le langage des « marchandises » de notre homme déterminé-en situation. Que dit-elle en effet ? D'abord le savoir déjà qu'est le rapport de « valeur » :« Pour exprimer que sa valeur vient du travail humain dans sa propriété abstraite, elle dit que l'habit en tant qu'il vaut autant qu'elle, c'est-à-dire est valeur, se compose du même travail qu'elle-même... » (53-54). Puis vient le moment de la trahison qu'est l'expression de la « valeur » : « Pour exprimer que sa réalité comme valeur est distincte de son corps raide et filamenteux, elle dit que la valeur à l'aspect d'un habit, et que par conséquent elle-même, comme chose valable, ressemble à l'habit comme un œuf à un autre » (54). Que ce langage soit celui d'une « trahison », d'un transfert, c'est ce que nous fait sentir Marx dans la suite du texte. « Remarquons en passant que le langage des marchandises possède, outre l'hébreu, beaucoup d'autres dialectes ou patois plus ou moins corrects. Le mot allemand *Werstein*, par exemple, exprime moins nettement que le verbe roman *valere, valer,* et le français *valoir*, que l'affirmation de l'équivalent de la marchandise B avec la marchandise A est l'expression propre de la valeur de cette dernière. *Paris vaut bien une messe* ». La langue des « marchandises » renie ses origines par l'expression de la « valeur », de sorte que ne reste que son résultat, la forme de valeur relative.

La partie suivante, intitulé « Déterminations quantitatives de la valeur relative » (I, 54-55), est entièrement reprise à la *première édition* (DOG. I, 45-49), à part le premier paragraphe, et offre peu d'intérêts pour notre propos.

3) *« La forme équivalent et ses particularités »* (I, 55)

L'équivalent « n'a pas besoin de revêtir une forme différente de sa forme naturelle pour se manifester comme valeur à l'autre marchandise, pour valoir comme telle » (56). Dans sa forme équivalent, une marchandise est donc « immédiatement échangeable avec une autre ». La toile a pris l'initiative d'exprimer sa « valeur », mais une fois réalisée l'extériorisation, l'équivalent a toutes les clés en main. La toile ne vaut plus que par l'équivalent, par son rapport avec lui. Marx traite alors des particularités de la forme équivalente comme d'autant de contradictions.

a) Première particularité : « la valeur d'usage devient la forme de manifestations de son contraire, la valeur ». Marx en parle comme d'un « *quid pro quo* (qui) n'a lieu (...) que dans les limites du rapport de valeur (...) et seulement dans ces limites. Considéré isolément, l'habit (...) n'est qu'un objet d'utilité, une valeur d'usage absolument comme la toile » (56-57). On veut bien parler de quid pro quo, mais à la condition d'y voir une apparence vraie et non pas, comme la *première édition*, « une apparence fausse » (DOG. I, 127-129). Qu'il s'agisse d'une apparence vraie, c'est ce que montre la suite du texte en en parlant comme d'une nécessité (57). Les apparences fausses n'étant que de pures apparences, des produits d'une pensée autonomisée, il n'y a rien de faux au niveau de la logique vitale, parce que le faux suppose l'intervention d'un point de vue extérieur qu'elle exclut.

b) Deuxième particularité : « le travail concret devient la forme de manifestation de son contraire, le travail humain abstrait ». La question du travail abstrait n'est plus vue dans le cadre du rapport de « valeur », mais intervient comme conséquence de l'expression de la valeur. Alors, parce que pour la toile « le travail du tailleur ne reflète (...) que sa propriété de travail humain », il lui apparaît « comme la forme expresse dans laquelle le travail humain se manifeste. Le travail du tailleur est ainsi métamorphosé en simple expression de sa propre qualité abstraite ».

c) Troisième particularité : « le travail concret qui produit l'équivalent (...) devient (...) quoique travail privé, (...) travail sous forme sociale immédiate. C'est pourquoi il se réalise par un produit qui est immédiatement échangeable avec une autre marchandise » (58-59).

Cette particularité dérive de la précédente, et le texte aborde essentiellement le point de vue d'Aristote sur la question : Aristote pose bien les données du problème, mais au final « il hésite et renonce à l'analyse de la forme valeur (...), son analyse vient échouer contre l'insuffisance de son concept de valeur (...) la substance commune » (59). Il se heurte à l'obstacle « que la société grecque reposait sur le travail des esclaves, et avait pour base naturelle l'inégalité des hommes et de leur force de travail. Le secret de l'expression de la valeur (...) ne peut être déchiffré que lorsque l'idée de l'égalité humaine a déjà acquis la ténacité d'un préjugé populaire. Mais cela n'a lieu que dans une société où la forme marchandise est devenue la forme générale des produits du travail où, par conséquent, le rapport des hommes entre eux comme producteurs et échangistes de marchandises est le rapport social dominant » (59-60).

Ce texte est repris du *Supplément* (DOG. I, 135-139) et en conserve son caractère daté. On voit en effet que toute la réflexion d'Aristote ne dépasse pas la VEI, et que Marx y voit encore un moment de la démonstration de la valeur. D'où sa substance commune, ce contenu objectif qui est là, mais qu'Aristote ne pouvait voir faute de l'idée d'égalité. D'où vient-elle cette condition de l'égalité de l'échange ? D'un développement de l'histoire humaine dans laquelle le capitalisme s'inscrirait en un donné de la raison, comme semble le suggérer Marx dans ce texte ?[44] Ce que Marx oppose à Aristote, est-ce la régulation sociale qui se passe dans notre dos, proposition toute droite issue de la *première édition ?* Mais s'il n'y avait rien à voir pour Aristote, ce n'est pas parce que cette régulation était impossible[45], puisqu'il ne s'agit que d'un point de vue objectif duquel, on le voit, on peut dire n'importe quoi, mais, plus essentiellement parce que ce que Marx pose comme quelque chose

[44]Et comme le suggère par exemple Herbert Marcuse (359 et s).

[45]Ce qu'oppose C. Castoriadis à Marx sur cette question (267 et s.).

d'évidence naturelle, la valeur-travail, n'avait pas d'espace de réalité, dans la mesure où le produit n'était pas que « produit du travail ». En tout état de cause, l'égalité dans l'échange ne vient pas de l'échange mais des échangistes, ceux-ci exprimant leur identité à la manière de l'espace spécifique.

C'est bien parce qu'il n'y avait rien à voir du point de vue de la valeur-travail, qu'Aristote pose la question de la commensurabilité et répond de la seule manière possible alors, soit dans les termes de la valeur utilité. Car il est vrai qu'Aristote ne renonce pas vraiment[46]. L'égalité, il la conçoit comme pouvant être réalisée par la vraie unité qu'est le besoin. Mais comme d'une part on ne peut mesurer l'intensité du besoin, et comme d'autre part, et c'est là qu'intervient le lieu d'où il parle, les individus sont inégaux, c'est à la loi sociale qu'il revient d'égaliser. En substituant la monnaie au besoin, Aristote a recours à la convention, et soumet l'économie au politique. Mais ce faisant, il initie une critique extérieure, une éthique à laquelle on en restera.

4) *« Ensemble de la forme valeur simple »* (60)

a) C'est dès lors que la toile ne vaut que par son rapport à l'habit, qu'elle semble ne plus avoir de « valeur » intrinsèque. Car « dans ce rapport la forme naturelle de la marchandise A ne figure que comme forme de valeur d'usage, et la forme naturelle de la marchandise B que comme forme de valeur. L'*opposition intime* (ns) entre la valeur d'usage et la valeur d'une marchandise se montre ainsi par le rapport de deux marchandises, rapport dans lequel A, dont la valeur doit être exprimée, ne se pose immédiatement que comme valeur d'usage, tandis que B, au contraire, dans lequel la valeur est exprimée, ne se pose immédiatement que comme valeur d'échange. La forme valeur simple d'une marchandise est donc la simple forme d'apparition des contraires qu'elle recèle, c'est à dire de la valeur d'usage et de la valeur. » (I, 61). Ainsi voyons-nous la réalité inaperçue de la VER. On peut s'imaginer que la VER est un rapport quantitatif de valeur d'usage, que parce que derrière le rapport d'échange objectif chacun des deux possesseurs de marchandises exprime la « valeur » contenue dans sa marchandise, dans la valeur d'usage de l'autre. « La valeur de la marchandise A est exprimée qualitativement par la propriété de la marchandise B d'être immédiatement échangeable avec A. Elle est exprimée quantitativement par l'échange toujours possible d'un *quantum* déterminé de B contre le *quantum* donné de A » (60). L'insuffisance de la VER renvoie donc à la VEI, avec cette expérience reçue de l'origine spécifique que l'on peut lire dans les termes de la VEI.

C'est toujours cet éclairage de la réalité de l'homme-situé par sa détermination, que Marx nous livre de manière encore plus expressive, quand il dit : « l'équivalent (...) figure toujours dans l'équation comme simple quantité d'une chose utile. 40 mètres de toile (...) *valent*-quoi ? 2 habits (...)

---

[46]Comme le font justement remarquer C. Castoriadis (249 et s.) et P.-D. Dognin (DOG. II, 69-70 n. 92).

donnant ainsi un corps à la valeur de la toile (…). L'observation superficielle de ce fait que, dans l'équation de valeur, l'équivalent ne figure jamais que comme simple *quantum* d'un objet d'utilité a induit en erreur S. Bailey, ainsi que beaucoup d'économistes avant et après lui. Ils n'ont vu dans l'expression de la valeur qu'un rapport de quantité. Or, sous la forme équivalent une marchandise figure comme simple quantité d'une matière quelconque, précisément parce que la quantité de sa valeur n'est pas exprimée » (56). Mais par le fait, c'est le rapport objectif de la VER qui est éclairé par sa réalité de rapport subjectif. Derrière l'extériorité du rapport objectif, c'est l'intériorité du rapport subjectif qui se manifeste sous cette forme apparente.

Le rapport de « valeur » et l'expression de la « valeur » ont atteint leur but : extérioriser en un rapport d'échange la « valeur » de son lieu contradictoire avec la forme naturelle de la marchandise, en laquelle notre « homme » peut se reconnaître. Par ce mouvement d'extériorisation du négatif, exclu de soi pour être attribué au seul objet extérieur, la contradiction interne se montre comme opposition d'éléments extérieurs, ce qui permet à notre « homme » de se représenter comme sujet conforme à son « être ». Et cette opposition nous dit qu'il n'y aura apparemment rien de commun entre les deux pôles, chacun relevant de son propre monde. Mais l'apparence se dit assez dans le fait que les deux ont la même origine. L'homme déterminé-en situation prétend vivre dans le monde de sa redéfinition ontologique en tant qu'être pensant. Mais déterminé de toute part par son inconscient, il est tenu à la croyance comme condition de son être illusoire.

Le texte de LC conserve, dans la citation ci-dessus (I, 61), l'opposition interne de la *première édition* qui, elle, reste fidèle à son point de vue. « L'opposition interne entre valeur d'usage et valeur, opposition qui reste cachée dans la marchandise, est ainsi représentée par une opposition externe, c'est-à-dire par le rapport de deux marchandises » (DOG. I, 204), nous dit la *quatrième édition* et en un texte semblable le *Supplément* (145).

— Notons d'abord que l'« opposition intime » vient mieux connoter positivement dans LC ce qui n'est qu'une opposition interne à la marchandise en tant qu'objet de connaissance dans la *quatrième édition*. Il n'y a en effet de contradiction objective qu'en tant que contradiction vitale.

— La « représentation » de ce qui est interne, terme présent dans le *Supplément* et la *quatrième édition*, est avantageusement remplacée par un « se montre » en une « forme d'apparition » des contrastes, termes où l'on voit mieux ce qui vient se donner du procès inconscient.

— « Cachée dans la marchandise », l'opposition interne a, du point de vue de la *première édition*, fait l'objet d'une découverte par la pensée scientifique. Mais notons que l'« opposition » valeur d'usage-valeur n'existe pas en soi. Elle n'apparaît qu'avec leur naturalisation, et encore faut-il en préciser le moment. Le travail concret peut aisément être naturalisé, et ce dès la §2. C'est ainsi que la *première édition*, qui tombe dans son piège, nous dit que « la forme d'une valeur d'usage elle la possède par nature » (59). En revanche, pour le travail abstrait ce n'est que dans la jointure de §2 et §3, c'est-à-dire dans le moment même où l'expression de la valeur devient nécessaire, que le « contraste » apparaît. Cachée, elle ne l'est pas a priori, mais ne le devient qu'au fur et à mesure de ce refoulement, pour l'être ultimement dans son dernier moment. C'est l'opposition externe qui cache la contradiction interne. Car cachée elle le reste nécessairement, et il n'y a donc rien d'étonnant à ce que LC n'en reprenne pas l'idée. L'opposition interne que découvre la « pensée scientifique » de la *première édition*, n'est possible que si la valeur d'usage est prise en un contenu anthropologique. Hors de cela, il n'y a aucune affirmation possible de l'existence de cette « opposition interne »[47].

b) Pour autant, le texte de la §3 dans LC n'a pas toute la clarté requise. C'est ainsi que dans le paragraphe résumant en quelque sorte le chemin parcouru, Marx oublie celui-ci en partie : « La marchandise est valeur d'usage ou objet d'utilité, et valeur. Elle se présente pour ce qu'elle est, chose double, dès que sa valeur possède une forme phénoménale propre, distincte de sa forme naturelle, celle de valeur d'échange, et elle ne possède jamais cette forme, si on la considère isolément. Dès qu'on sait cela, la vieille locution n'a plus de malice et sert pour l'abréviation. » (60).

On voit de suite que Marx a oublié la §2. Car c'est dès la §2 que la « marchandise » se présente comme chose double et que la valeur d'échange est cette forme phénoménale non distincte de la forme naturelle, dans une marchandise qui est prise «isolément». Et c'est en §3 que la contradiction interne se manifeste comme opposition externe par extériorisation en une forme de la valeur. Oublieux de la §2, Marx réceptionne ce qui se donne de la §1 comme catégorie anthropologique, et traite dès lors le produit du travail comme s'il se donnait de l'histoire, en fait d'une philosophie de l'histoire. Il n'y a alors qu'un pas pour faire de la forme sous laquelle le préconscient se présente à la conscience, une forme historique déterminée d'une catégorie anthropologique, et reproduire la vieille rengaine de la *première édition* sur la valeur comme abréviation de la valeur d'échange.

Que le texte de la §3 soit très souvent résistant à une relecture du point de vue de la nouvelle problématique initiée en §1, c'est ce que montre également ce passage inédit de LC : « Le produit du travail est, dans n'importe quel état social, valeur d'usage ou objet d'utilité ; mais il n'y a qu'une époque déterminée dans le développement historique de la société, qui transforme généralement le produit du travail en marchandise, c'est celle ou le travail dépensé dans la production des objets utiles, revêt le caractère d'une qualité inhérente à ces

[47]SelonT. Hai Hac, il y a unité contradictoire valeur d'usage-valeur selon que la valeur d'usage est objet utile (extériorité à la valeur) ou valeur d'usage (intériorité à la valeur) (88 et s.). Mais dans ce traitement, outre que l'objet utile est mal répertorié, pour être extrait de la théorie, l'auteur en reste à un point de vue de connaissance dans lequel il entraîne le moment de l'unité qui ne peut être traitée en sa réalité vitale.

choses, de leur valeur. » (61). Alors qu'on a appris à problématiser le « produit du travail », il est ici repris dans l'évidence objective d'un procès historique qui le soutient. Aussi se pose toujours la question : pourquoi le « travail dépensé » forme-t-il la valeur ? Est-ce le résultat d'un procès objectif, ou celui de l'inscription subjective immédiate de la vie ?[48]

c) Les trois derniers paragraphes font office de transition à la forme (de la) valeur totale ou développée. « À première vue on s'aperçoit de l'insuffisance de la forme valeur simple ». L'évidente insuffisance est mesurée à la nécessité, qui s'initie ici dans son germe, que l'identité vitale spécifique se manifeste dans la forme de naturalité de l'« homme ». Dans sa forme simple, elle n'a fait qu'initier la forme de naturalité de l'universalité de son essence, l'identité vitale spécifique, en une universalité concrète. Aussi est-ce de par sa nature déterminée, que « la forme valeur simple passe d'elle-même à une forme plus complète... ».

Forme II : Forme valeur totale ou développée

1) Les formules qui introduisent la forme II, ne font plus référence à l'expression de la « valeur » pour s'en tenir aux rapports de « valeur ». « 20 mètres de toile=1 habit, ou=10 livres de thé, ou=40 livres de café... » (62). L'expression de la valeur devient implicite, et de fait Marx ne fait que généraliser ce résultat : « La forme totale de la valeur relative met une

[48]Pour les tenants de la théorie de la forme valeur, « l'économie politique classique (...) laisse totalement inexpliquée la question essentielle qui est de savoir pourquoi (...) le travail forme-t-il la valeur ? (...). Une telle théorie de la valeur-travail est, pour Marx, mystificatrice (...). Ce n'est pas le travail en lui-même qui crée la valeur, mais seulement le travail en tant qu'il exprime les conditions sociales déterminées de production : le travail abstrait (...). La forme renvoie non pas au travail humain, mais aux rapports sociaux de production. En ce sens, la marchandise est non pas produit du travail, mais forme du produit du travail » (P. Salama, T. Hai Hac, 20-21). À en rester à un « pourquoi » de la connaissance, nos auteurs ne problématisent pas le produit du travail mais sa forme. Ils sont ainsi amenés à ne pas voir que la valeur d'usage est elle-même une forme qui tente de se penser en elle-même à travers une série de métamorphoses, et en font l'essentiel pour penser une contradiction sociale. Aussi par rapport à l'analyse ricardienne dite « unidimensionnelle » « la démarche de Marx peut être qualifiée de bidimensionnelle dans la mesure où elle met toujours en présence une double dimension : travail abstrait/travail concret, valeur/valeur d'usage, forme relative/forme équivalent, marchandise/monnaie (...). Cette démarche bidimensionnelle est plus précisément dialectique en ce qu'elle procède de l'analyse des contradictions (...) (dans lesquelles) prennent forme les crises du mode de production capitaliste(...) l'approche unidimensionnelle de l'économie politique (...) consiste à concevoir le capitalisme comme un mode de production non contradictoire, sans crises (...) absolu » (23-24). Au Marx qui critique Hegel pour faire de l'État l'Etat de la logique et non pas la logique de l'État (CDPH, 51), on préfère celui qui le critique pour résoudre abstraitement des contradictions réelles. Mais ce faisant on confond l'objet théorique avec l'objet concret empirique, dans lequel on dissout le MPC en faisant des crises le résultat des contradictions internes. On en reste à la *première édition* et on se perd à ne pas aller jusqu'au fond de la critique.

marchandise en rapport social avec toutes ». Il est clair que c'est de l'un de la forme de la valeur que se constitue la forme développée, en tant que développement de l'identité vitale spécifique.

2) Toutefois, Marx ne se contente pas seulement de cela. Il vient maintenant éclairer les formes d'apparition de la « marchandise », les VER et VEI, par sa forme de manifestation.

Tout d'abord « Dans la première forme : 20 mètres de toile = 1 habit, il peut sembler que ce soit par hasard que ces deux marchandises sont échangeables dans cette proportion déterminée ». Et il en est ainsi pour l'homme-situé de la VER qui ne voit immédiatement qu'un rapport d'échange sans le rapport de « valeur » d'où il s'origine. Mais avec la forme II on voit ce qu'avait de fondé le point de vue de l'homme-en situation en VEI : « Dans la seconde forme, au contraire, on aperçoit immédiatement ce que cache cette apparence. La valeur de la toile *reste la même* (ns) qu'on l'exprime en vêtements, en café, en fer, au moyen de marchandises sans nombre appartenant à des échangistes les plus divers ». C'est du même coup l'origine même de la conscience de soi qui se trouve dévoilée. C'est de la valeur, la structuration inconsciente de notre « homme », que provient la conscience de soi. Et ce qui de ce point de vue ne pouvait être dit que comme l'efficace de la marchandise, révèle maintenant en une évidence ce dont elle n'était que la trace. « Il devient évident que ce n'est pas l'échange qui règle la quantité de valeur d'une marchandise, mais au contraire, la quantité de valeur de la marchandise qui règle ses rapports d'échange. ».

Abordant « la forme équivalent particulière », Marx ne fait que généraliser la singularité (forme 1) pour en faire la particularité (forme II) d'une généralité, l'équivalent qui s'annonce (forme III).

3) Marx souligne alors les limites ou les défauts de la forme valeur totale ou développée : « D'abord, l'expression relative de valeur est inachevée parce que la série de ces termes n'est jamais close ». Le défaut ici exprimé est celui du mauvais infini, qui s'égrène indéfiniment sans jamais se réaliser. Ces défauts « se reflètent dans la forme équivalent » (63) correspondant : « il n'existe en général que des formes équivalents fragmentaires dont chacune exclut l'autre. De même, le genre de travail utile, concret, contenu dans chaque équivalent, n'y présente qu'une forme particulière, c'est-à-dire une manifestation incomplète du travail humain ».

Ce mauvais infini est celui de l'être ignorant de son fondement. Aussi Marx peut-il faire intervenir un autre registre, celui dont le mauvais infini n'est que la forme de manifestation. « Ce travail possède bien, il est vrai, sa forme complète ou totale de manifestation dans l'ensemble de ses formes particulières. Mais l'unité de forme et d'expression fait défaut. ». De par sa nature de forme de l'infini, la forme en est déjà implicitement la manifestation totale. Mais cette « destinée » ne trouve pas encore sa confirmation dans l'expression. C'est qu'il y a là une exigence spécifique à l'équivalent, son unicité dont nous allons maintenant parler.

La forme totale manifestant l'infinité absolue de §1, elle peut être représentée par la somme totale de ces éléments : « La forme totale ou développée de la valeur relative ne consiste cependant qu'en une somme d'expressions relatives simples (...) telles que :

20 mètres de toile=1 habit

(...)

20 mètres de toile=10 livres de thé, etc. dont chacun contient réciproquement l'équation identique ».

Comme nous l'avons vu dans le rapport simple, rien n'empêche de lire à rebours l'équation, à la condition de saisir que nous changeons de point de vue : « En fait : le possesseur de la toile l'échange-t-il contre beaucoup d'autres marchandises (...) les possesseurs des autres marchandises doivent les échanger contre la toile et exprimer les valeurs de leurs marchandises diverses dans un seul et même terme, la toile. Si donc nous retournons la série (...) c'est-à-dire si nous exprimons la réciproque qui y est déjà implicitement contenue, nous obtenons... », la forme valeur générale.

L'inversion de la série d'équations est toujours possible, mais on voit bien que par là on change d'espace. De l'expression vitale subjective, on passe à une collection d'individus, et il n'est pas étonnant que pour marquer le fait, Marx fasse intervenir les possesseurs de marchandises. Du rapport de l'un à tous, on passe au rapport des tous à l'un. Or ces tous, c'est le social qui émerge.

La §3 garde tant de la *première édition* et de son *Supplément* que LC nous dira dans la forme III : « De cette manière, le travail réalisé dans la valeur des marchandises n'est pas seulement représenté négativement, c'est-à-dire comme une abstraction où s'évanouissent les formes concrètes et les propriétés utiles du travail réel : sa nature positive s'affirme nettement. Elle est la réduction de tous les travaux réels à leur caractère commun de travail humain, de dépenses de la même force humaine de travail » (I, 65)[49]. C'est la *première édition*, dont ce passage s'inspire (DOG. I, 71 ; id Supplément, 149), qui fait des §1 et §2 le résultat d'une abstraction de pensée. Il est vrai que ces traces sont anciennes puisque déjà l'*Introduction de 1857* nous disait que « cette abstraction du travail en général n'est pas seulement le résultat dans la pensée d'une totalité concrète de travaux. L'indifférence à l'égard de tel ou tel travail

[49]Ce passage a fait l'objet de nombreuses interprétations. I. Roubine s'y réfère pour dire que « le travail abstrait ne diffère pas du travail concret seulement négativement (abstraction des formes concrètes du travail), mais aussi positivement (égalisation de toutes les formes de travail dans le cadre d'un échange multilatéral des produits du travail) » (196).P.-D. Dognin voit dans cette nature positive la définition physiologique de la substance (DOG. II, 22 n. 17 ; 80 n. 117).P. Salama et T. Hai Hac réduisent cette positivité à la forme III au point de la confondre avec la concréité de la monnaie (14 ; cf. id T. Hai Hac, 68, 80). Enfin, J. Bidet y voit le « concept du social » opposé à toute conceptualisation philosophique que constitue l'abstraction négative (215).

déterminé correspond à une forme de société dans laquelle les individus passent avec facilité d'un travail à l'autre (...) là, le travail est devenu non seulement sur le plan des catégories, mais dans la réalité même, un moyen de créer la richesse en général (...) C'est là seulement que (...) (le) travail en général (...) devient vérité pratique » (CEP, 170). C'est l'activité médiatrice entre l'homme et la nature que la pensée généralise en un concept, le travail, et que l'Histoire réalise dans la pratique indifférente à tel ou tel travail. Marx attribue à l'histoire une généralisation libératrice, sans se douter qu'il s'agit de l'essence même d'une dictature du capital[50]. Ces passages ont bien pu intéresser nombre de marxistes, il n'en reste pas moins qu'ils n'ont plus de sens dans la nouvelle problématique.

Ce qu'il s'agit de voir maintenant, c'est comment Marx construit ce social spécifique à la marchandise.

Forme III : Forme valeur générale

1) *« Changement de caractère de la forme valeur »* (I, 63) *:*

a) Avec l'inversion de la série nous passons effectivement à l'expression de la valeur de plusieurs marchandises en une seule.

«1 habit =

10 livres de thé = 20 mètres de toile

(...) » (63)

« Les marchandises expriment maintenant leur valeur : 1° d'une manière simple, parce qu'elles l'expriment dans *une seule* espèce de marchandises ; 2° *avec ensemble*, parce qu'elles l'expriment dans *la même* espèce de marchandises. Leur forme valeur est simple et commune, conséquemment générale » (ns). Le social se construit donc comme le général que décrit un simple commun, collection d'un même simple, bien loin de se donner comme déterminant. La proposition est essentielle et semble assez limpide pour qui s'arrête à une simple inversion de la forme II. Mais à y regarder de plus près, elle est fort énigmatique. En quoi en effet, le fait d'exprimer dans la même marchandise implique-t-il que ce soit avec ensemble ? Quelle différence y a-t-il dans le fait d'exprimer dans une seule et dans la même ? C'est tout le contenu de l'inversion qui est ici convoqué.

L'infini, qui inonde le monde des marchandises en son absoluité, ne peut se manifester dans une pluralité d'équivalents généraux relatifs à une pluralité de mondes de ses formes. Son efficace formelle ne peut être qu'à l'échelle d'un monde, qui ne se distingue du précédent que par la forme. On comprend

---

[50]C'est cette hyper centralité du travail dans la vie, que A. Négri voit comme une autonomisation croissante du travail immatériel par rapport au capital, une reconquête de sa puissance de travail par le salarié, dans un rapport salarial qui perd son sens de mise à disposition, vente, de la force de travail (Inventé...). On n'en finit pas avec l'héritage de l'« opéraisme » jusque sur les sièges du Parlement européen.

aisément que l'unicité de l'équivalent général au niveau de l'expression de la valeur n'est que le pendant du temps de travail socialement nécessaire requis par l'identité vitale spécifique. Mais si cette unicité est une exigence posée par l'origine substantielle, elle contient aussi celle de se constituer à partir de l'expérience subjective de l'expression de la « valeur ».

Si on inverse la forme II, on a immédiatement la figure de toutes les formes relatives exprimant leur valeur dans une seule et même marchandise. Mais il faut aussi comprendre que chacun est dans la situation de la forme II. C'est d'ailleurs à cette *généralisation de la forme II* que la *première édition* (DOG. I, 81) s'arrêtait pour en faire une forme IV, celle de l'échangeabilité immédiate des marchandises les unes avec les autres. Et c'est dans la forme II de LC que Marx l'introduit comme un défaut : « Si, de plus, *comme cela doit se faire* (ns), on généralise cette forme en l'appliquant à tout genre de marchandise, on obtiendra au bout du compte, autant de séries diverses et interminables d'expressions de valeur qu'il y aura de marchandises » (62-63). Mais c'est aussi à cette généralisation de la forme II que LC vient, maintenant, appliquer sa proposition en son point 1, soit qu'en chaque forme II, la marchandise doit exprimer sa valeur dans une seule marchandise, à l'exclusion des autres. Mais s'il en est ainsi, que devient le rapport de « valeur » avec ces autres, s'il n'est pas expression de la valeur ? Le problème n'a de solution que si cet équivalent est déjà général, c'est-à-dire que si le un seul est en même temps le même pour chacun des possesseurs de marchandises. Voilà pourquoi Marx ajoute à l'unicité l'action d'ensemble.

Il convient en effet de rapporter la succession des deux exigences (un seul et le même) à celle que l'on a en §1 entre la substance et le temps de travail socialement nécessaire. La première exigence du un seul est celle de la substance : chacun ramène son monde des formes de la marchandise à un seul équivalent comme forme de sa substance unique. Mais on a vu qu'en tant qu'absolu vital, la substance contenait immédiatement le temps de travail socialement nécessaire. De même ici, le seul contient immédiatement le même pour en faire l'équivalent général. Voilà pourquoi le un seul et le même se distinguent en deux points de la proposition, et que Marx peut conclure que « dans l'expression générale de la valeur relative (…) *chaque* marchandise (…) possède *une seule et même* forme valeur » (64, ns). Mais voilà aussi pourquoi, il y a « avec ensemble, parce qu'elles l'expriment dans la même… ».

Ainsi voit-on que si l'inversion change l'espace pour nous donner celui du social, ce n'est pas directement, comme si celui-ci s'imposait d'une connaissance. Car l'inversion n'est que la figure finale du résultat de la généralisation de la forme II, où l'identité vitale spécifique vient imposer à sa forme la figure adéquate à sa manifestation, de sorte que la nécessité vitale de l'« homme » vient à s'exprimer en pouvant se vivre en ses formes à lui.

b) Ce passage par la généralisation c'est en fait ce que Marx nous livre à la suite de sa proposition essentielle : « Les formes I et II ne parvenaient à exprimer la valeur d'une marchandise que comme quelque chose de distinct de sa propre valeur d'usage ou de sa propre matière » (63-64) commence-t-il. Puis il aborde la forme I, mais… sous sa forme généralisée : « La première forme fournit des équations telles que celle-ci :1 habit = 20 mètres de toile ; 10 livres de thé = 1/2 tonne de fer, etc. La valeur de l'habit est exprimée comme quelque chose d'égal à la toile, la valeur du thé comme quelque chose d'égal au fer, etc.… » (64). Et arrivé à la forme II, celle-ci est soumise au même traitement : « La seconde forme exprime plus complètement que la première la différence qui existe entre la valeur d'une marchandise, par exemple d'un habit, et sa propre valeur d'usage (…). D'un autre côté, cette forme rend impossible toute expression commune de la valeur des marchandises, car dans l'expression de valeur d'une marchandise quelconque, toutes les autres figurent comme ses équivalents, et sont par conséquent incapables d'exprimer leur propre valeur ». Il est clair que l'« exemple » de l'habit présuppose la même chose pour les autres marchandises, et qu'« une marchandise quelconque » désigne une quelconque des différentes formes valeur relative de la forme II généralisée prise à son tout début, avant même que la « vie » en sa nécessité lui ait appliqué son propre traitement. Comment pourrait-on parler d'une impossible expression commune dans la forme II non généralisée ?

C'est en une note largement inspirée de la *première édition* (DOG. I, 81), que Marx nous dit l'impossibilité de toute expression commune en ce qu'elle renvoie au défaut de cette forme II généralisée : « La forme d'échangeabilité immédiate et universelle n'indique pas le moins du monde au premier coup d'œil qu'elle est une forme polarisée, renfermant en elle des oppositions (…). On peut donc s'imaginer qu'on a la faculté de rendre toutes les marchandises immédiatement échangeables, comme on peut se figurer que tous les catholiques peuvent être faits papes en même temps (…). Cette impossibilité d'échange immédiat entre les marchandises est un des principaux inconvénients attaché à la forme actuelle de la production dans laquelle cependant l'économiste bourgeois voit le *nec plus ultra* de la liberté humaine et de l'indépendance individuelle. Bien des efforts inutiles, utopiques, ont été tentés pour vaincre cet obstacle » (I, 571 n. 29).

Il faut comprendre ce défaut comme un point de vue aveugle de l'« homme » ignorant son caractère déterminé, et statuant immédiatement, de son point de vue en situation, l'échangeabilité immédiate comme pouvoir de la volonté s'aidant d'un troisième objet comme moyen facilitateur. Mais l' « homme » qui vient ici, vient avec sa détermination, et sa nécessité vitale d'exprimer sa « valeur » dans une seule, puis une seule et même marchandise, comme contrainte d'exprimer adéquatement l'infini de la valeur. Car, comme le dit le texte en empruntant trop à la *première édition*, « il devient évident que les marchandises qui, du point de vue de la valeur, sont des choses purement sociales, ne peuvent aussi exprimer cette existence sociale que par une série embrassant tous les rapports réciproques ; que leur forme valeur doit, par conséquent, être une forme socialement validée. » (64-65).

c) C'est donc à l'issue de ce travail du négatif sur la forme II généralisée, que Marx peut présenter la forme III comme son résultat : « Dans l'expression générale de la valeur relative, au contraire, chaque marchandise (...) possède une seule et même forme valeur (...) la valeur de chaque marchandise est maintenant distincte non seulement de sa propre valeur d'usage, mais encore de toutes les autres valeurs d'usage, et, par cela même, représentée comme le caractère commun et indistinct de toutes les marchandises » (64). Mais en disant cela, nous voyons bien d'où provient, plus essentiellement, le changement de caractère de la forme de la valeur. Dans les deux premières formes, « chaque fois c'est, pour ainsi dire, l'affaire particulière de chaque marchandise prise à part, de se donner une forme valeur, et elle y parvient sans que les autres marchandises s'en mêlent. Celles-ci jouent vis-à-vis d'elle le rôle purement passif d'équivalent[51]. La forme générale de la valeur relative ne se produit au contraire que comme l'œuvre commune des marchandises dans leur ensemble... ». Elle est « la forme officielle des valeurs » (65) et, en tant que telle, « l'expression sociale du monde des marchandises ».

Soulignons que cette « œuvre commune des marchandises dans leur ensemble » est essentiellement différente de ce que nous disait le *Supplément*, dont LC constitue une réécriture : « L'exclusion est ici un *processus objectif* (...) son exclusion et, donc, sa forme équivalent, *est* le résultat d'un *processus social objectif* » (DOG. I, 163). D'un « processus social objectif », il n'y a plus de traces dans LC. À sa place on a une « œuvre commune »[52]. qui ne peut être telle que pour être celle de mêmes.

Ainsi apparaît-il que l'équivalent général est le résultat d'une nécessité transcendante, celle de l'identité vitale spécifique, dont il est la forme de manifestation, dans l'espace et le temps du monde des hommes déterminés-en situation. Dans la §1, la substance était immédiatement « sociale commune » et, en ce sens, implicitement temps de travail socialement nécessaire, que Marx nous disait ensuite. Ici, dans le temps et l'espace de la valeur d'échange, l'immédiateté devient simultanéité de comportements identiques dictés par la substance imprimant sa nécessité sous la forme d'un devoir être : « Une marchandise n'acquiert son expression de valeur générale que parce que, en

---

[51]P.-D. Dognin reproche ici à Marx de faire disparaître l'homme qui « fait les frais de ce perfectionnement de la logique » (DOG. II, 78 n. 114). Comme par ailleurs « Marx ne va pas tarder à dénoncer le « fétichisme » de la marchandise. On est en droit de se demander s'il ne l'a pas accentué lui-même pour le critiquer plus aisément par la suite » (54 n. 61). Mais vouloir voir de l'homme conscient partout n'est-ce pas être aveugle sur le fétichisme ?

[52]Mais cela n'empêche pas T. Hai Hac de citer les deux tout en privilégiant le *Supplément* : « La forme III met en évidence ce fait que la forme de la valeur ne saurait être un processus individuel et subjectif, ce que pouvaient faire croire les formes I et II » (118). Qu'il ne soit pas individuel, on est d'accord, mais qu'il soit objectif, on a vu que c'était tout aussi faux.

même temps, toutes les autres marchandises expriment leur valeur dans le même équivalent, et chaque espèce de marchandise nouvelle qui se présente *doit* (ns) faire de même » (64). Voilà comment Marx construit le social, comme inconscient collectif ou commun.

« En même temps », « le même », c'est par ces mêmes termes que nous avions introduit, au NMW3, le besoin du langage. Dans la forme I, le souvenir de §2 intervient pour susciter le besoin de le refouler, et ce par le recours à un autre souvenir dont l'imagination intervenait pour projeter-extérioriser la valeur dans la forme équivalent. Dans la forme II, c'est le souvenir qui étend l'expression de la valeur aux présents-passés des autres rapports de valeur. Et jusqu'ici, on n'a besoin que d'un « prélangage » pour distinguer la forme relative et la forme équivalent. Mais maintenant, dans la forme III, c'est l'imagination qui suscite le besoin d'un langage commun, un langage réalisant le besoin, pour la communauté, d'imaginer « la même chose » (« le même »), et « au même moment » (« en même temps »). Ainsi voyons-nous se préfigurer l'argent comme langage de la marchandise.

Mais ce que nous dit aussi la pérennité de ce « schéma », c'est qu'il s'expose en une immédiateté vitale dans laquelle se définit une *durée propre*. En l'occurrence, il s'effectue dans la forme de matérialité encore immédiate d'un rapport d'échange définissant ses termes. La §3 est un lieu de positionnement immédiat de la « vie », où celle-ci définit sa propre durée. Rien ici ne relève d'une pensée analysante, aidée de son outil, l'abstraction, ni d'une conscience expressive qui n'apparaîtra que dans l'échange effectif au chapitre suivant.

d) Il reste à Marx à souligner une dimension essentielle de l'équivalent général : *il est exclu*. « La forme générale de la valeur relative embrassant le monde des marchandises imprime à la marchandise équivalent qui en est exclue le caractère d'équivalent général » (65). C'est dans la mesure où chaque « marchandise » exclut de soi son autre, la « valeur », dans un même équivalent, que l'équivalent général est exclu. L'exclusion d'une « marchandise » comme équivalent général, n'est que la généralisation de l'exclusion de soi, mais chaque fois dans la même marchandise. Mais on verra que cette exclusion a une plus grande exigence.

En VEI2, le troisième objet apparaissait nécessairement relever de la réduction à lui de chaque côté en tant que différents. Il paraissait donc venir de chacun séparément et donc de leur volonté. Était ainsi accréditée l'idée que l'argent résultait d'un accord de volonté. Maintenant, comme venant de la substance spécifique et non de la conscience de soi d'un homme-en situation, l'argent apparaît en sa réalité comme le résultat du refoulement d'un contenu commun provenant de §2. Et il apparaît clairement que la volonté n'y est pour rien : à sa place, le refoulement inconscient et nécessaire.

e) Assez étrangement, c'est la *première édition* qui nous présente dès l'abord la forme II sous sa forme généralisée (DOG. I, 39), et qui passe par les équivalents particuliers : « il n'y a encore que des équivalents particuliers, c'est à dire qu'un équivalent exclut l'autre » (73). Mais le passage à l'équivalent général n'est pas clair. On prend la forme II de l'habit, on l'inverse, et on nous dit que « d'équivalent singulier qu'elle était, la toile s'est développée jusqu'à devenir équivalent général » (77). C'est une simple inversion où l'on prend comme exemple dans la forme I, le futur équivalent général, de sorte que l'œuvre commune peut se lire comme élection-exclusion immédiate, sans avoir besoin de passer par le « une seule et même ». C'est le *Supplément* qui, au début de la forme III nous dit, tout comme LC : « Toutes les marchandises expriment leur valeur 1) avec simplicité, à savoir dans un seul autre corps de marchandises, 2) avec unité, c'est-à-dire dans le même autre corps de marchandises. Leur forme valeur est simple et commune, c'est-à-dire générale. » (155). Mais outre l'absence de l'« avec ensemble », la forme II généralisée est abandonnée (149), et tout au plus a-t-on la référence à une nécessité : « Il fallait que la forme soit une forme sous laquelle les marchandises s'apparaissent les unes aux autres (…) comme des expressions chosifiées de la même substance de travail. Ce résultat est désormais atteint ».Et en fin de compte, on apprend, comme dans la *première édition* que « le développement de la forme équivalent particulière a désormais transformé cette dernière en une forme équivalent général » (157).

2) *« Rapport de développement de la forme valeur relative et de la forme équivalent »* (I, 65) *:*

L'inversion de l'équation a pour signification de passer d'une marchandise à toutes les autres. Ce qui n'est qu'implicite en elle a son explicitation par l'inversion en tant qu'elle nous donne la forme III. C'est l'objet de ce point.

Marx commence par insister sur le fait que dans le développement de la forme équivalent et de la forme relative, « le développement de la première n'est que le résultat et l'expression du développement de la seconde. C'est de celle-ci que part l'initiative » (65). Ce rappel nous dit que si les formes I et II concernaient les « métamorphoses » au sein même d'une subjectivité, c'est expressément avec la forme III, l'inversion de la forme II, que le procès devient celui d'un rapport social toujours sous la dictature de la nécessité vitale de la marchandise et donc à son initiative.

« À mesure, nous dit Marx (…) que la forme valeur générale se développe, se développe aussi l'opposition entre les deux pôles » (66) Ainsi la forme I « contient cette opposition, mais ne la fixe pas », car « si on lit à rebours cette équation, la toile et l'habit changent tout simplement de rôle, mais la forme de l'équation reste la même ». Dans la forme II « on ne peut déjà plus renverser les deux termes de l'équation sans changer complètement son caractère ». Il est essentiel de comprendre le sens de ce développement de l'opposition des termes et de sa nécessaire fixation.

Dans la forme I, chacun a exclu de soi sa forme valeur, mais son expression sociale reste inadéquate. Il y a en effet un problème dans le fait d'exclure. Si l'exclu est autre pour n'être plus soi, il prend la figure d'un étranger possiblement détenteur d'un pouvoir sur moi. Le rapport de l'autre à soi renvoie alors l'image de ce que l'on a exclu. Il y a donc un risque à résoudre dans l'expression de la « valeur », et fixer l'opposition, c'est alors interdire ce retour d'images comme un souvenir de ce qu'on a exclu. Quant à l'opposition qui se développe, elle est celle entre les deux pôles, et ce développement est celui qui scande l'extériorisation de plus en plus effective de la forme valeur. L'opposition externe entre les deux pôles se développe au fur et à mesure que la contradiction interne s'amenuise, est résolue. Et on comprend que cette opposition sera maximale dans l'expression sociale de la forme de la valeur, en tant qu'elle sera l'expression externe de la contradiction interne initiant le procès vital.

Ainsi dans la forme II, ayant extériorisé sa forme valeur dans chacune des autres « marchandises », il peut sembler que notre « homme » soit en paix avec lui-même. Mais faisant cela, il ne fait que manifester l'infini spécifique dans la totalité des autres « marchandises ». Il s'est exclu de ce monde des équivalents, mais pour lui attribuer la puissance et l'image de son impuissance. L'opposition est alors entre lui et le monde extérieur qui lui devient étranger. Aussi revient-il, au sein de la forme II à la forme I pour exprimer sa forme valeur dans une seule marchandise. Il ne peut être au monde en tant que tel qu'en limitant l'exclusion de soi de la forme valeur dans une seule marchandise. L'être spécifique commun à tous les possesseurs de marchandises se manifeste ainsi dans l'évidence du seul et même équivalent général. Chacun et en même temps résout le problème de la seule manière possible.

Affirmation de soi comme « homme » par exclusion de soi du négatif, cette action commune n'atteint son but que lorsque cette exclusion est totale, que lorsque l'opposition se fixe sur un équivalent commun, unique, général. L'authenticité sociale est ce qui se donne de la dialectique achevée de la marchandise, avec la réussite de son dernier moment, l'expression de la valeur achevée par l'exclusion totale de soi du négatif.

Or, dans l'équivalent général l'exclusion n'est pas totale, l'extériorisation n'a pas encore atteint son but final. L'extériorisation de soi n'a pas encore trouvé son expression sociale adéquate. On le voit en ce que Marx parle encore de cette exclusion comme se faisant au sein même du monde des « marchandises ». « La forme III (...) exclut de la forme équivalent toutes les marchandises, à l'exception d'une seule. Une marchandise, la toile, se trouve (...) sous forme d'échangeabilité immédiate avec toutes les autres marchandises... ». Et c'est parce qu'il en est ainsi que l'exclusion est symétrique : « toutes les marchandises qui (…) font partie (de la forme valeur relative sociale et générale (PB)) sont exclues de la forme équivalent ou de la forme sous laquelle elles sont immédiatement échangeables » (66).

On saisit le caractère inachevé de cette situation en ce que la marchandise équivalent général ne l'est pas réellement, mais fonctionne comme équivalent général. « Par contre, la marchandise qui *fonctionne* (ns) comme équivalent général, la toile... ». Et on comprend que cette fonction, elle la tient trop évidemment de son origine comme une délégation dans laquelle notre sujet comme « je » ne peut se lire. Car si l'équivalent général est « marchandise », cela signifie que son possesseur a, lui aussi, besoin d'exprimer sa forme valeur. « Pour exprimer la valeur relative de l'équivalent général, il nous faut lire à rebours la forme III (…). La forme développée de la valeur relative, ou forme II, nous apparaît ainsi maintenant comme la forme spécifique dans laquelle l'équivalent général exprime sa propre valeur ». Il y a donc bien toujours un retour d'images, mais un retour qui a un accent particulier. Car une telle posture exprime rien moins que le monopole d'un pouvoir, situation où l'élection d'« un seul et même » se révèle comme dictature de l'élu sur ses électeurs. Ainsi en limitant l'exclusion de soi dans une seule et même « marchandise », notre homme déterminé-en situation n'a fait que donner la puissance, non plus au monde extérieur des équivalents (forme II), mais à une seule «marchandise ».

3) « *Transition de la forme valeur générale à la forme argent* »

C'est dans cette transition que cette situation va devenir paroxysmique. « La forme équivalent général est une forme de la valeur en général. Elle peut donc appartenir à n'importe quelle marchandise (...) (qui) est exclue elle-même par toutes les autres marchandises comme équivalent. Ce n'est qu'à partir du moment où ce caractère exclusif vient s'attacher à un genre spécial de marchandise, que la forme valeur relative prend consistance, se fixe dans un objet unique et acquiert une authenticité sociale » (66-67). Et cet objet unique c'est toujours dans le monde des « marchandises » qu'on le trouve en tant que la « marchandise » monnaie exerçant une dictature totale, définitive. « La marchandise spéciale avec la forme naturelle de laquelle la forme équivalent s'identifie peu à peu dans la société devient marchandise monnaie ou *fonctionne comme* monnaie. Sa fonction sociale spécifique, et conséquemment son monopole social, est de *jouer le rôle* de l'équivalent universel dans le monde des marchandises. Parmi les marchandises (…) c'est l'or qui a conquis historiquement ce privilège. Mettons donc dans la forme III la marchandise or à la place de la marchandise toile, et nous obtenons » (67, ns) la forme monnaie ou argent.

Marx insiste ici sur la succession : l'or est d'abord « marchandise » quelconque, avant de devenir « marchandise » monnaie. Ce qui caractérise celle-ci par rapport à la toile, c'est la stabilité, en ce que l'équivalent général « s'est incorporé définitivement dans la forme naturelle et spécifique de l'or ». Cette stabilité tient évidemment aux qualités intrinsèques du métal or ou argent, tout à fait adéquates à cette fonction : « tous les exemplaires possèdent la même qualité uniforme (…) susceptible de différences purement quantitatives », elle est « divisible à volonté » et peut « être recomposée avec la somme de ses parties » (80-81). Bref, elle a toutes les caractéristiques de la substance, et de ce fait son exclusion est définitive et en outre nécessaire.

Mais remarquons l'accroche de cette « marchandise » monnaie. Elle « fonctionne comme monnaie » nous dit Marx, et elle joue « le rôle de l'équivalent universel dans le monde des marchandises ». Ce moment du rôle et de la fonction n'existe pas dans la *première édition*. Il n'apparaît que dans le *Supplément*, avec une certaine ambiguïté, que redoublera d'ailleurs le texte de LC. Cependant, le « fonctionne comme » renvoie à un comédien qui, jouant un rôle, pose la question de l'identité de l'auteur-metteur en scène qui le distribue. Il y a là une antériorité que l'on va voir jouer.

Forme IV : Forme monnaie ou argent

1) C'est cette même « marchandise » monnaie qui intervient d'abord pour nous dire *l'inessentialité* de la forme IV par rapport à la forme III : « Des changements essentiels ont eu lieu dans la transition de la forme I à la forme II, et de la forme II à la forme III. La forme IV au contraire, ne diffère en rien de la forme III, si ce n'est que maintenant, c'est l'or qui possède, à la place de la toile, la forme équivalent général. Le progrès consiste tout simplement en ce que la forme d'échangeabilité immédiate et universelle (...) s'est incorporée définitivement dans la forme naturelle et spécifique de l'or »(67). Après avoir souligné que « l'or ne joue le rôle de monnaie vis-à-vis des autres marchandises que parce qu'il jouait déjà auparavant vis-à-vis d'elle le rôle de marchandise », Marx s'en tient à un développement purement historique : « Peu à peu, il fonctionnera dans des limites plus ou moins larges comme équivalent général. Dès qu'il a conquis le monopole (...) il devient marchandise monnaie ».

2) Cependant, Marx ajoute quelque chose qui *contredit l'inessentialité :* « et c'est seulement à partir du moment où il est déjà devenu marchandise monnaie que la forme IV se distingue de la forme III, ou que la forme générale de valeur se *métamorphose* (ns) en forme monnaie ou argent ».

Si le premier moment était inessentiel, le second à l'essentialité de la « marchandise » monnaie se métamorphosant en forme monnaie ou argent. Étant exclu du monde des « marchandises », la monnaie n'est pas « marchandise » et n'a pas à exprimer sa forme valeur. Dans l'« équivalent » de la « forme II » elle se rapporte à chacune des marchandises mais non pas pour exprimer sa forme valeur. Symbolisant la valeur, elle n'a pas à la refouler. Mais tout cela apparaît bien étrange et demande des clarifications que nous tenons être présentes implicitement dans le texte de LC.

Il faut lire §3 jusqu'à son ultime retour à l'homme-situé visé depuis son début. Le chemin à l'envers y menant est celui qui va de l'homme déterminé-en situation à l'homme déterminé-situé, et c'est ce dernier que nous atteignons en ce moment ultime. Or, on se souvient que l'homme-en situation effectuait une sorte de métamorphose en se situant dans les traces de l'être spécifique, alors même que l'homme-situé était encore dominé en tant que tel, par le souvenir de ses origines en NMW. C'est cette métamorphose à l'envers qu'il faut lire ici, pour y voir le sens d'une perte de vue des traces dans lesquelles était encore inscrit l'homme déterminé-en situation

3) Ce qui a permis cet oubli de l'origine, c'est l'exclusion de la monnaie du monde des « marchandises », de sorte qu'elle n'a plus à exprimer sa forme valeur. Mais la monnaie ainsi exclue, quel est donc son lieu d'élection ?

Pour qui nous a suivis jusqu'ici, ce ne peut être dans l'État, comme le veut la tradition quand elle s'intéresse à l'argent dans la théorie de Marx[53]. On ne sort pas de manière aussi cavalière de l'objet théorique. Sortie « cavalière », car ce moment final de la théorie serait rien moins que le triomphe du sujet, qui trouverait ainsi à s'extraire d'une détermination qui, pour être extérieure, le laisserait avec toutes ses promesses propres. La monnaie serait ainsi le moment charnière du passage d'une synchronie à une diachronie, bref à la contradiction ouvrant au possible au sein de la formation économique et sociale. Ce point de vue peut bien se lire de la *première édition* qui, comme on l'a vu, vient accréditer la réalité de l'« homme », présupposé à la réception. Mais, d'une part on confond par là la définition de la monnaie dans un procès vital charpenté par un rapport d'échange (§3), avec son utilisation dans l'échange réel effectif (chapitre II de LC) ; et d'autre part, on n'en a pas fini avec le procès vital de la logique du capital.

Pour élucider le problème, il nous faut reprendre le fil du mouvement inverse en §3 à celui de l'homme-situé puis en situation. En quoi l'homme-situé n'était-il pas dans les traces de l'être spécifique ou de la marchandise trônante ? La réponse est claire : en ce qu'il était, par lui-même, le souvenir de son origine en NMW, et par cela en une extériorité par rapport à la marchandise trônante dont le Dieu divin occupait l'absence. Mais maintenant, l'homme déterminé-en situation a son origine en §1, et est en cela avec la marchandise qui, sous sa forme de « marchandise », est dans une forme d'extériorité par rapport à lui, où elle ne cesse de se rappeler par l'incomplétude récurrente de l'« homme » visé dès le début. Dès lors, le retour à l'homme-situé, ne peut consister qu'en une extériorisation radicale, commune et en même temps, qui exclut la monnaie du monde des « marchandises » pour l'exclure radicalement de soi comme... *marchandise*.

C'est dire si ce retour ultime est celui du retour au commencement, à la VU1. Ici, l'homme-situé est effectivement en contact avec un objet extérieur qui satisfait, et qui sera valeur d'usage (VU3). Mais il est surtout en extériorité par rapport à la marchandise trônante, la monnaie. Exclue, la monnaie est absente en un lieu qui ne peut la vivre, celui de l'homme-situé, mais c'est pour être trônante en tant que *marchandise*. La monnaie n'est pas la « marchandise »

[53]Cf notamment S. de Brunhoff et tous les tenants de la théorie de la forme valeur ...

monnaie, mais c'est pour être la *marchandise* monnaie symbolisant la valeur dans l'inconscient collectif. En même temps qu'elle vient donner corps à la marchandise trônante du commencement, elle vient remplacer le Dieu illusoire de VU1. La marchandise trônante en son évidence transcendante, est la condition de l'homme-situé, mais surtout la marque de sa détermination. L'homme déterminé-situé n'est plus en rapport avec un Dieu céleste, mais avec une sorte de Dieu laïcisé, la monnaie. Une sorte, car il convient de ne pas se méprendre. La monnaie ne vient que donner corps à la marchandise dont le destin en tant que marchandise-sujet, comme dit Marx en NMW, ne s'arrête pas là. Elle a encore à dévoiler.

Pour que l'exclusion soit réussie, il faut que l'exclu n'ait plus à exprimer de la valeur. Car l'exprimant comme « marchandise » exclue, celle-ci manifeste sa puissance étrangère sur un soi inaccompli. Si la monnaie, en étant exclue du monde des « marchandises », n'a pas à exprimer sa forme valeur, c'est tout simplement parce qu'elle n'est plus « marchandise », mais marchandise. Exclue, elle est marchandise par excellence qui, pour être absolument refoulée, n'a pas à exprimer sa « valeur », l'expression étant le fait de la « marchandise ». La monnaie est donc marchandise et valeur[54].

4) La tradition n'a pas mesuré la signification de cette ultime exclusion de la marchandise. Comment aurait-elle pu la saisir puisqu'elle n'a pas vu la différence entre la marchandise et la « marchandise ». Cette marchandise, nous l'avons vu dès l'abord trônante pour être refoulée, et c'est maintenant cet inconscient refoulé qui fait retour, après une « cure » qu'a constituée l'expérience vitale. À l'issue de cette cure, le sujet est « guéri » par le *transfert du refoulé* sur son symbole sublimé. L'analyse a réussi puisque l'homme-situé du début a pleinement conscience de soi... Mais sous condition de ce symbole auquel il est dorénavant soumis comme à une drogue dont il ne peut plus se passer.

---

[54]De par sa problématique, T. Hai Hac ne peut distinguer la « marchandise » de la marchandise, et ne peut donc voir la différence entre la « marchandise » monnaie et la marchandise monnaie. Il est alors conduit à dire que « l'or est marchandise, mais n'est plus marchandise lorsqu'il devient monnaie — la monnaie se définissant comme l'opposé, le contraire de la marchandise » (121).N'étant pas marchandise« en tant qu'équivalent général la monnaie exprime la valeur des marchandises, mais n'a pas de valeur à exprimer » (123). Et pour preuve, il cite pour une fois LC (c'est essentiellement aux *Grundrisse*, à CEP et à la *quatrième édition* qu'il se réfère) ... qui dit exactement le contraire : «... parce que la quantité de sa valeur n'est pas exprimée ». L'expression de la « valeur » n'étant pas autre chose qu'une extériorisation de soi de la « valeur », il serait déjà étrange que les « marchandises » expriment leur « valeur » dans une monnaie qui n'en aurait pas. Tout cela conduit évidemment à considérer que « l'acte social » dont parle Marx « ne peut être qu'un acte de l'État en tant que représentant de la société. Et la monnaie, par conséquent, une forme institutionnelle relevant de la souveraineté étatique » (128). Encore une fois, précisons que notre critique s'exerce du point de vue de l'objet théorique, antécédent nécessaire à l'analyse d'une formation économique et sociale, ce qui exige de ne pas confondre celle-ci avec celle-là.

Car le retour d'images était relatif au fait que les extériorisations ne pouvaient être que des extériorisations *déterminées* d'un homme déterminé par le fait d'être *encore* dans les traces de son origine. Cesser d'être encore dans les traces, c'est couper le cordon avec l'origine et opérer la réelle *métamorphose en retour* identique à celle de §1. C'est cela que signifie l'exclusion. Une extériorisation absolue qui se fait exclusion, et qui s'opère en une sorte de « drôle de guerre » qui, prenant en compte la nécessité de l'être spécifique et la nécessité vitale de l'« homme » en souvenir de NNW, tranche en établissant une coexistence en une extériorité absolue de l'un par rapport à l'autre.

Mais cette coexistence est trompeuse. En fait d'être, nous n'en avons qu'un, l'être spécifique, alors que l'« homme » en souvenir de NMW n'est justement pas un être, mais ce qui reste d'un souvenir d'être. Et il n'est que ce reste parce que justement c'est l'être spécifique qui règne comme extime[55], où le plus extérieur est à la fois le plus intime.

On fait donc retour à la marchandise trônante, par le même refoulement qui lui substituait immédiatement les éléments d'une « marchandise ». Par cela, l'homme-situé ignorait l'argent pour n'en faire qu'une valeur d'usage comme une autre ; ce que l'homme-en situation ne pouvait déjà plus faire, pour venir « se mesurer » à l'aide de ce troisième objet. Mais maintenant, on voit que, refoulant la marchandise trônante, c'était, en ce premier moment de soi, la réalité de l'argent qu'on refoulait.

La forme IV vient nous dire essentiellement les limites de la fuite, ou plutôt ce qu'elle cache, son fond de réalité. Le but visé ne peut être atteint par la fuite, mais par le refoulement de la réalité du but. Comme on l'a vu pour la VEI, la fuite reste dans l'incomplétude d'une tentative engageant un autre que soi , que l'on croit pouvoir soumettre à sa volonté. Mais Marx vient nous dire ici que la véritable identité de soi ne peut sortir de soi, pour être constitutive d'un refoulement de soi en soi, un autre soi qui est tel pour être en soi. C'est sa critique de la réflexivité hégélienne dans CDPH que Marx convoque ici. Hegel affirme l'autre comme soi pour le tenir d'une philosophie de l'histoire qui n'en peut plus de s'affirmer d'une pensée objective. Or, la réflexivité dans sa vérité absolue ne peut que se révéler à elle-même en une expérience vitale, une dirempion essentielle, disait CDPH.

Au même titre qu'en VEI, l'illusion d'être s'accrochait à un troisième objet, ici, elle s'accroche à l'argent-« marchandise ». Et si celui-ci n'est pas à proprement parler un troisième objet, c'est pour ne pas avoir la même origine. De même que de VEI, nous avions immédiatement la contradiction du produit du travail, ici, la contradiction est dans le retour sur images, qui nous dit qu'avec l'argent - « marchandise » l'exclusion n'est pas absolue pour garder la forme d'un souvenir à partir d'un soi déterminé.

---

[55]Que nous reprenons à Lacan (2006)

La « solution vitale » d'une extériorisation absolue concerne la marchandise, parce qu'en elle il n'y a plus rien d'un souvenir de soi qu'introduisait la détermination naturalisante. Parce qu'il s'agit d'un « autre monde », il doit être absolument exclu de celui des « je » en une « transsubstantation ». L'absolue extériorité nous dit qu'il n'y a rien dans l'argent-marchandise qui puisse relever d'une quelconque forme où pourrait se lire une différenciation de l'« homme » par rapport à son « concept ». C'est de l'absolument spécifique que procède la forme naturalisante, et non pas d'une différenciation que l'on cultive en une illusion pérenne. Dans l'ordre du théorique, il n'y a pas, de même, conformité, parce que la conformité concerne un concept avancé sous la forme d'une idée qui n'a aucune réalité. L'argent-marchandise vient ainsi nous dire que le travail abstrait, cette forme de naturalité, n'a aucune réalité, aucune efficace, qui pourrait se revendiquer d'une différenciation par rapport au concept de travail en général, mais relève d'une représentation qui laisse agir sa qualité absolument spécifique en tant que dépense de force de travail.

À l'issue de la §3, nous voilà revenus à l'inconscient de §1, mais sous la forme de l'argent marchandise refoulé absolument. En tant que tel, l'argent marchandise est l'objet vital de l'être spécifique force de travail, et n'a pas d'autre sens que celui-ci. Mais en tant que résultat de §3, il apparaît toujours déjà comme extime. Avec l'argent comme extime, notre homme-situé n'est plus l'homme-situé du début. Son « Dieu », il l'a maintenant sous la main. Et pour en être drogué, il manifeste qu'il reste un homme déterminé dans un monde qui est celui des extimes. Car l'extime concerne aussi bien l'argent, que le travail, cette activité rationnelle en elle-même. C'est le refoulement immédiat du travail concret en §2 que le refoulement absolu de la marchandise vient ici rejoindre pour constituer le monde de notre homme déterminé-situé, constitué du travail concret, de valeurs d'usage, et d'argent. C'est le refoulement de §2 qui est maintenant totalement réussi après le périple nécessaire de l'expression de la « valeur ». Il fallait la §3 pour que le travail abstrait formateur de valeur puisse rejoindre le travail concret productif de valeurs d'usage. Ainsi voit-on que, excluant absolument la marchandise, c'est le sens spécifique de cet objet vital qui est refoulé absolument, la dépense de force de travail créatrice de valeur, qui nous a été révélé en §1. Avec l'argent marchandise, c'est ce sens qui constitue le sens réel de ce monde fait d'apparences. Aussi allons-nous pouvoir suivre ses composants dans un nouveau périple tracé par ce sens vital spécifique.

5) Cette marchandise monnaie n'est plus une « marchandise » monnaie qui jouait son rôle, fonctionnait comme telle, mais est l'équivalent général en tant que tel, c'est-à-dire ce qui n'a plus besoin d'être porté, mais est elle-même et par elle-même, la *marchandise* dont nous étions partis mais qui, maintenant, ne trône plus de manière abstraite comme un Dieu. C'est ce processus vital qui se donne objectivement comme une descente de Dieu sur terre en un Dieu profane. Avec la monnaie dévoilée comme marchandise, on n'a plus besoin de

la « main invisible » du marché, ou de sa forme matérialiste que constitue la division du travail du tout social déterminant, pour nous dire son efficace. Ce que, d'un point de vue empirique relevant de la formation économique et sociale, on appelle la confiance en la monnaie, n'a pas d'autre support réel que l'inconscient collectif qu'est la monnaie en son essence, c'est-à-dire en ce qui la constitue comme sens vital. La confiance en ce qui est « autre », n'a pas d'autre signification que le sens qui l'inscrit dans le champ de l'identité vitale correspondant à sa déterminité, et qui en fait son « autre ».

Une telle *marchandise* monnaie ne peut être comprise comme le résultat d'un processus objectif, mais seulement comme celui subjectif d'une nécessité vitale. Et c'est pour ne pas être le résultat de la mesure nécessaire de la VEI de deux « marchandises », mais la mesure elle-même, la *valeur* de la *marchandise* de §1, que cette marchandise monnaie permet de penser sa dématérialisation. C'est dans sa matérialité que l'or joue le rôle de l'équivalent général, alors que, comme marchandise, l'argent est renvoyé au delà de sa matérialité pour relever de l'inconscient collectif, de sorte que la métamorphose n'est pas essentiellement attachée à cette matérialité. Dans la matérialisation de l'argent, c'est le sens vital qui s'affirme.

Alors que l'argent comme « marchandise » offrait toujours à questionnement, c'est en tant qu'il est marchandise qu'il « saute aux yeux » en une évidence absolue ne posant plus aucune question. Une telle évidence ne saurait provenir des vertus matérielles de l'or, et c'est cette marchandise monnaie qui constitue proprement la forme IV, en ce que la métamorphose, qui accompagne immédiatement la métamorphose en retour, désigne le passage de la forme valeur à la forme prix : « L'expression de la valeur relative simple d'une marchandise, de la toile par exemple, dans la marchandise qui fonctionne déjà comme monnaie, par exemple, l'or, est forme prix. La forme prix de la toile est donc : 20 mètres de toile=2 onces d'or, ou, si 2 livres sterling sont le nom de monnaie de 2 onces d'or, 20 mètres de toile=2 livres sterling » (67-68).

On voit Marx parler ici encore de la marchandise qui « fonctionne comme ». Outre qu'on verra (chapitre suivant) que Marx a du mal à maîtriser ce passage au conscient que constitue la forme prix, il faut bien voir que ce « fonctionne déjà » désigne le destin de la « marchandise » monnaie de devenir marchandise monnaie, de n'être pratiquement jamais pour être toujours déjà monnaie. La monnaie est déjà dans la « marchandise » monnaie comme la marchandise est toujours déjà dans la « marchandise ». Et c'est ce destin vital que nous dit la dernière phrase de §3 : « La forme simple de la marchandise est (...) le germe de la forme argent » (68). C'est pourquoi avec la métamorphose la pièce se termine, et on passe du rôle joué par la « marchandise » monnaie à son auteur, la marchandise monnaie.

6) En les formes I et II, nous avions l'imagination extériorisante dans le temps et l'espace du préconscient. Dans la forme III est apparu le « en même temps

de la même chose » d'une exclusion, et ce moment est celui du reflet d'une répétition du même, second moment de §3 qui, pour rester dans les traces de la « marchandise », est insuffisant et demande son principe ou son lieu de naissance pour en effectuer le refoulement absolu, troisième moment de §3, en une métamorphose en retour de celle de §1.

Ce n'est pas que le temps et l'espace étaient, en les formes I et II, celui d'une pure subjectivité. Le commun est toujours déjà inscrit dès §1. Mais dans le mouvement partant du temps et de l'espace du préconscient, la condition du reflet n'est pas encore « reconnue ». C'est le « en même temps d'une même chose » qui, pointant comme besoin déjà là du procès vital, le fait reconnaître à travers les limites des formes I et II. C'est à ce schéma déterministe que renvoie le « fonctionne déjà » de l'or. En tant que « marchandise » monnaie, l'or fonctionne en un « savoir déjà » en tant que reflet qui appelle, non pas ici le moment du langage, mais, à rebours, le principe de sa naissance.

Aussi voit-on que si l'homme-situé pouvait se poser *illusoirement* comme s'originant dans le souvenir de NMW, c'était pour être *réellement* dans le refoulement absolu de son être vital spécifique. Il pouvait agir selon un tel « souvenir » pour tout ignorer de sa détermination. Et la marchandise trônante dès le début témoignait que cette illusion était rendue possible par le refoulement absolu. Car la constitution de la monnaie comme marchandise est identiquement celle du « je »... avec l'argent. Un « je » qui, ne voyant dans l'argent qu'un moyen, métamorphose immédiatement la forme valeur en la forme prix. La forme de la valeur est la forme prix, où le sens de l'origine est totalement dépassé tout en étant totalement conservé, négation de la négation où le retour à l'être situé, mais déterminé, recouvre l'être vital spécifique des apparences du sujet illusoire.

L'identité vitale spécifique (§1), reçoit ici son nom en tant qu'inconscient collectif procédant de ses moments ontologiques : une logique de l'un comme logique de tous constituant une logique commune du « en même temps et la même chose ». Le tout comme commun ne procède pas d'une intersubjectivité, mais d'une co-subjectivité où la subjectivité peut passer de l'un à l'autre en tant que cet autre est déjà un autre soi. Pour le dire à la manière hégélienne, l'attraction précède la répulsion, de sorte qu'il n'y a pas de pure projection de soi dans l'autre, avec son lot de présuppositions de soi, mais la certitude d'une projection vitale qui a la nécessité de l'espace nécessairement homogène d'une absoluité vitale.

Avec la forme prix, le lien avec la forme valeur est rompu. On peut s'imaginer que la monnaie sert de moyen pour mesurer. En paix avec lui-même, l'homme déterminé-situé croit pouvoir s'affirmer en se donnant un moyen conventionnel de mesure de ses « marchandises ». De même que le Christ qui s'exclut du monde des hommes pour en garder la forme et s'asseoir à la droite du père, l'or s'exclut des équivalents en devenant marchandise monnaie et ne laisse de lui que son symbole, l'argent-hostie. « Au mieux » croit-on pouvoir se donner son Dieu, « au pire » croit-on pouvoir se passer de Dieu dans ce monde de la séparation. La « mort » de Dieu, n'est rien d'autre que sa descente sur terre en sa forme laïcisée.

7) Ce que décrit cette exclusion, c'est une œuvre commune. Non pas le résultat d'une volonté commune, mais bien une action commune en tant qu'en elle se manifeste la nécessité de la valeur dont l'infinité ne peut être exprimée adéquatement que par l'équivalent général. Cette « œuvre commune » peut apparaître à l'homme-en situation comme celle d'une volonté commune, mais on voit bien que la raison dont cette volonté semble faire preuve, n'est rien d'autre que cette identité de la marchandise à laquelle elle se rend totalement.

L'argent exclu comme marchandise du monde des « marchandises » est le *langage de la marchandise*. En tant que tel, il est langage commun où s'est totalement perdu le sens d'une origine, maintenant totalement enfouie dans un inconscient qui n'en continue pas moins de régner par la voix de son Eglise officiant autour de son hostie. C'est ce langage qui manquait à l'homme-en situation, qui ne pouvait qu'en rester au troisième objet, en utilisant le langage d'un souvenir mutilé de NMW s'en remettant à celui de la science.

Le troisième objet, ce résultat du paradigme de la logique des sciences de la nature se révèle n'être que ce qui se donne à la conscience de soi comme objet, l'argent-moyen de la mesure dans l'échange en VEI. Le problème épistémologique de la commensurabilité se révèle ici dans sa détermination inconnue, un « inconnu » que la pensée objective prétend dépasser de son point de vue fait de présuppositions dogmatiques et d'approximations réductrices, comme ces produits d'un reflet pouvant s'affirmer de n'importe quoi, mais plus sûrement de ce qui se donne comme généralité du système, renfermant ainsi l'idéologie sur elle-même.

L'argent n'est pas ce troisième objet s'imposant à la pensée de la séparation de ce qui est uni en tant que social en général et toujours déjà prête à s'armer de la vérité distillée par une science de l'ordre de la mathématique. Il est le commun requis non par une règle de la connaissance, mais par la substance inconsciente opérant par un « en même temps de la même chose ». C'est dire si le social spécifique n'est ni présupposé à partir d'une philosophie de l'histoire, ni reconstruit à travers un processus objectif, mais ce qui est structuré par l'argent comme langage de la marchandise.

C'est ainsi qu'il faut comprendre le social, et non pas à la manière du *Supplément* qui donne les formes I et II comme pouvant « être un *processus purement subjectif* » (DOG. I, 163), et la forme III comme « un *processus objectif* (...) un *processus social objectif* », provenant d'un social qui se donnerait à la pensée objective comme objet à partir du simple retournement de l'équation[56]. Mais objectif, tout est objectif en §3 en tant qu'y est reçu

[56]T. Hai Hac voit bien que si chaque possesseur de marchandises inversait la forme II, on aboutirait à l'échangeabilité de toutes les marchandises (118), ce que Marx considère comme

transcendantalement ce qui se donne de §2. Ce qui les distingue c'est qu'en la forme III, l'objectif est ce qui est commun.

La validation sociale ne vient donc pas s'imprimer de l'extérieur au rapport d'éléments dissemblables, pour produire des effets sur ceux-ci et les socialiser. Elle procède de ces éléments eux-mêmes en ce qu'ils sont déjà des êtres sociaux spécifiques pouvant se mettre en rapport. La forme de la valeur est socialement validée dans la mesure où l'infinité absolue de la valeur doit l'être dans la communauté constituée de ces hommes déterminés par la marchandise. C'est dire si Marx ne confond pas la validation sociale avec une inscription dans les tables de la loi des institutions juridiques et politiques. Même si cette validation passe par le « politique », celui-ci n'est que la forme passive de la nécessité et, en ce sens, n'est pas politique. Et c'est dès lors que le MPC devient réellement dominant en cette réalité, que l'on voit celles et ceux qui se sont inscrits de fait dans sa logique, se déliter en des « politiques » vides de toute option pour se remplir du spectacle de la marchandise[57].

8) L'argent focalise la puissance impossible. Sa nécessité ne tient pas à l'immédiate séparation marchande, en ce que celle-ci serait constitutive d'objectivités sociales autonomisées, mais à l'extériorisation-matérialisation nécessaire de ce qui ne peut être vécu de soi. Il est le résultat de l'ultime refoulement de l'origine négative de l'être, dont il garde la trace en tant que transcendance aliénante, objet fétichisé que la raison vient « nier » en en faisant le résultat d'une convention. L'argent est un symbole en tant qu'objet focalisant les affects impossibles et pour cela fétichisés car s'imposant du sens. Il est une « mise à la place » par l'action du refoulement inconscient, ce par quoi le symbole se distingue du signe, qui est une mise à la place consciente par convention. *L'argent est un symbole, mais n'est pas un signe.*

9) À l'issue de la réelle expérience vitale que constitue la §3, que voyons-nous s'agisant de la VEI ? D'abord que la conscience de soi dévoilée dans sa prétention identitaire, renvoie à son fond inconscient pour n'être que ce qui reste du refoulé, l'instance trônante, décisoire[58]. Ensuite, qu'en réalité le contenu était commun pour être déjà la « valeur », et que c'est celle-ci qui a mené la danse. De sorte que l'argent n'est pas un troisième objet, mais bien le

---

un défaut dans LC. Aussi en conclut-il que « la forme générale de la valeur ne se constitue pas par inversion de la forme II, mais requiert, d'après Marx, un procès social. » (126).

[57]C'est dire si les tenants du caractère politique de la monnaie, que ce soient les hétérodoxes comme C. Benetti et J. Cartelier ou les tenants de la théorie de la forme valeur, non pas seulement de sa gestion, comme chez S. de Brunhoff, mais aussi de son institution, restent aveugles sur la réalité du « politique » et de l'« économie politique » dont LC constitue la critique radicale.

[58]Ou, comme le dit G. Deleuze en commentant Nietzsche : « La conscience n'est jamais conscience de soi, mais conscience d'un moi par rapport au soi qui, lui, n'est pas conscient. Elle n'est pas conscience du maître, mais conscience de l'esclave par rapport au maître qui n'a pas à être conscient » (44-45).

résultat d'un transfert. Enfin, que le contenu conscient n'est pas le jugement de valeur portée sur l'utilité du corps de la marchandise, mais bien directement la valeur d'usage pour l'autre, qui ne procède pas de la propre volonté de la conscience de soi, mais est imposée par l'identité vitale spécifique. Notre « homme » n'a pas produit selon son bon plaisir, mais selon une contrainte qui n'est pas celle du marché, mais celle de la logique du système, en tant que la valeur d'usage est un réquisit de la marchandise. Le produit a un usage univoque pour son utilisateur : on ne produit pas et on ne consomme pas « n'importe quoi » dans ce système.

Mais alors, c'est la VER qui est formellement validée, avec cette restriction qu'il ne s'agit pas d'un troc, mais d'un échange nécessairement médiatisé par l'argent. Qu'avons-nous en effet avec la forme prix ? Le travail abstrait étant refoulé, c'est le travail concret qui change de sens. Etant la seule détermination du travail, il est, en tant que tel, le médiateur entre l'homme et la nature et, à ce titre, producteur de valeurs d'usage générales. Aussi baigne-t-on dans un monde d'extériorités existantes en soi ; un *homme social déterminé* qui a conscience de soi en tant qu'homo oeconomicus, un *travail concret* qui produit des *valeurs d'usage*, dont la valeur d'utilité constitue la VEI, et qui devient une marchandise en étant exprimée en argent, et l'*argent* donc, comme simple signe conventionnel, un troisième objet servant de médiation à l'échange. L'homme déterminé-en situation a réussi son coup, pour se vivre comme homme (déterminé)-situé sous contrainte de l'argent extérieur, la détermination restant totalement inaperçue. Avec la VER c'est, semble-t-il, le « consommateur » qui est roi, et le « producteur » qui constate que, par chance, son produit est valeur d'usage pour celui-là. Tout le monde est satisfait dans le meilleur des mondes possibles.

On peut alors s'imaginer qu'avec la forme prix on a le produit « conventionnel » de l'être de raison… Mais c'est là ce que voulait notre « homme » dans sa tentative de sauver l'être en VEI3. Il n'y a pas d'échange possible de valeurs d'usage, de troc, sans la médiation de l'argent. Et sous cette forme ce qu'« on » voulait sauver est effectivement sauvé. Mais au prix d'une perte totale de l'être dans une totale illusion d'« être ». Mais cette « petite » histoire qui se boucle en une sorte d'« éternel retour », était inscrite dès le début pour être celle de l'idéalisme dont la raison d'être est de refuser de voir les choses en face. L'idéalisme légitimise, mais inconsciemment selon une logique vitale, et non pas consciemment selon des intérêts de classe.[59]

---

[59]On assiste dans la théorie économique néoclassique, à une évolution sur la question fondatrice de la rationalité, qu'il est intéressant de commenter de notre point de vue. À l'origine de la théorie,L. Walras postulait la rationalité instrumentale des agents en tant qu'homo oeconomicus. Seulement, à ce postulat était adjoint celui de la rationalité cognitive comme apanage du secrétaire des marchés, la loi de l'offre et de la demande, seul capable d'atteindre l'équilibre général du marché. Depuis, on a vu différentes théories, telles que celles des anticipations rationnelles (K.-J. Arrow ...), ou la théorie des jeux (B. Walliser…), tenter d'internaliser cette rationalité cognitive en chacun des agents. On peut renvoyer la première

10) La §3 est encore un procès vital inconscient. La conscience ne naît qu'au moment où l'argent « saute aux yeux ». Mais avant ce saut, on voit bien qu'il est « à l'abri du regard ». Et si dès lors cette conscience fait preuve de volonté, on voit également très bien que celle-ci s'ignore comme volonté d'un inconscient devenu le centre extérieur du sujet, et qu'elle est par cela porteuse d'une idéologie immanente, la perte du sens dans le sujet ne signifiant pas l'autonomie de celui-ci[60]. Car l'idéologique ne se dit pas au contact des transcendances que sont le travail et, plus près, la monnaie, alors qu'ils en sont les transmetteurs immanents. Et le monde des évidences idéologiques peut construire l'illusion de transparence, à partir de laquelle on croit avoir l'assurance de pouvoir tout voir et tout comprendre. Il ne reste plus qu'à faire la chasse à la non-transparence des murs des pouvoirs, qui restent ceux de volontés, en s'en remettant à la transparence des procédures de la logique mathématique de la science. Et c'est alors que la liberté, l'égalité et la fraternité, ces concepts abstraits, peuvent « trouver » à se réaliser à travers la « démocratie » médiatique, Google et Facebook.

Nous sommes partis d'une vraie transparence inconsciente à partir de laquelle se sont construites de « fausses transparences ». La première est celle qui se donne en §2, où n'importe quel enfant sait...[61] On peut vouloir l'interpréter pour en faire une théorie critique, mais une critique qui sera nécessairement limitée pour épouser le langage de l'objet critiqué. La seconde est celle qui se donne en §3, où semble trôner l'homme de volonté avec ses

---

tentative à celle d'un homme-situé, avec son action suspendue à la bonté divine du marché, et la seconde à celle d'un homme-en situation voulant s'affranchir de cette tutelle. Car cette tentative de couplage ressemble fort à la tentative de sauver l'être en VEI3.

D'autres évolutions tendent à vouloir élargir l'hypothèse de rationalité au-delà de ses limites à l'individualité méthodologique. Telle est par exemple la rationalité limitée (H. Simon). Cette tentative culmine peut-être avec une économie comme science de l'esprit (P. Mardellat). Mais c'est avec J M. Keynes qu'on rejette totalement l'hypothèse de rationalité de l'homo oeconomicus. Mais selon quelle posture ? Celle de l'homme déterminé- situé ou en situation qui n'a plus besoin de ces « vieilleries métaphysiques » pour « justifier » de son être.

[60]C'est pourquoi on ne se retrouve pas dans la distinction, porteuse de « volontarisme », qu' introduit A. Badiou entre le « subjectif » et le sujet, celui-ci laissant une place à celui-là, pour être suturé par une idéologie dominante, produit d'une pensée théorique extérieure qui s'y prend de « trop haut »

[61]Et elle ne se donne pas seulement à l'économie politique, mais aussi à Hegel avec la rationalité du travail à laquelle l'homme doit se soumettre ; à Saint-Simon avec sa foi religieuse en l'industrie ; à Auguste Comte, pour qui la vraie assignation suppose « un profond sentiment de loi invariable qui régisse tous les divers genres de phénomènes naturels » (Cours de philosophie positive, cité par H. Marcuse, 392-393) ; et d'une manière générale à toutes les philosophies contre-révolutionnaires (de Bonald, de Maistre, etc.) de l'ordre naturel invariable auquel l'homme doit se soumettre. Ainsi voit-on que la théorie classique de la valeur-travail n'a rien en soi d'un contenu de classe (comme le pensait naïvement Engels). Elle peut très bien participer d'une acceptation du donné comme tel, comme dans l'école historique allemande, pour laquelle « le refus du donné est rigoureusement impossible. Le donné nous domine inéluctablement. Nous pouvons nous tromper sur son compte, mais nous ne pouvons pas le transformer » (Von Savigny, cité par H. Marcuse, 414).

valeurs d'usage et son argent-signe. À force de refoulement, notre « homme » peut, comme un parfait hégélien, croire avoir atteint la transparence du savoir absolu. La « vérité » est en effet « transparente » dans le phénomène, puisqu'il n'y a plus que lui. Et l'Internet vient confirmer tout cela : la vérité est au bout des doigts.

11) À l'issue de notre voyage, on a tous les protagonistes quant à la théorie de la valeur. L'économie politique classique avec sa théorie de la *valeur- travail* et sa rationalité transcendantale du travail, mais toujours inscrite dans l'ambiguïté d'un travail concret naturalisé provenant de sa primauté d'avoir eu directement accès au conscient. Et la théorie néoclassique avec sa théorie de la *valeur d'utilité*, où le travail concret anthropologique est laissé aux antiquités de l'histoire (objets de l'anthropologie, de la philosophie...), pour ne garder que ses objets « propres », la valeur d'usage ou d'utilité et l'argent. Mais qu'importe ces références décalées à ce qui les fonde dans la même idéologie inconsciente qui nous mène dans le mur. Il faut être soi-même issu de ce processus et prendre les vessies du capital pour des lanternes de l'histoire, pour voir, comme Engels, entre les deux une démarcation de classe.

Trop pressée à lire l'histoire, la tradition a vu dans la §3 l'expression de la contradiction entre des contraires irréconciliables, alors même que nous y avons à l'œuvre le moment d'une réconciliation nécessaire. Ne pas le voir, c'est rester aveugle sur la nature de cette valeur d'usage de la marchandise et sur cet « homme » qui l'« a » sous sa volonté. C'est ne pas avoir compris les §1 et §2, et se laisser entraîner, d'une manière ou d'une autre, par l'idéalisme. À être trop pressé, on confond l'objet théorique « Capital », avec un objet empirique « historique », et on fait toute « une histoire » là où il n'y en a pas. Mais surtout on cultive les « contradictions » là où elles ne sont pas, en contrepartie de quoi, on risque de ne pas les susciter là où elles sont. Et c'est ainsi que, pour avoir pris les vessies du capital pour des lanternes de l'histoire, celui-ci, sensé courir à sa fin, poursuit sa fin...

Marx ne rompt jamais complètement avec ses vieux démons, en s'essayant à une historicisation prématurée et incongrue des formes de la valeur. La forme I « ne se présente évidemment dans la pratique qu'aux époques primitives où les produits du travail n'étaient transformés en marchandises que par des échanges accidentels ou isolés » (64). La forme II « se présente dans la réalité dès qu'un produit du travail, le bétail par exemple, est échangé contre d'autres marchandises différentes, non plus par exception, mais déjà par habitude ». Enfin la forme III « est la première qui mette les marchandises en rapport entre elles comme valeur en les faisant apparaître l'une vis-à-vis de l'autre comme valeur d'échange ». La valeur serait-elle antédiluvienne ?

Chapitre 3. Le moment de la conscience : le fétichisme de la marchandise (§4) et l'échange (chapitres 2 et 3)

Le fétichisme de la marchandise et son secret (§4 du chapitre 1)

La §4 se compose de textes d'horizons différents. La majorité du texte est reprise de la *première édition*, un paragraphe provient du *Supplément*, le reste est inédit dans LC. Mais ces inédits sont eux-mêmes très décevants pour s'aligner sur la problématique de la *première édition*.

1) *La place de la §4 dans la structure du chapitre 1 :*

a) Cette §4 vient nous dire ce qu'il en est à l'issue du procès inconscient, et mettre ainsi en avant ce qui se donne en reflet à la conscience pour constituer la condition de son déploiement. Car si maintenant notre *homme social déterminé* peut enfin vivre sa vie en exprimant sa conscience de soi en toute sécurité, c'est à la condition de résider dans une prison dorée dont la clé d'entrée est le fétichisme de la marchandise.

Comme le préconscient, le conscient parcourt les deux moments du reflet et du temps propre. Le reflet c'est le *fétichisme* de ce qui se donne immédiatement dans le cerveau, c'est autour de lui que la conscience va s'animer dans le temps d'un *rituel* bien ordonné. C'est en effet dans l'apparition immédiate de l'argent marchandise comme extime que se joue la question du fétichisme. C'est en tant qu'il est à la fois ce qui est le plus intime et le plus extérieur, que l'« objet » est fétichisé. En tant que tel, son lieu de naissance n'est pas le moment de la conscience explicite, mais celui de l'être spécifique se donnant en reflet, la conscience du sujet fétichiste ne venant, quant à elle, que lire le comportement fétichiste comme « volonté » s'appropriant ces « choses ».

b) Cependant, à l'issue de la §3, ce qui se présente à la conscience en fait de marchandise, c'est la valeur d'usage exprimée en argent. Et il semble bien que ce soit l'argent qui fasse l'objet d'un fétichisme. Mais nous venons de le voir, l'argent n'est rien d'autre que la marchandise exclue du monde des « marchandises » et c'est en tant que cette marchandise est l'objet vital de la force humaine de travail, l'être spécifique, que cet argent fait l'objet d'un fétichisme. Mais bien qu'objet du fétichisme, l'argent n'est pas en tant que tel le but déterminant, le sens de la vie spécifique. Il n'est jamais que le symbole de la marchandise, et le Dieu dont le fétiche est l'objet du culte, c'est la dépense de force humaine de travail. Avec le fétichisme de l'argent, c'est le culte du Dieu-travail qui est pratiqué, et c'est pourquoi si le thésauriseur idolâtre l'argent pour lui-même, le capitaliste va le faire « travailler ». Celui-ci est fétichisé, parce qu'en lui se tient, dans une extériorité absolue à l'homme-sujet de lui-même, toute la puissance négative qu'il a fallu refouler et extérioriser de soi pour se vivre dans l'illusion d'être. Je pense, donc je suis... mais avec mon fétiche. Car cette forme du fétichisme de la marchandise qu'est le fétichisme de l'argent, est la condition du déploiement du sens vital spécifique dans le conscient. C'est dire si, derrière lui, c'est tout le monde du travail qui se met en place en vue de la marchandise, et que l'argent, s'il polarise le sens conscient, va mobiliser pour ce faire les « marchandises » dans leur apparence de simples valeurs d'usage. Et c'est tout prochainement que sa détermination va venir se rappeler à notre « homme », pour lui dire la finalité de l'argent : acheter de la force du/pour le travail, cette force qui en tant que valeur d'usage a la propriété de le satisfaire en tant que capitaliste. C'est pourquoi, si on parle souvent, de manière « critique », du Dieu-argent, et le jeune Marx a beaucoup donné dans cette voie (*Manuscrits de 1844*), il est préférable de parler du Dieu-travail et du fétichisme de l'argent, et ceci pour bien distinguer le lieu du Dieu-travail (§1), de celui où il se donne par son fils (§2) et enfin de celui où il se construit son Eglise (§3), moment où les « hommes » se le donnent à eux-mêmes par le fétichisme de l'objet du culte.

La critique de l'argent dira que sa visée s'oppose à la priorité à donner à la valeur d'usage, mais cette critique porte sur « le même », dans la mesure où on ne fait qu' historiciser la valeur d'usage naturelle, ce « produit de l'histoire ». Mais ce « blanchiment » relève d'un fétichisme de la valeur d'usage qui, dans la modernité techniciste, devient dominant comme fétichisme de la science en tant que ces valeurs d'usage en procèdent directement (Intendo...).

Ainsi voyons-nous que le sujet solipsiste, n'est pas le produit de la simple séparation, mais d'une expérience vitale le positivant comme conscience nécessairement fétichiste. Car dans l'objet théorique, le fétichisme n'est pas seulement lié à la conscience, mais la conscience y est nécessairement fétichiste[62].

Dans le Dernier-Marx, le fétichisme n'a plus rien d'une origine feuerbachienne, qui le renvoie à la forme d'une extériorisation autonomisante d'un tout social transhistorique. Certes, Marx a depuis longtemps saisi le point de vue idéaliste des entités abstraites. Mais s'il les a déconstruites en les renvoyant à leurs réalités subjectives constitutives, c'est toujours à partir d'elles comme des présuppositions idéales, et idéaliste dans leur

---

[62]Freud est très loin de pouvoir saisir la nature du fétichisme, en en renvoyant la genèse aux idéaux de l'homme constitués des « objets préférés des hommes » (1958, 52). Aussi « dans la jeunesse du fétiche (...) le représentant pulsionnel originaire (a) été divisé en deux morceaux, dont l'un a subi le refoulement, tandis que le reste, précisément en raison de cette intime connexion, a connu le destin de l'idéalisation ». Autant dire que le fétichisme de l'argent réside dans l'« intime connexion » existant naturellement entre l'homme et l'or en tant que l'un des « objets préférés des hommes ».

déconstruction. Car avant le Dernier-Marx, c'est toujours du tout que l'on part pour en déduire les parties constitutives, de sorte que celles-ci ne sont qu'une pétition de principe matérialiste, et donc prédéfinies quant à leur contenu.

c) Dans la *première édition*, le fétichisme n'est pas séparé de l'analyse de la forme de la valeur, et n'est qu'une quatrième particularité de l'équivalent dans la forme I. C'est en effet dans la mesure où la valeur d'usage y est encore traitée en sa naturalité concrète, et que le travail comme substance de la valeur ne pose pas problème, que le fétichisme n'apparaît que pour caractériser l'expression de la valeur. En revanche, dans LC, le fétichisme se manifeste dès le début pour être dévoilé en §3, de sorte que la §4 s'impose pour clôturer l'ensemble de l'édifice. Du « sujet » qui en découle, ne s'agit-il pas de dire maintenant qu'il est fétichiste ? C'est cela que semble pouvoir nous dire la première phrase reprise de la *première édition* (DOG. I, 91) : « Une marchandise paraît au premier coup d'œil quelque chose de trivial et qui se comprend de soi-même. Notre analyse a montré au contraire que c'est une chose très complexe, pleine de subtilités métaphysiques et d'arguties théologiques » (68). Voilà le sens de ce que devrait nous livrer la §4.

Reste que la lecture en est très décevante, pour n'offrir aucune possibilité de « relecture ». Il s'agit pourtant d'un texte « pas mal retravaillé », et nous n'avons pas d'explications probantes à ce fait.

2) *D'où provient le « caractère mystique de la marchandise » ?*

a) A cette question, Marx répond en procédant par élimination. Le problème est que dans cette réponse, reprise de la *première édition*, tout ce que nous avons vu semble oublié, au profit d'un point de vue qui ressemble fort à celui de l'homme déterminé-situé que nous venons de quitter.

— Il « ne provient (...) pas de sa valeur d'usage », puisque « en tant que valeur d'usage, il n'y a en elle rien de mystérieux, soit qu'elle satisfasse le besoin de l'homme par ses propriétés, soit que ces propriétés soient produites par le travail humain ». Oubliée « l'analyse de la valeur d'usage » ! « Il est évident que l'activité de l'homme transforme les matières fournies par la nature de façon à les rendre utiles ». Oubliées les certaines choses et la §1 en cette évidence tirée de la §2. On croyait avoir affaire à la marchandise, du début à la fin, d'abord sous sa forme apparente comme « marchandise ». Mais Marx vient nous dire : « Mais dès qu'elle se présente comme marchandise, c'est une tout autre affaire.. ». La valeur d'usage préexiste à la marchandise, ce qu'elle devient avec le caractère de valeur.

— « Il ne provient pas davantage des caractères qui déterminent la valeur », Et ce pour trois raisons qui, également, nous renvoient à la *première édition* par le biais d'une lecture unilatérale de la §2. « D'abord (...) c'est une vérité physiologique qu'ils sont avant tout des fonctions de l'organisme humain, (...) une dépense du cerveau, des nerfs, des muscles, des organes, des sens, etc. de l'homme ». Oubliée à nouveau la §1 et avec elle la §2. « En second lieu, pour ce qui sert à déterminer la quantité de la valeur, c'est-à-dire la durée de cette dépense ou la quantité de travail, on ne saurait nier que cette quantité de travail se distingue visiblement de sa qualité. Dans tous les états sociaux le temps qu'il faut pour produire les moyens de consommation a dû intéresser l'homme, quoique inégalement suivant les divers degrés de la civilisation… ». Oubliés le quantum et le temps de travail socialement nécessaire, au profit d'un critère unilatéral, portant sur un temps objectif, censé constituer le sens de la civilisation. « Enfin, dès que les hommes travaillent d'une manière quelconque les uns avec les autres, leur travail acquiert aussi une forme sociale » (68-69). Peut-on à ce point lire l'histoire à travers une catégorie, le travail-moyen, qui la traverserait en ne se différenciant que par sa forme ? Mais dès lors qu'on en reste à la distinction forme/contenu, c'est d'un point de vue de connaissance que l'on fait preuve.

Dès lors qu'on a éliminé tout ce qui relève de la généralité des concepts de la « §1 » de la *première édition*, la conclusion ne peut que dire l'exact contraire de ce que nous avons soutenu : « D'où provient donc le caractère énigmatique du produit du travail, dès qu'il revêt la forme d'une marchandise ? Évidemment de cette forme elle-même » (69). Il n'y a rien de mystérieux dès lors qu'on a oublié le procès de la marchandise-sujet. Mais cette absence de mystère, cette transparence illusoire, est justement le discours qui se donne de la marchandise, et que l'on reçoit de manière acritique.

b) Quand Marx nous dit, ci-dessus, que le « produit du travail (…) revêt la forme de marchandise», la grande question est évidemment celle-ci : d'où cela vient-il ? Si on refuse l'objectivisme du point de vue de connaissance, c'est dans les termes mêmes qu'il faut chercher la réponse. Et celle-ci s'impose à partir de nos développements précédents : l'énigme est dans le travail lui-même. Le « produit du travail » comme production de valeur d'usage est une catégorie de pensée, une généralité produite par l'analyse réduisant les différents états sociaux à quelque chose de commun. Mais la limite essentielle de cette généralité réside dans le lieu où elle prend sens, pour énoncer à rebours une schématisation du passé en tant que moment de son devenir réalisé dans le présent. C'est ce présent qu'on lit à travers la catégorie de progrès, catégorie idéologique par excellence d'une pensée l'ayant a priori posée comme objet.

Marx nous dit que le temps de travail a toujours dû intéresser l'humanité « quoique à des degrés divers ». Mais en dialecticien, on comprendra aisément qu'entre le 0° (qui n'a sans doute pas de sens) et le 180°, il n'y a pas simplement une différence quantitative, mais de monde, et que « 180° » désigne un monde à part, dès lors qu'on n'en reste pas au travail comme médiation entre l'homme et la nature, mais qu'on restitue à l'homme l'épaisseur de son identité vitale. Cette apparente médiation apparaît comme telle dès que l'on a compris que ce monde de la marchandise, du travail, du produit du travail…, n'est pas peuplé d'objets de connaissance relevant d'une logique historique, mais d'objets pris dans la réalité existentielle et inconsciente de l'« homme » et prêts à se donner à sa conscience.

c) Marx nous dit que §1 n'est pour rien dans l'énigme « apparue » en §3. C'est ici le rapport d'échange qui vient tromper les sens, et l'opacité provient de la forme qu'il impose. Mais pour cela, il faut oublier qu'il s'agit d'hommes déterminés, et notamment déterminés à voir les choses avec leur opacité, de sorte que celle-ci vient d'eux et non pas du simple rapport d'échange.
De toute notre analyse, il ressort qu'on ne peut se contenter du trop simple schéma du contenu et de la forme, dans lequel disparaît la puissance propre du spécifique. Bien évidemment, son intérêt est de redoubler celui du matérialisme historique forces productives /rapports de production. Et, c'est bien celui-ci qui vient se substituer ici à tout ce que nous avons vu se développer jusqu'ici. C'est ce qui apparaît avec la première explication.

3) *Première explication de l'énigme.*

« En général, des objets d'utilité ne deviennent des marchandises que parce qu'ils sont des produits de travaux privés exécutés indépendamment les uns des autres. L'ensemble de ces travaux privés forme le travail social ». Dans le schéma matérialiste historique, le tout social est déterminant pour définir la rationalité humaine à travers l'histoire, et ce par-delà les formes présentes : « les travaux privés, exécutés indépendamment les uns des autres, bien qu'ils s'entrelacent comme ramification du système social et spontané de la division du travail, sont constamment ramenés à leur mesure sociale proportionnelle. Et comment ? Parce que dans les rapports d'échange accidentels et toujours variables de leurs produits, le temps de travail social nécessaire à leur production l'emporte de haute lutte comme loi naturelle régulatrice, de même que la loi de la pesanteur se fait sentir à n'importe qui lorsque sa maison s'écroule sur sa tête » (71). Le tout social est déterminant par le biais d'un temps de travail socialement nécessaire agissant comme une sorte de moyenne d'équilibre, et qui s'applique comme une loi naturelle dans la mesure où les hommes privés et indépendants la subissent comme telle, pour ne pouvoir contrôler leur lien social. « C'est tout simplement une loi naturelle fondée sur l'inconscience de ceux qui la subissent » (Engels I, 572 n. 35).

« Comme les producteurs n'entrent socialement en contact que par l'échange de leurs produits, (...) les travaux privés ne se manifestent en réalité comme division du travail social que par les rapports que l'échange établit entre les produits du travail et indirectement entre les producteurs. » (69). La division du travail est la forme aliénée du tout social déterminant pour être relative au niveau des forces productives, et cette détermination se montre par le fait que la division du travail est spontanée. Les travaux privés sont donc de fait sociaux pour s'inscrire dans cette division du travail social, mais ne se manifestent comme tels que par le rapport d'échange entre les produits du travail. « Il en résulte que pour ces derniers les rapports de leurs travaux privés apparaissent ce qu'ils sont, c'est-à-dire non des rapports sociaux immédiats des personnes dans leurs travaux mêmes mais bien plutôt des rapports sociaux entre les choses ». Le tout social est autonome pour ne pas être un rapport social immédiat des personnes dans leurs travaux, mais rapport entre choses dans le rapport d'échange. Il se réalise à travers les choses, et c'est pourquoi elles dominent les hommes atomisés. Dans le chapitre III, Marx dira de manière très explicite : « L'organisation sociale de la production dont les membres disjoints (…) naissent de la division du travail, porte l'empreinte de la spontanéité et du hasard (…) la même division du travail, qui fait (des échangistes) des producteurs privés indépendants, rend la marchandise de la production sociale, et les rapports qu'elle crée, complètement indépendants de leurs volontés, de sorte que l'indépendance des personnes les unes vis-à-vis des autres trouve son complément obligé en un système de dépendance réciproque, imposée par les choses. » (92). Ce point de vue objectif de la réification repose sur un tout social déterminant, qui n'échappe à la « main invisible » smithienne qu'en en faisant la forme autonomisée d'un contenu matériel transhistorique qui se soutient de la catégorie de progrès. Quant à l'explication subjective de cette réification, elle renvoie le rapport des « hommes » dominés par ce rapport des « choses », à une identité sous-jacente à ce rapport, de sorte que l'« homme » est soumis au produit de la dépense de force de travail, c'est-à-dire à un objet vital qui n'est pas « le sien ». Et notre « homme » lui est d'autant plus soumis, qu'il ne se voit lui-même qu'en rapport extérieur à ces « choses naturelles » que sont le travail, les choses-valeurs d'usage et l'argent.

On le voit, on est ramené très loin en arrière de ce que nous avons pu découvrir. Le caractère social ne vient pas de la §1, mais de ce qui est requis par le tout social. La valeur d'usage n'est pas ce qui est requis par l'identité vitale spécifique, mais vient au contraire s'opposer à la forme de la valeur, pour reconduire la contradiction entre les forces productives et les rapports de production. Et ce sont ces différences, qui nous ramènent à la *première édition*, que l'on va voir s'approfondir, dans la mesure où maintenant c'est entendu : c'est de l'échange marchand que tout provient.

4) *L'explication par l'échange :*

a) C'est cette explication que nous livre la suite du texte : « C'est seulement dans leur échange que les produits du travail acquièrent comme valeur une existence sociale identique et uniforme, distincte de leur existence matérielle et multiforme comme objet d'utilité. » (69). L'explication par l'échange s'effectue nécessairement au niveau de l'homme déterminé y opérant, sans questionnement sur la structure de la conscience qui est la sienne. On part du même, et sur ce même on distingue ce qui en est d'une conscience subjective, et ce qui en est de la conscience objective. Ce n'est pas la valeur qui est déterminante ici mais la division sociale du travail.

b) « L'égalité des travaux qui diffèrent (…) (complètement) les uns des autres ne peut consister que dans une abstraction de leur inégalité réelle, que dans leur réduction à leur caractère commun de dépense de force humaine, de travail humain en général, et c'est l'échange seul qui opère cette réduction en mettant en présence les uns les autres sur un pied d'égalité les produits des travaux les plus divers. » (70). On voit bien ici à l'œuvre le procès de connaissance allant de l'abstrait au concret depuis l'*Introduction de 1857* jusqu'à la *première édition*. Ce que l'abstraction de pensée nous donnait, c'est maintenant l'échange qui l'opère positivement. Mais alors comment une définition négative, une abstraction de pensée, peut-elle dire l'antériorité de la valeur sur l'échange qu'elle vient régler, comme on l'a vu précédemment ?

C'est avec l'idée de valeur, le concept de valeur des « §1 » et « §2 », que les échangistes se présentent dans l'échange pour réputer égaux leurs travaux. C'est la traduction du fait que, comme le disait la §3, le travail n'est plus simplement représenté négativement, sa valeur positive s'affirme… par l'échange. La « réputation » participe ici du préjugé populaire de leur égalité dont parlait Marx ci-dessus. Mais ayant dit cela, c'est le préjugé qui doit être alors expliqué… et si possible sans avoir recours au progrès de l'histoire. Or, c'est bien de celui-ci qu'il s'agit dans ce texte.

c) Pour s'en rendre compte, c'est à deux paragraphes plus loin qu'il faut se reporter, là où Marx introduit successivement la VER et la VEI, mais du point de vue d'une logique historique. « Ce qui intéresse tout d'abord pratiquement les échangistes, c'est (...) la proportion dans laquelle les produits s'échangent entre eux. Dès que cette proportion a acquis une certaine fixité habituelle, elle leur paraît provenir de la nature même des produits du travail. Il semble qu'il réside dans ces choses une propriété de s'échanger en proportion déterminée » (71). Il y a entre la VER et la VEI une continuité historique où disparaît la différence de l'homme-situé et en situation, ainsi que le fait que le contenu concerne tout autant la valeur d'usage que la VEI. Et cette continuité est celle du progrès de l'histoire que reflète celui de la science : « Il faut que la production marchande se soit complètement développée avant que de l'expérience même se dégage cette vérité scientifique que les travaux privés (…) sont constamment ramenés à leur mesure sociale proportionnelle » par le temps de travail socialement nécessaire. La valeur nous montre une homogénéité de l'objet de connaissance, toujours ce même saisi selon des perspectives différentes. Le fétichisme est dès lors relatif à un défaut de perspective que vient éclairer celle de la science.

d) Cette histoire n'est pas l'histoire propre de la théorie, pour relever d'une trilogie qui n'est pas celle de la vie ou de son histoire propre phylogénétique, mais de l'Histoire.

A la suite du texte que nous analysons, Marx nous dit : « Lorsque les producteurs mettent en présence et en rapport les produits de leur travail à titre de valeurs, ce n'est pas qu'ils voient en eux une simple enveloppe sous laquelle est caché un travail humain identique ; tout au contraire : en réputant égaux dans l'échange leurs produits différents, ils établissent par le fait que leurs différents travaux sont égaux. Ils le font sans le savoir. La valeur ne porte donc pas écrit sur le front ce qu'elle est. Elle fait bien plutôt de chaque produit du travail un hiéroglyphe. » (70). C'est là peut-être le seul passage que l'on peut lire selon notre point de vue. En effet, dès lors que la valeur ne dit pas ce qu'elle est, nos producteurs ne savent pas ce qu'ils font en obtempérant aux nécessités de la marchandise. Marx ne dirait pas que c'est l'échange qui égalise, mais que dans le rapport d'échange, ils ne peuvent qu'établir par le fait, ce qui est déjà sans qu'ils le sachent.

Mais ce n'est pas cette lecture qui s'impose de toute évidence. « Ce n'est qu'avec le temps que l'homme cherche à déchiffrer le sens de l'hiéroglyphe, à pénétrer les secrets de l'œuvre sociale à laquelle il contribue, et la transformation des objets utiles en valeurs est un produit de la société, tout aussi bien que le langage ». C'est là l'écho du texte équivalent de la *première édition* qui dit : « Il y a là une opération de leur cerveau qui est naturelle et spontanée et, pour cette raison, instinctive et inconsciente (...). Le rapport existe tout d'abord d'une manière pratique. Mais, parce qu'ils sont des hommes, *ce même rapport* existe ensuite *comme un rapport pour eux*. La manière dont il existe pour eux, c'est-à-dire dont il se reflète dans leur cerveau, provient de la nature même du rapport. Plus tard, les hommes s'efforcent de percer par la science le secret de leur propre produit social, car le fait qu'une chose prenne la détermination de *valeur* est *leur* produit tout comme le langage » (DOG. I, 97).

On retrouve donc les trois niveaux de NMW et LC, mais avec des significations tout à fait différentes.

— Le premier niveau est celui de la pratique, qui consiste à mettre leurs produits sur un pied d'égalité à titre de valeurs. Point d'identité vitale ici, mais une pratique animale, primaire, où l'inconscient est défini négativement comme ce qui n'est pas conscient.

— Mais « parce qu'ils sont des hommes », intervient le deuxième niveau, celui du reflet dans le cerveau. Mais l'idée est que ce qui relève du tout social n'est reflété que par « le cerveau des producteurs privés » dans leur commerce pratique. Etonnant ce reflet, d'emblée capable de refléter l'objectivité.

— Le troisième niveau enfin, n'est pas celui de la réalisation de la nécessité de l'identité vitale dans son temps et son espace, mais bien la conscience en tant que réflexion scientifique dépassant le reflet immédiat passif. La science reçoit ici son statut et sa condition depuis Aristote : être la science du général en dépassant les limites du point de vue subjectif. Et comme c'est l'économie politique classique qui a percé ce secret, on est ramené à son point de vue, à celui de la *première édition*.

5) *Les visites rendues à d'autres modes de production*

Nous ne nous arrêterons pas longtemps sur ces quatre visites, dont seule la troisième est propre à LC, les autres étant tirées de la *première édition.*

a) De la visite à Robinson sur son île, il ressort que « tous les rapports entre Robinson et les choses qui forment la richesse qu'il s'est créé lui-même sont (...) simples et transparents (...). Et cependant toutes les déterminations essentielles de la valeur y sont contenues », bien que ces choses ne soient pas des valeurs. Mais Robinson, en « bon anglais », prend note de toutes ses dépenses de force de travail, de sorte qu'il a le comportement de notre homme-déterminé, que lui prête Marx, et que ses produits sont bien des valeurs.

b) On est devant les mêmes transparences dans la visite aux rapports des serfs et des seigneurs du « sombre Moyen Âge européen ». Mais ce qu'on peut seulement dire ici, c'est que si le déguisement qu'y prennent les rapports « personnels » n'est pas celui du producteur de marchandises, les rapports de travail ne sont pas pour autant transparents[63].

c) On a toujours évidemment la même transparence dans la « famille de paysans qui produit pour ses propres besoins » (73). Mais là Marx en dit trop en parlant de travail social mesuré par le temps de travail, de forces de travail individuelles qui fonctionnent comme organe de la force commune. Tout cela vaut pour la §1, mais certainement pas pour notre famille de paysans.

d) « Représentons-nous enfin une réunion d'hommes libres travaillant avec des moyens de production, et dépensant, d'après un plan concerté, leurs nombreuses forces individuelles comme une seule et même force de travail social. Tout ce que nous avons dit du travail de Robinson se reproduit ici, mais socialement et non individuellement ». S'il s'agit de transplanter socialement le cas de Robinson, alors ce n'est plus un « bon Anglais » que nous avons, mais la calamiteuse expérience de l'URSS. S'il s'agit d'« hommes libres » peut-on parler d'une dépense de forces individuelles comme une seule et même force de travail social, sans faire droit à la rationalité du travail, c'est-à-dire sans importer les « déterminations de la valeur » à un système non-marchand qui les nie ?(Cf notre conclusion). À ce texte, il convient d'opposer celui de la *Critique du programme de Gotha*, où Marx dira de manière autrement plus juste : « Le droit égal reste ici grevé d'une limite bourgeoise. (...). Le droit par sa nature ne peut consister que dans l'emploi d'une même unité de mesure ; mais les individus inégaux (et ce ne serait pas des individus distincts, s'ils n'étaient pas inégaux) ne sont mesurables d'après une unité commune qu'autant qu'on les considère d'un même point de vue, qu'on ne les saisit que sous un aspect déterminé ; par exemple, dans le cas présent, qu'on ne les considère que comme travailleurs et rien de plus, et que l'on fait abstraction

---

[63]Comme le souligne fort justement A. Artous(2006, 38).

de tout le reste… » (Gotha, 31-32). Tout est là, dans cet écrit postérieur à LC. Le nécessaire dépassement de l'unidimensionnalité du travail, et de son univocité, pour son intégration dans la vie en tant qu'activité de l'homme dans toutes ses dimensions.

Au final donc ces visites se révèlent peu fructueuses pour s'inscrire dans la non problématisation du produit travail de la *première édition.*

6) *Sur la religion :*

a) C'est toujours cette problématique que reflète le passage sur la religion tiré de la *première édition* : « Le monde religieux n'est que le reflet du monde réel. Une société où le produit du travail prend généralement la forme de marchandise (…) trouve dans le christianisme avec son culte de l'homme abstrait, et surtout dans ces types bourgeois, protestantisme, déisme etc., le complément religieux le plus convenable » (74). Avec l'homme abstrait, Marx nous ramène sur une théorie de l'aliénation. L'aliénation religieuse comme complément à l'aliénation réelle, et comme son reflet, laisse incomprise la réalité de la religion bourgeoise, ce « surtout » qui demanderait à être développé. Qu'est-ce en effet que ce Dieu qui, redescendu sur terre en un rapport immédiat avec chacun, envoie le signe de l'élection par la réussite temporelle à la dimension étroitement entrepreneuriale, sinon le Dieu-travail, ce refoulé inconscient dont la preuve est le travail, ce par quoi on gagne sa vie. Le voilà bien « l'esprit du capitalisme »[64]. Le catholicisme de la « personne » ne dépasse pas le moment situé et c'est le protestantisme de la « propriété privée » qui opère son dépassement en étant en situation. Dès lors, le puritanisme anglo-saxon n'est pas un simple complément religieux mais le comportement frénétique d'une existence suturée par le surmoi qu'est l'être spécifique.

b) Marx nous dit que « en général, le reflet religieux du monde réel ne pourra disparaître que lorsque les conditions du travail et de la vie pratique présenteront à l'homme des rapports transparents et rationnels avec ses semblables et avec la nature. La vie sociale, dont la production matérielle et les rapports qu'elle implique forment la base, ne sera dégagée du nuage mystique qui en voile l'aspect, que le jour où s'y manifestera l'œuvre d'hommes librement associés agissant consciemment et maîtres de leur propre mouvement social. Mais cela exige dans la société un ensemble de conditions d'existence matérielle qui ne peuvent être elles-mêmes le produit que d'un long et douloureux développement ». Mais disant cela, c'est toujours de l'illusoire transparence et de son faux problème qu'il s'agit. Car on l'a vu, la « transparence » règne en §1, même si ce n'est pas de l'ordre de l'homme, mais de son inconscient « inavouable ». En tant que l'homme se définit par l'identité vitale, il y a nécessairement de la « transparence » à l'origine de toute vie. Dès

[64]Que M. Weber a bien vu, mais n'a pu réellement expliquer.

lors, réclamer la transparence n'est pas seulement une question d'institutions, mais exige de regarder sa propre négation en face afin de se prendre résolument en « main propre ». Marx réclame des « rapports transparents et rationnels ». Mais ce rationnel a toute chance d'être le contraire de la transparence pour se confondre avec le travail et en tirer son discours scientiste. Scientiste et passablement religieux : pourquoi diable ce développement doit-il être douloureux ? Pour enfanter dans la douleur ?

7) *Le fétichisme de la science*

a) En renvoyant le fétichisme à l'autonomisation du tout social, Marx en manque la réalité, qui constitue la base sur laquelle se construit une idéologie du progrès à laquelle il succombe. Toute idéologie du progrès se construit sur le paradigme de la science importée des sciences naturelles, pour se confondre avec son progrès. Et c'est l'histoire qui est censée parler à travers ce progrès porté par les théories émanant des classes dominantes au moment de l'unité de leurs rapports de production avec les forces productives.

b) C'est qu'en effet, avec sa théorie de la valeur-travail, l'économie politique s'inscrit dans l'histoire des progrès de la science. « La découverte scientifique faite plus tard que les produits du travail, en tant que valeurs, sont l'expression pure et simple du travail humain dépensé dans leur production, marque une époque dans l'histoire du développement de l'humanité, mais ne dissipe point la fantasmagorie qui fait apparaître le caractère social du travail comme un caractère des choses (…). Ce qui n'est vrai que pour (…) la production marchande, (...), pour l'homme engrené dans les rouages et les rapports de production des marchandises, paraît, après comme avant la découverte de la nature de la valeur (…) d'un ordre tout aussi naturel que la forme gazeuse de l'air » (70). La science est science, mais il faut lui ajouter l'élément historique, pour être, en tant que telle, limitée par le fait qu'elle arrive toujours après coup, comme l'oiseau de Minerve, qu'elle « suit une route complètement opposée au mouvement réel. Elle commence après coup, avec des données déjà tout établies, avec les résultats du développement » (71), de sorte qu'elle prend comme un fait ce qui est un résultat historique.

On voit bien la limite de ce discours. Au point de vue limité de la science, il oppose un autre point de vue de connaissance qui est une *mise en perspective historique… du même*, c'est-à-dire du produit du travail. Mais cette « science historicisée » reste aveugle sur l'énorme présupposition qui la supporte, de sorte que lui reste étrangère cette exigence ontologique essentielle : ce qu'il convient d'« expliquer », c'est, moins le fétichisme lui-même, ce qui reste un point de vue de connaissance, que l'« homme » du fétichisme. Quel est la nature de cet « homme » qui tient ce discours ? C'est seulement alors que l'on peut comprendre que le fétichisme de l'économie politique réside dans le fait qu'elle tient le discours du produit travail. Les rapports personnels apparaissent comme rapports entre choses, parce que ce ne sont justement pas des rapports « personnels », mais des rapports entre « hommes déterminés ». D'une manière générale, le fétichisme de la marchandise se soutient du Dieu-travail qui, refoulé, se manifeste en lui.

C'est pourquoi il est trop simple, et pour cela erroné, de dire que « les catégories de l'économie bourgeoise sont des formes de l'intellect qui ont une vérité objective, en tant qu'elles reflètent des rapports sociaux réels, mais ces rapports n'appartiennent qu'à une époque historique déterminée ou la production marchande est le mode de production social » (72). Ce cachet historique ne suffit pas pour une critique radicale. Certes, ces catégories ont une vérité objective, mais celle-ci ne vient pas de ce qu'elles refléteraient les rapports sociaux réels, mais, comme on l'a vu, pour s'enraciner dans l'inconscient se manifestant formaté à force de refoulements.

Parce que Marx confond un donné de l'inconscient avec un donné de l'histoire, il attribue à la science de révéler ce qui est caché du fait que l'apparence ne coïncide pas avec l'essence. Or, si la réflexion scientifico-politique a son rôle à jouer dans l'analyse de la formation économique et sociale, ici, au niveau d'une métathéorie de la logique propre, ce n'est pas elle qui révèle ce qui est caché comme inconscient subjectif, mais un travail sur soi primordial, qui relève d'une posture dans laquelle il convient de placer l'homme, s'il ne l'est pas, et c'est le rôle de l'action politique.

On le voit, cette §4 sur le fétichisme, alors même qu'elle constitue une référence essentielle pour les interprétations les plus novatrices de l'analyse marxiste, est, paradoxalement, la plus décevante. Plombée par la problématique de la *première édition*, elle n'offre même pas prise à une réinterprétation du point de vue de la nouvelle problématique. Plus encore, les réécritures dans LC enfoncent le clou pour l'essentiel.

Le développement du chapitre I de LC, avec lequel nous en avons fini maintenant, nous est apparu être celui d'une dialectique de la négation. Il n'y a là bien sûr rien d'étonnant, puisque la dialectique est le mouvement de la chose même, de l'absolu qu'est la vie comme identité vitale. La logique de la vie est cette dialectique, mais à condition de la saisir en sa circularité, comme le mouvement de la vie qui se cherche à partir de sa séparation.

Chapitres 2 et 3 : La conscience dans l'échange

Dans ces deux chapitres c'en est fini du procès inconscient, et c'est son résultat, l'argent et la valeur d'usage, qui va se donner à la conscience des échangistes. Plus exactement, le chapitre II va permettre d'éclairer un certain nombre de choses, et c'est au chapitre III que va plus particulièrement apparaître l'échangiste en tant que tel.

1) Chapitre 2 : Des échanges

a) L'échangiste comme représentant de sa marchandise :

Le chapitre II constitue ce complément obligé du chapitre I que nous donne à lire la première phrase : « Les marchandises ne peuvent point aller elles-mêmes au marché ni s'échanger elles-mêmes entre elles. Il nous faut donc tourner nos regards vers leurs gardiens et conducteurs, c'est-à-dire vers leurs possesseurs » (77). Qui sont-ils ces possesseurs ? Bien évidemment le résultat du chapitre I : « Le mouvement qui a servi d'intermédiaire s'évanouit dans son propre résultat et ne laisse aucune trace » (82), de sorte que ce résultat s'impose ici comme réalité objective qui ne souffre plus aucune question existentielle. Il en est à ce point ainsi que « ces marchandises (ne) sont (plus que) des choses et, conséquemment, n'oppose à l'homme aucune résistance. Si elles manquent de bonne volonté, il peut employer la force, en d'autres termes s'en emparer » (77). Du procès inconscient de la marchandise, nous passons à un monde de choses, d'où émerge l'« homme » conscient prêt à se les soumettre. Nous nageons en pleine illusion d'être, non plus celle de l'homme-situé, mais de l'homme déterminé-situé, qui se voit en tant qu'être pensant et de volonté, dans l'extériorité de la marchandise en tant que chose. C'est cette idéologie de l'« homme » en tant que volonté libre que Marx nous donne immédiatement : « Pour mettre ces choses en rapport les unes avec les autres à titre de marchandises, leurs gardiens doivent eux-mêmes se mettre en rapport entre eux à titre de personnes dont la volonté habite dans ces choses mêmes, de telle sorte que la volonté de l'un est aussi la volonté de l'autre et que chacun s'approprie la marchandise étrangère en abandonnant la sienne au moyen d'un acte volontaire commun. Ils doivent donc se reconnaître réciproquement comme propriétaires privés. ». Croyant soumettre la chose à sa volonté, le propriétaire ignore que cette volonté s'origine dans cette chose. « Ce rapport juridique, qui a pour forme le contrat (...), n'est que le rapport des volontés dans lequel se reflète le rapport économique. Son contenu est donné par le rapport économique lui-même. Les personnes (…) n'existent les unes pour les autres qu'à titre de représentants de la marchandise qu'elles possèdent »[65]. Ce

[65]A. Artous a ici ce commentaire : « Etrange reflet qui est constitutif de la réalité qu'il est censé refléter » (2006, 120). C'est que pour l'auteur, « le droit fonctionne comme un élément constitutif des rapports de production et non comme une simple superstructure » (119). Bien que l'étagement en infrastructure et superstructure soit à revoir, nous ne pouvons adhérer à cette conception qui fait retour à un vieux débat sur le rapport salarial introduit par Lyse Cartelier dans les années 70. Il faudrait en effet alors dire que les rapports de production sont le lieu des volontés, alors qu'on voit bien que le lieu du rapport juridique est celui de l'homme déterminé qui s'est constitué lui-même en « sujet » de volonté. Mais le fond du problème est qu'A. Artous ne lit pas le reflet dans son sens théorique. Aussi refuse-t-il « la thématique du reflet (…) faisant des représentations mentales de simples reflets, plus ou moins déformés, des conditions matérielles d'existence, (alors que) l'objectivité du social est déjà structuré par des représentations, des formes de pensée et le reflet redouble en quelque sorte cette structure de l'objectivité » (120).

propriétaire est cet homme déterminé-situé dépassant le point de vue de la personne de l'homme-situé. C'est pour venir de l'identité vitale spécifique qu'il peut s'identifier à sa propriété, et ce dans la mesure où tous les éléments (travail concret, produits, argent) en proviennent de manière liée.

Encore faut-il s'entendre sur ce rapport économique. Dans la *première édition*, la personnification n'est que le reflet subjectif d'un rapport objectif opérant une égalisation. Mais dans LC, on a vu que cette personnification est la visée d'un procès de refoulement nécessaire. On n'a pas ici la préexistence d'un rapport économique à des volontés qui viendraient à être subsumées sous lui, mais un mouvement immanent constituant cette volonté. Personnification et fétichisme sont deux modes concomitants, pour être les résultats du même procès d'extériorisation-refoulement de la forme valeur. Celle-ci, d'un côté constitue l'objet fétichisé, et de l'autre laisse l'homme déterminé-situé, fétichiste comme personnification de l'être spécifique inconscient. C'est ce double résultat que l'on voit se présenter sur le marché, en tant que « personne » consciente, « sujet » de volonté, s'exprimant à travers le droit et l'argent. La personnification des rapports de production n'est pas le résultat d'une intériorisation, assez nébuleuse, de ceux-ci, mais au contraire d'une extériorisation de ce qui n'est pas « soi ». C'est ce mobile conservé qui apparaît comme « volonté qui habite dans ces choses ».

Mais ici, c'est toujours la totalité des rapports économiques autonomes qui s'impose dans les rapports de choses, et c'est dans la mesure où l'individu est le porteur de ces choses, que son comportement épouse le mouvement et qu'il en est la personnification. Concept essentiel que cette personnification, mais qui ne saurait se contenter de la « boîte noire » que l'on pose généralement entre lui et les rapports économiques[66]. Avec celle-ci, c'est la boîte de pandore du discours « sociologique » qui est ouverte, et avec elle ce concept générique d'intériorisation censé dire ce qui se constate pour la pensée extérieure objectiviste. Pour être autonomisés, les rapports économiques se tiennent extérieurs à la personne présupposée, et l'intériorisation renvoie aux pratiques habituelles du quotidien, où l'affectif cohabite avec l'intérêt, le comportement moutonnier etc., bref à un patchwork, qui se suffit à lui-même dans le mot « magique », dans lequel chacun met ce qu'il veut, l'essentiel étant que tout le

---

[66]C'est ce qui ressort par exemple de l'analyse de T. Hai Hac quand il écrit : « C'est par l'intermédiaire des rapports entre objets que la société conditionne les motivations des individus et les contraints à conformer leur comportement aux rapports sociaux de production (...). Ainsi déterminés dans leur motivation et leur comportement les individus agissent comme « représentants des objets » (...). Le mouvement réel, à travers le mouvement apparent, se trouve intériorisé par le sujet économique comme mobile de ses actions » (175-176). C'est justement cette intériorisation qui pose doublement problème. D'abord parce qu'elle présuppose l'individu à la « chose » réelle ; ensuite, et c'en est une conséquence, parce qu'elle pose cette « boîte noire » entre « la détermination macroéconomique (qui) ne se réalise qu'au travers des comportements microéconomiques » (176).

monde s'accorde sur le résultat. On ne peut se contenter de ces généralités, de ces explications qui se nourrissent de « concepts », dont le recours fétichiste est impuissant à constituer une alternative à la logique de la marchandise.

b) L'extériorisation renvoie à l'intériorité :

C'est du point de vue de la « marchandise », telle qu'elle apparaît à l'homme extérieur, l'échangiste, que Marx disait à la fin du précédent chapitre : « Les marchandises diraient, si elles pouvaient parler : notre valeur d'usage peut bien intéresser l'homme ; pour nous, (...) ce qui nous regarde, c'est notre valeur » (75). C'est ce partage des rôles que Marx reprend maintenant. « Ce qui distingue surtout l'échangiste de sa marchandise, c'est que celle-ci comme tout autre marchandise n'est qu'une forme d'apparition de sa propre valeur (...) elle est toujours sur le point d'échanger son âme et même son corps avec n'importe quelle autre marchandise (...). Ce sens qui lui manque pour apprécier le côté concret de ses sœurs, l'échangiste le compense et le développe par ses propres sens à lui, au nombre de cinq et plus » (77). Mais en cette ultime détermination, c'est à la *forme* de l'identité de la valeur d'usage de la valeur de §1 que nous avons affaire, de sorte que notre échangiste n'apporte qu'illusoirement le complément qui manquerait à la marchandise. Encore une fois, on ne produit pas n'importe quoi dans ce système.

Dans ce système d'extériorités, les choses deviennent contradictoires (77-78), de ses contradictions que développait CEP pour déduire l'argent comme troisième terme... « Considérons la chose de plus près » (78). C'est-à-dire remontons la chaîne des déterminations, et nous arrivons immédiatement à la forme II. Mais justement parce que nous la remontons du point de vue des échangistes, c'est-à-dire sans le savoir déjà qui la fonde, nous tombons sur la fameuse « forme IV ». « Pour chaque possesseur de marchandises, toute marchandise étrangère est un équivalent particulier de la sienne, sa marchandise est, par conséquent, l'équivalent général de toutes les autres. Mais comme tous les échangistes se trouvent dans le même cas, aucune marchandise n'est équivalent général, et la valeur relative des marchandises ne possède aucune forme générale sous laquelle elles puissent être comparées comme quantités de valeur. » Le point de vue de la « forme IV » réside justement dans le fait de prendre les choses à rebours à partir du chapitre II, c'est-à-dire du point de vue des échangistes. C'est ici son lieu, et non dans la §3 comme dans la *première édition*[67]. Mais qu'est-ce à dire avec cette « forme IV », sinon que nous redescendons à l'échange de valeurs d'usage où l'argent n'est qu'un simple signe conventionnel facilitateur de cet échange.

On ne peut sortir de ces antinomies qu'en revenant à l'expression de la valeur en tant qu'action inconsciente fondée sur le savoir déjà de §2. « Dans leur embarras, nos échangistes pensent comme Faust : au commencement était

---

[67]Ce que ne voient pas C. Benetti, et J. Cartelier, 155 et s.

l'action. Aussi ont-ils déjà agi avant d'avoir pensé, et leur instinct naturel ne fait que confirmer les lois provenant de la nature des marchandises ». Leur instinct naturel ne fait que confirmer… pour être déterminé par les lois de la marchandise jusque dans « cet équivalent général (qui) ne peut être le résultat que d'une action sociale », qui n'est pas le résultat d'une volonté commune des échangistes, mais bien l'acte inconscient confirmant la marchandise : « Une marchandise spéciale est donc mise à part par un *acte commun* (ns) des autres marchandises ». Bien loin de n'être qu'un simple signe, un moyen de circulation des valeurs d'usage que se donneraient les « hommes », l'argent est ce qui se donne de la marchandise de sorte qu'on en a a priori fini avec la simple déduction de l'équivalent général de CEP.

c) Historique de l'argent :

L'analyse de la §3 était logique et non historique. Sa logique était celle de la marchandise dans son principe propre, ou dans son devenir achevé. Aussi s'attendrait-on ici à une histoire propre à l'argent et non pas à une histoire concrète où Marx procède d'emblée des catégories relevant de sa philosophie de l'histoire, comme la valeur. C'est au bout de cette histoire empirique que l'argent est traité comme un troisième terme, une « troisième marchandise » (80). Mais on voit bien la datation du texte pour se donner comme la forme historicisée de la VER et de la VEI de la *première édition*, avec son troisième objet. Il n'y a donc rien d'étonnant qu'ici, « comme toute marchandise, l'argent ne peut exprimer sa propre quantité de valeur que, relativement, dans d'autres marchandises » (81), et qu'il ne puisse y avoir l'exclusion de la marchandise du monde des « marchandises ». Bref, cette tentative d'historicisation des catégories ne donne rien pour n'être que de la *première édition*.

2) Chapitre 3 : La monnaie ou la circulation des marchandises

C'est maintenant que l'échangiste intervient en tant qu'être conscient, et que peut commencer le temps du rituel. C'est dire si, ici, le travail de l'imagination peut faire suite à celui de l'inconscient, et que le signe a toute sa place dans ce rituel qu'est le temps conscient de l'inconscient.

Nous sommes passés de la valeur à la marchandise monnaie par le travail de l'inconscient. C'est maintenant au travail de l'imagination de jouer. L'inconscient ayant constitué l'universel concret, celui-ci peut faire l'objet d'une représentation par l'imagination, qui n'est pas pure imagination, mais fondée sur l'objet d'une expérience vitale, soit le besoin présent d'argent. Avec l'imagination, l'individu conscient apparaît à la surface d'un monde fondé sur l'inconscient où elle peut travailler à partir de l'évidence fétichiste.

Il y a quelques difficultés à voir, dans le texte de LC, le moment charnière où le préconscient se donne au conscient. Dès que la marchandise est exclue du monde des « marchandises », l'argent « saute aux yeux », en se donnant à la conscience comme son symbole. Et Marx a manifestement du mal à distinguer ce qui relève de l'un et de l'autre. C'est ainsi qu'il nous dit que « l'expression de la valeur d'une marchandise en or (...) est sa forme monnaie ou prix (...). Le prix ou la forme monnaie des marchandises est (...) quelque chose d'idéal » (83) ; que « l'expression de la valeur des marchandises en or étant tout simplement idéale, il n'est besoin pour cette opération que d'un or idéal ou qui n'existe que dans l'imagination (...). Dans sa fonction de mesure des valeurs, la monnaie n'est employée que comme monnaie idéale » (84). Or, il est clair que l'expression de la valeur appartient au préconscient, et n'a rien à voir avec le rituel que la conscience entreprend à partir de la donation fétichisée, pour donner le prix. Le prix ne saurait être l'expression de la valeur en or, dans la mesure où il est le moment où toutes les extériorisations ont été réalisées et où il ne reste rien à exprimer.

De même on ne peut dire que l'expression de la valeur est idéale, puisque c'est pour être reçu par la conscience que l'or comme argent est immédiatement traité comme objet de pensée, une idéalité. Et c'est alors que le prix de la valeur d'usage est son « expression » en or imaginé. On ne peut donc non plus dire que « la valeur des marchandises est exprimée par leur prix, c'est à dire une somme d'or imaginée » (98). L'imagination dans l'expression de la valeur consistait à extérioriser, mais elle n'a rien à voir avec celle de la conscience. Marx ne peut donc dire que « l'or est devenu monnaie idéale ou mesure des valeurs, parce que les marchandises exprimaient leurs valeurs en lui et en faisaient ainsi leur figure valeur imaginée » (93).

Parce que l'imagination fait son apparition, l'or en tant que moyen de circulation peut être remplacé par un signe qui se nourrit du fétichisme pour y faire suite. Dans cette fonction, dit Marx, « son existence fonctionnelle absorbe, pour ainsi dire, son existence matérielle. Reflet fugitif des prix des marchandises, elle ne fonctionne plus que comme signe d'elle-même et peut, par conséquent, être remplacée par des signes » (105), de sorte que « le papier-monnaie est signe d'or ou signe de monnaie » (104). C'est dire si on a une réalité « purement conventionnelle » (86) qui, « ayant besoin de validité sociale », a recours à la loi : « c'est la loi qui le règle en dernier lieu ».

Dès lors qu'il y a pur signe, il y a convention, un consentement commun des échangistes. Mais celui-ci n'est pas l'expression d'une « raison humaine », « le prétendu consentement universel des hommes » (81), mais est bien plutôt fondé sur une raison spécifique, celle de la valeur qui, en tant qu'inconscient collectif, fait l'objet d'une convention bien plus profonde, autour de sa norme. Il y a donc bien convention, mais entre les échangistes, c'est-à-dire non pas entre des êtres habités par la « raison », mais entre des « personnifications » de la logique propre à la marchandise.

Voilà donc le prix, cette chose première qui se donne en une évidence inquestionnée à l'économie. Et on voit bien que cette transformation n'a rien à voir avec celle opérée dans le Livre III où le positivisme s'aidant des formules mathématiques, opère sur un champ homogène, de sorte qu'on peut dire que

« avec la transformation des valeurs en prix de production, la base même de la détermination de la valeur est cachée *à la vue* (ns) » (III, 100-112). Il suffit de changer de regard, prendre celui de la « science », pour voir.

Ce passage à l'échangiste constitue le point d'articulation entre la marchandise et le capital auquel nous allons passer. C'est par ce résultat final du développement de l'expression de la marchandise, que commence le moment du capital.

Conclusion de la première partie

A l'issue de la section I, nous avons enfin l'« homme social déterminé », que Marx enjoignait Wagner de produire. C'est l'individu comme sujet conscient et de volonté, tel qu'il s'apparaît à lui-même pour être absolument ignorant de son caractère déterminé. Car fondé, il l'est par son inconscient en tant que force de travail qui a à suivre le sens même de sa vie spécifique.

Avec le Dernier-Marx, le travail n'est plus le concept d'une médiation anthropologique entre l'homme et la nature, celui qui s'impose dès le premier retour à Hegel dans les *Manuscrits de 1844*, et qui perdure jusqu'à la *première édition*. Et il n'est pas non plus, a fortiori, celui qui, pour concerner le prolétariat, en fait le sujet de l'histoire. Il désigne tout au contraire le sens de la vie du capitaliste en herbe, le sens d'une identité vitale spécifique dont le capitaliste est le porteur appelé à « évangéliser » le monde de son verbe. Et cette « évangélisation » commence avec « la mort de Dieu », soit dès que la substance-identité vitale spécifique est entièrement refoulée dans l'inconscient, pour n'être plus que dans son « message ».

Ici aussi l'apôtre a ses brebis qui sont à son image. Nous avons déjà souligné le rapprochement qui pouvait être fait entre le majorataire et le capitaliste dans CDPH[68]. Et on peut dire ici de même que « la volonté devient propriété de la propriété (...). Il s'ensuit que le majorataire est le *serf* de la *propriété foncière* et que, dans les *serfs* qui lui sont assujettis, ne fait qu'apparaître la conséquence *pratique* du rapport *théorétique* dans lequel il se tient lui-même en regard de la possession foncière » (CDPH, 167). Les apôtres du travail deviennent évangélistes en tant que capitalistes, et c'est pour tanner les brebis de Dieu au nom du maître.

[68]Cf Le Dernier-Marx:Critique radicale de la valeur-travail (Conclusion).

Seconde partie. Le moment du Capital et les apories de Marx

Nous commencerons cette partie par l'analyse que fait Marx de la transformation de l'argent en capital (chapitre 4). Mais cette analyse se révélera méconnaître l'apport de la nouvelle problématique. Aussi nous faudra-t-il la compléter en allant vers le capital en tant que tel (chapitre 5) et ce dans la mesure où l'analyse de Marx nous semble marquée d'une aporie essentielle tenant à la confusion entre l'histoire propre du capital et cette histoire qui fait l'objet du schéma matérialiste historique. C'est cette confusion que nous verrons dans les trois stades du développement du capital, ou les soumissions formelles et réelles du travail au capital (chapitre 6). C'est enfin avec le concept de travail productif-improductif (chapitre 7) que nous verrons le niveau d'intrication du Capital et du schéma matérialiste historique, cette philosophie marxiste de l'histoire.

Chapitre 4. « La transformation de l'argent en capital »

A la fin de la section I, nous avons le système de la marchandise en tant qu'infini absolu, qui ne serait pas cet absolu s'il ne contenait pas en lui-même le principe de sa reproduction. Cependant, le capital se définit comme autovalorisation, soit une autoreproduction de la valeur avec, en plus, la vertu intrinsèque de s'accroître par elle-même. C'est dire que si la valeur n'est pas le capital, elle en constitue un moment essentiel, ce par quoi il faut passer pour en saisir la nature.

Nous venons de quitter notre échangiste avec son argent et sa valeur d'usage, et c'est de là que nous devons partir, de ses « évidences », pour une nouvelle « investigation » qui va nous mener de l'argent au capital. Car, comme nous l'avons vu, l'argent marchandise est l'objet vital de l'être spécifique force de travail, qui se donne immédiatement comme extime au niveau de l'homme déterminé-situé, pour être, en tant qu'absolument refoulé, le plus extérieur. Et c'est en tant que tel qu'il va pouvoir constituer le premier moment de l'apparition du capital.

La formule générale du capital (Chapitre 4)

1) L'argent est maintenant le point de départ du capital, son premier moment, en tant que porteur des apparences du capital. Et c'est bien comme cela que Marx commence : « Si nous faisons abstraction de l'échange des valeurs d'usage (…), nous trouvons pour dernier résultat l'argent. Ce produit final de la circulation est la première forme d'apparition du capital » (I, 115). Toutefois, ce début montre bien l'ancrage de l'analyse dans la continuité de la *première édition*. Quand avons-nous fait abstraction des valeurs d'usage ? Elles ont été immédiatement reçues par le conscient, et constituent ce qui est visé dans la fuite qui n'a concerné que le travail abstrait et la « valeur ».

Cela étant, c'est cette première forme d'apparition du capital que Marx va analyser, et s'il part d'un cadrage historique, c'est pour renvoyer cette phylogenèse à son ontogenèse. : « La circulation des marchandises est le point de départ du capital. Il n'apparaît que là où la production marchande et le commerce ont déjà atteint un certain degré de développement (…). Mais nous n'avons pas besoin de regarder dans le passé, il nous suffira d'observer ce qui se passe aujourd'hui sous nos yeux. Aujourd'hui comme jadis, chaque capital nouveau entre en scène, c'est-à-dire sur le marché (…) sous forme d'argent, d'argent qui par des procédés spéciaux doit se transformer en capital ».

En tant qu'elle procède de la substance, l'expression de la « valeur » contient déjà la forme d'expression du capital. L'être spécifique se déterminant dans le culte du travail de l'homme déterminé, et s'exprimant dans l'homme déterminé-situé sous contrainte de l'argent, ce dernier ne peut qu'éprouver la « limite » de la circulation simple M-A-M. Plus exactement, son autodéveloppement est celui de la valeur sous sa forme argent. Ce qui est visé en M-A-M, ce n'est donc pas en fait la valeur d'usage de la marchandise, mais l'argent, de sorte que la forme de circulation est bien plutôt A-M-A. Par ailleurs, la valeur d'usage est valeur d'usage de la valeur, de sorte que M-A-M exhibe déjà une marchandise homogène à l'autodéveloppement de la valeur, ou qui en est déjà son « moment ». Aussi M-A-M contient A-M-A comme sa vérité, et le passage de l'un à l'autre ne nécessite aucune redéfinition ontologique.

Ce passage de l'argent au capital, Marx l'introduit par l'analyse des différences entre les circulations M-A-M et A-M-A. Outre la différence formelle, il y a une différence réelle qui concerne le but visé. Pour M-A-M c'est « la satisfaction d'un besoin, la valeur d'usage » (117). Celui de A-M-A et manifestement « la valeur d'échange », et pour cela il s'agit d'« *acheter pour vendre*. Tout argent qui dans son mouvement décrit ce dernier cercle se transforme en capital, devient capital et est déjà par destination capital »(115). Mais pour s'en rendre compte, il faut voir que « la circulation A-M-A(...) paraît vide de sens au premier coup d'œil » (118), et qu'elle « tire sa raison d'être (…) seulement de leur différence quantitative (…). La forme complète de ce mouvement est donc A-M-A', dans lequel A' (…) égale la somme primitivement avancée plus un excédent. Cet excédent, où ce surcroît, je l'appelle *plus-value* (…), donc la valeur avancée (…), se fait valoir davantage, et c'est ce mouvement qui la transforme en capital ».

2) Intervient alors un second stade de l'analyse qui part du constat que cet excédent lui-même n'est pas accidentel. « Cette identité même de ses deux termes extrêmes fait que le mouvement n'a pas de fin (…), 110£ st. ressentent le même besoin de s'accroître que 100£.st. ». « La circulation simple (…) ne sert que de moyen d'atteindre le but situé en dehors d'elle-même, c'est-à-dire l'appropriation de valeurs d'usage (...). La circulation de l'argent comme capital possède au contraire son but en elle-même ; car ce n'est que par ce mouvement toujours renouvelé que la valeur continue à se faire valoir. Le mouvement du capital n'a donc pas de limites »(119). Pour faire saisir ce mouvement infini, Marx renvoie en note à Aristote qui dit :« De même que tout art qui a son but en lui-même, peut être dit infini dans sa tendance, parce qu'il cherche toujours à s'approcher de plus en plus de son but, à la différence des arts dont le but tout extérieur est vite atteint, de même la chrématistique est infinie de sa nature, car ce qu'elle poursuit est la richesse absolue » (I, 589 n. 7).

C'est ici que Marx introduit le capitaliste. « C'est comme représentant, comme support conscient de ce mouvement que le possesseur d'argent devient capitaliste.(...) la plus-value qu'enfante la valeur, tel est son but subjectif, intime. Ce n'est qu'autant que l'appropriation toujours croissante de la richesse abstraite est le seul motif déterminant de ses opérations, qu'il fonctionne comme capitaliste ou, si l'on veut, comme capital personnifié doué de conscience et de volonté » (119).De ce point de vue, le thésauriseur se distingue du capitaliste en ce que, s'en tenant à l'expression de la valeur, il ne peut dépasser le mauvais infini. N'étant pas la personnification du capital il « n'est qu'un capitaliste maniaque (alors que) le capitaliste est un thésauriseur rationnel. La vie éternelle de la valeur que le thésauriseur croit s'assurer en sauvant l'argent des dangers de la circulation, plus habile, le capitaliste la gagne en lançant toujours l'argent dans la circulation ».

« La plus-value qu'enfante la valeur », « la vie éternelle de la valeur », c'est en ces termes d'une naissance d'un infini que Marx introduit le capital. Ce mouvement infini de la valeur, cette autovalorisation, il la décrit comme le contraire de la circulation simple où l'argent disparaît « dans le résultat final du mouvement », alors qu'ici, la valeur passe constamment de sa forme marchandise à sa forme d'argent. « La valeur passe constamment d'une forme à l'autre sans se perdre dans ce mouvement». De même qu'en VEI, la valeur d'échange perdait l'extériorité de la VER pour se heurter à une autre extériorité, celle du contenu, ici l'argent et la « marchandise » perdent leur extériorité pour laisser place à une autre extériorité que constitue la vie propre de la valeur : « La valeur se présente ici comme une substance automatique, douée d'une vie propre, qui, tout en échangeant ses formes sans cesse, change aussi de grandeur, et, spontanément, en tant que valeur mère, produit une poussée nouvelle, une plus-value, et finalement s'accroît par sa propre vertu. » (119-120). De même que la valeur se donnait comme un contenu, une propriété intrinsèque de la marchandise en tant que VEI, elle vient se présenter ici pour se donner dans le constat d'une puissance étrangère : « En un mot, la valeur semble avoir acquis la propriété occulte d'enfanter de la valeur parce qu'elle est valeur, de faire des petits, ou du moins de pondre des œufs d'or. » (120).

Ce « semblant » de l'autovalorisation de la valeur ne désigne pas une pure illusion, comme trop d'auteurs le pensent pour se prévaloir de la scientificité d'une pensée objective dénonçant l'illusion subjective de cet homme déterminé, cette « subjectivité »[69]. Ce dont il s'agit c'est justement de la limite de cet homme déterminé-situé, mais en tant que ce reste d'illusions sur lui-même lui fait simplement constater, de l'extérieur, la vie propre de la valeur, comme une vie occulte, alors que nous savons que c'est de lui qu'il s'agit.

[69]On comprend qu'il en soit ainsi pour Althusser, puisque tout est clair à partir de la section II. D'une manière générale on passe « très vite » sur le chapitre IV pour passer à l' « essentiel », sa contradiction (chapitre V). cf par exemple T. Hai Hac (209).

C'est que «le capitaliste sait fort bien que toutes les marchandises (…) sont « dans la foi et dans la vérité » de l'argent, et de plus des instruments merveilleux pour faire de l'argent ». Que l'argent n'ait plus le monopole de l'expression de la valeur, cela signifie que notre « homme » n'est déjà plus ce qu'il était au sortir de §3. Que sa « marchandise » « contienne » de la valeur, cela le désigne comme n'éprouvant pas le besoin impérieux de la refouler absolument. C'est donc l'homme déterminé-situé dans son extériorité absolue à l'argent, qui commence à se déliter. En fait tout ce qui précède l'invite à réaliser un passage équivalent à celui de la « VER » à la « VEI » celui de l'homme déterminé-situé à sa situation. Mais il s'agit d'y revenir instruit de ce qu'il ne s'agit plus de la valeur mais de son autovalorisation.

C'est ce que semble pouvoir nous dire Marx : « Nous avons vu que, dans la circulation simple, il s'accomplit une séparation formelle entre les marchandises et leur valeur, qui se pose en face d'elles sous l'aspect argent. Maintenant, la valeur se présente tout à coup comme une substance motrice d'elle-même, et pour laquelle marchandise et argent ne sont que de pures formes. Bien plus, au lieu de représenter des rapports entre marchandises, elle entre, pour ainsi dire, en rapport privé avec elle-même ».

3) La nature hégélienne de ces passages n'a pas échappé aux commentateurs.. À l'Idée passe-partout de par son abstraction, et par cela acritique et même apologétique, Marx substitue le sujet réel agissant, le capitaliste en tant que force de travail, dont la réalité vitale expose le contenu critique radical. « Être radical, c'est prendre les choses à la racine. Or la racine pour l'homme, c'est l'homme lui-même » (Introduction CDPH, 205). La critique ne saurait être, de ce point de vue, la critique extérieure venant opposer sa propre raison au fonctionnement d'un système et à ses effets. Elle est critique intrinsèque de la réalité de sa racine, l'« homme » de ce système.

L'Idée hégélienne est l'abstraction même pour être le mouvement de la raison réalisant le progrès de l'histoire. En tant que telle, elle est un « procès sans conscience », de cette sorte d'absence qui fait dire à Hegel que « savoir (…) ce que la raison veut (...) n'est pas l'affaire du peuple » (PPD §301,332). Seulement, si le jeune Marx inverse Hegel en substituant à l'Idée abstraite l'Idée réelle du sujet réel, de sorte que le procès de réalisation soit un procès conscient, l'inversion, dans LC, substitue à l'Idée abstraite l'inconscient nécessaire du sujet réel spécifique. Ainsi le procès est-il « sans conscience », non pas parce que la raison abstraite passe-partout est ce qui s'impose à la conscience singulière, la réalité infini au fini, mais parce que le procès de l'inconscient nécessaire s'impose à la conscience qui refoule. C'est à cette « conscience qui refoule » que l'on a affaire dans ce chapitre IV C'est ici que peut être exposée la donation d'un procès inconscient à la conscience immédiate comme procès autonome d'autovalorisation.

Cette « valeur » semble se développer par sa propre vertu, pour se donner à la conscience immédiate à partir de son inconscient. En d'autres termes, l'« Idée abstraite » est critiquée pour souscrire au fétichisme en recevant de manière acritique ce qui se donne de la réalité substantielle. Et c'est parce que le capitaliste est habité de cette évidence fétichiste, qu'il agit en capitaliste.[70]

4) Nous avons lu l'exposé de Marx en essayant d'y introduire des éléments de notre compréhension. Mais force est de constater la résistance d'un texte s'inscrivant dans la continuité de la *première édition.*

Si dans la formule générale du capital, A-M-A', l'argent est déjà capital, c'est parce qu'il est celui au sortir de §3[71]. C'est pourquoi la phylogenèse décrit un capital naissant d'un mode de production marchand le portant dans ses flancs. Ce mode de production marchand, il faut alors le penser comme domination des activités commerçantes sur une production domestique, qu'il faut déjà pouvoir lire comme dépense de force de travail en général, pour l'inscrire dans son devenir comme continuité d'un « quelque chose de commun ». Dès lors, le passage du général au spécifique sera celui du passage à l'entreprise, équivalent ontogénétique de ce moment phylogénétique de la

[70]S. Mercier-Josa (2001, 57 et s) cite ces passages, pour dire que « Marx, dans Le Capital (Livre I) mais aussi déjà dans les Grundrisse (…) réhabilite donc le raisonnement hégélien auquel il s'opposait en 1843 pour rendre compte du procès d'auto conservation et d'auto valorisation du capital. Le capital (ou la valeur d'échange autonomisée ou le travail objectivé) en tant que substance mystique est devenue le sujet réel » (58). Mais pour elle, « le capital n'apparaît comme l'idée qui se développe elle-même à partir de soi, qui s'autodétermine et se réalise, que parce qu'il vampirise la force vitale du travail ». Elle cite pour cela un texte de «LC », dont l'appartenance à la problématique de la *première édition* ne fait aucun doute : « Mais, dans le système du salariat, cette faculté naturelle du travail prend la fausse apparence d'une propriété inhérente au capital et l'éternise ; de même les forces collectives du travail combiné se déguisent en autant de qualités occultes du capital, et l'appropriation continue du surtravail par le capital tourne au miracle, toujours renaissant, de ses vertus prolifiques » (I, 432). Ce texte peut assoir le fait que le capital apparaît comme Idée par la vampirisation de la force vitale du travail, mais peut-on expliquer le fait par l'idée que l'image de sa toute-puissance fait prendre celle-ci pour la « vérité ». C'est ce que défend l'auteur implicitement quand elle dit que « ce statut de substance comme sujet est celui que se donne le capital, c'est-à-dire la valeur d'échange, en passant constamment d'une forme à l'autre (...) sans se perdre elle-même dans ce mouvement » (58). Mais cette « constance » dans « l'absence de perte » est-elle de l'ordre de l'échange réel, concret, ou de la théorie de l'être spécifque, de la substance, que l'on perd de vue quand on fait du capital « l'unité de l'argent (universel) et de la marchandise (singularité) » (59). C'est manifestement du premier pour l'auteur : « Pour que le capital se développe de lui-même sur son propre fond, toute marchandise doit être vendue, la survaleur ne peut être récupérée que lorsque le capital se remétamorphose en argent dans la circulation ».Et c'est l'incomplétude de cette réalisation qui laisse une place à la rationalité de l'histoire : « Cependant, la reprise marxienne de la proposition hégélienne, selon laquelle la rationalité doit (est destinée à) devenir effective et l'effectivité (est destinée à) devenir rationnelle, nous dit que la logique du capital n'est pas la fn de l'histoire. Marx démontre que la raison du capital n'est pas la rationalité dans son identité avec l'effectivité ». Que la raison spécifique du capital soit l'irrationalité absolue, ce n'est pas ici, et en cela, que la chose est « démontrée », mais dans la découverte de l'être spécifque…

[71]Et non pas un argent en général, précédant le mode de production féodale, comme le présente Althusser dans son matérialisme de la rencontre (Solitude…).

domination du capital industriel sur celui du commerce. Le capital réalise un destin en réalisant la vérité de la richesse, le travail qu'il s'agit d'exploiter directement, et non plus se contenter de faire commerce de ces produits. Or, cette lecture porte ses propres limites.

Tout d'abord, dans l'analyse des différences de buts visés, seule la valeur d'usage est considérée comme la satisfaction d'un besoin. Et s'agissant du capitaliste comme personnification, il est question de « son but subjectif », du « seul motif déterminant de ses opérations », mais nullement de la satisfaction d'un besoin. Or une telle absence a un sens.

Selon notre point de vue, le capital n'est nullement défini comme un rapport social de production entre capitaliste et ouvrier, qui renvoie toujours au contenu d'une philosophie de l'histoire. Ce dont il s'agit ici c'est de l'identité vitale spécifique du capital, son être identitaire, ce sur quoi se fonde la normalité du discours idéologique capitaliste. Il n'y a pas de MPC sans être du capital, et des capitalistes constituant la classe dominante pour être porteurs de sa logique. Le capital a une logique, et elle est là, présente, dès ses premières formes d'apparition sous forme d'argent. Or, nulle part dans la section I de la *première édition*, il n'est fait état d'un tel être qui se présenterait ici pour incarner le capital, ou cette vie propre. Le travail abstrait et la « valeur » n'ont fait que révéler « scientifiquement » la nature de la marchandise, et ce point de vue « scientifique » n'a consisté qu'à découvrir les formes d'un contenu qui, pour être commun à toutes les sociétés, ne peut expliquer le surgissement qu'on nous présente. Parce que la section I de la *première édition*, n'est pas le lieu d'une telle naissance, Marx nous présente le capital naître avec la forme de circulation A-M-A'. Mais que la valeur se soit posée comme argent, et qu'elle se présente « tout à coup » comme substance motrice d'elle-même, d'où cela vient-il ? Avec la force de travail comme être spécifique, LC nous dit déjà cette autovalorisation en tant que besoin de cet être, alors que la valeur que nous a livrée la section I de la *première édition* ne porte pas en elle, comme un devenir, cette substance automatique. Comment Marx peut-il d'emblée poser ce mouvement A-M-A' comme étant celui du capital, si ce n'est pas à partir de la continuité d'une expérience vitale de l'être du capital initiée dès le début et se dévoilant dans la substance de la valeur.

Car nous donner à voir l'infini à travers les figures aristotélicienne et hégélienne, pour le *décrire* comme déploiement de la valeur dans ses formes successives, nous donne bien l'idée d'un mouvement infini, mais rien du *sens* de ce qui est décrit. Ou plutôt, ce sens n'est pas donné pour relever de l'évidence d'un donné de l'histoire. C'est encore elle qui nous parle d'évidence, et il suffit d'aller la chercher dès lors qu'on a sa clef de lecture avec le SMH. Car cette description est certes en attente d'une révélation, que va nous livrer le double du passage de l'échange au lieu de la production dans la « §1 ». Mais cette autovalorisation n'a évidemment rien à voir avec une forme du progrès de l'histoire, pour relever de la nature de l'être spécifique, de sa logique vitale.

C'est la substance force de travail qui nous dit le besoin de valorisation de soi par le travail, ce sens d'une vie. En ce retour à §2, c'est cette soumission au Dieu-travail, ou à son fils immaculé en son extériorité comme autre soi, qui vient donner son sens à cette course à la « valeur ». Voilà la compréhension dont nous prive cette description pour se référer à la forme de l'histoire, avec ses présupposés anthropologiques donnés d'une évidence trompeuse par le système lui-même. Encore une fois, la pensée objective se rend à l'objectivité de son objet dont elle explique le mouvement en le renvoyant à une philosophie de l'histoire. Mais ce faisant, elle manifeste son impuissance pour ne faire qu'interpréter à sa manière ce qui se donne du système, bien loin de pouvoir le critiquer en tant que tel.

C'est en tant que l'argent est l'argent marchandise, qu'il contient en lui-même les ressorts qu'on a vu être ceux de la marchandise, c'est-à-dire la substance-force de travail essentiellement. Car derrière le fétichisme de l'argent, il y a sa réalité divine, le Dieu-travail pour lequel l'argent n'est qu'un moment de sa réalisation. Or parce que la « transformation de l'argent en capital » en reste à l'argent-« marchandises » de la première édition, elle ne permet pas de comprendre cette « transformation » autrement que comme l'exploitation du porteur du travail qui, en tant que dépense de forces, porte en lui le sens de l'histoire, le développement des forces productives de l'humanité. Bref, ne pouvant saisir le sens propre du capital, celui-ci se trouve interprété du point de vue d'une philosophie de l'histoire en une confusion qui s'avère ruineuse.

De notre point de vue, on comprend qu'après les refoulements opérés pour atteindre l'argent, notre « homme » se retrouve avec A-M-A', en situation de vouloir s'inscrire comme tel dans ce qui lui apparaît relever d'un contenu opaque. Mais ce n'est pas de cela que traite Marx avec son mouvement A-M-A', mais bien plutôt d'un MPC s'offrant à l'interprétation d'une philosophie de l'histoire. Le capital naît d'un MP marchand, le portant dans ses flancs comme son destin. Un MP marchand lu comme domination des activités commerçantes sur une production domestique qu'il faut déjà pouvoir lire comme dépense de force de travail en général, pour l'inscrire dans son devenir comme continuité d'un « quelque chose de commun » qu'impose une philosophie de l'histoire.

Les contradictions de la formule générale du capital (chapitre 5)

Comme nous venons de le voir, le chapitre IV nous donne à voir le constat extérieur, par notre capitaliste, du fait que la valeur s'autovalorise. Mais cette extériorité ne peut que susciter chez lui la nécessité de s'inscrire lui-même dans ce procès. C'est dire si les contradictions de la formule générale du capital ne sont pas autre chose que des questions existentielles qui taraudent notre capitaliste en herbe. Seulement il est clair que le texte ne se prépare pas à présenter cela. « La forme de circulation par laquelle l'argent se métamorphose en capital contredit toutes les lois développées jusqu'ici sur la nature de la marchandise, de la valeur, de l'argent et de la circulation elle-même » (122). En fait de loi, nous n'en avons qu'une, celle de l'échange d'équivalents. « Dans sa forme normale, l'échange de marchandises est un échange d'équivalents, et ne peut être par conséquent un moyen de bénéficier » (123-124).

1) La première tentative consiste, pour notre « homme », à tenter d'expliquer son gain par sa place particulière. Pour cela, Marx confronte le point de vue du « capitaliste » qui achète et vend, à ceux des deux commerçants qui ne sont là qu'en tant que vendeur et acheteur. « Pour chacun d'eux je ne suis ni capital, ni capitaliste, ni représentant de n'importe quoi de supérieur à la marchandise ou à l'argent.(...) l'enchaînement de ces termes n'existe que pour moi » (122). Il n'est en définitive qu'un intermédiaire dont les deux autres finiront par se passer. Son intervention « ne nous a donc pas fait dépasser la sphère de la circulation des marchandises ».

Mais en personnalisant le texte, par rapport à celui équivalent des *Manuscrits de1861-1863* (33-34), Marx montre que ces contradictions ne décrivent rien d'autre que ces tentatives. Pour notre homme déterminé-en situation, s'impliquer dans le procès constaté d'autovalorisation de la valeur, tout en gardant sa conscience de soi, voilà toujours le nœud du problème.

2) La deuxième tentative est bien ciblée par Marx. « Les tentatives faites pour démontrer que la circulation est source de plus-value trahissent presque toujours chez leurs auteurs un quiproquo, une confusion entre la valeur d'usage et la valeur d'échange, témoin Condillac » (124). Mais que cette tentative soit quelque chose d'importance, c'est ce qui pousse Marx à entrer dans son jeu pour la révoquer de l'intérieur : « on sait bien que dans la réalité, les choses se passent moins que purement. Supposons donc qu'il y ait échange entre non-équivalents (…) (il) encaisse donc une plus-value de 10£.st. Mais après avoir été vendeur, il devient acheteur (…). Notre homme a donc gagné 10 d'un côté pour perdre 10 de l'autre » (124-125). Mais cette conclusion ne suppose-t-elle pas elle-même une « pureté » de l'échange?

En partant de la pseudo loi de l'égalité de l'échange, telle qu'elle s'énonce à partir de la première édition, il est dit qu'en cas d'inégalité de l'échange, ce que notre capitaliste en herbe gagne d'un côté, il le perd de l'autre. Ce schéma heuristique a sans doute l'intérêt d'obéir « aux lois de la scientificité », comme la conservation de l'énergie, mais a surtout l'inconvénient de ne pas montrer l'origine de cet alignement sur l'idéal des sciences de la nature. Ce de quoi se soutient la « loi de l'égalité de l'échange », c'est d'un holisme « scientifique », qui affirme que « la classe entière des capitalistes d'un pays ne peut pas bénéficier sur elle-même » (127). À partir de là, c'est dans la mesure où, depuis Aristote, il n'y a de science que du général, qu'on peut opérer par abstraction : « si l'on fait abstraction des circonstances accidentelles qui ne proviennent point des lois immanentes de la circulation, il ne s'y passe (...) rien autre chose qu'(...) un simple changement de forme de la marchandise » (123). Il est dès lors scientifiquement fondé de faire du capitaliste en herbe une catégorie personnifiée : « Il a déjà perdu 10 (...) il gagne 10 (...) et tout reste dans le même état » (125). D'une affirmation holiste, on déduit une expérience subjective, là où LC nous dit le contraire en évacuant du chapitre I toute référence à un processus objectif d'égalisation. Si, au niveau théorique, notre capitaliste en herbe est effectivement dans l'illusion quand il se croit un « fin matois » (124), c'est tout simplement parce qu'il intervient, sans le savoir, en tant qu'homme déterminé agissant selon les normes imposées par la force de travail inconsciente.

3) Arrivé à ce point de questionnement, notre « homme » envisage une solution impossible à poser en tant qu'homme-en situation, mais qui le devient en tant qu'homme déterminé-en situation, à savoir si la plus-value « peut (…) naître en dehors de la circulation (…).Le producteur peut bien, par son travail, créer des valeurs, mais non point des valeurs qui s'accroissent par leurs propres vertus. » (128). Il est clair que cette explication confirme les insuffisances du texte, en ce qu'il se précise que l'autovalorisation ne renvoie pas à l'identité vitale spécifique inaperçue, mais à une valorisation extérieure à notre capitaliste en herbe, en ce qu'elle serait le fait du travailleur exploité.

Il reste que les conclusions du chapitre V sont celles de notre capitaliste en herbe:« Notre possesseur d'argent, qui n'est encore capitaliste qu'à l'état de chrysalide, doit d'abord acheter des marchandises à leur juste valeur, puis les vendre ce qu'elles valent, et cependant, à la fin, retirer plus de valeur qu'il n'en avait avancée. La métamorphose de l'homme aux écus en capitaliste doit se passer dans la sphère de la circulation et en même temps doit ne point s'y passer. Telles sont les conditions du problème. *Hic Rhodus, hic salta* ! » (I, 128) Capitaliste à l'état de chrysalide, notre « homme » ne s'est pas encore révélé à soi ce qu'il est en sa réalité. Et c'est bien là, à Rhodes, qu'il doit ne plus se raconter d'« histoires », et se découvrir plus qu'il ne l'a fait.

Le chapitre précédant nous ramenait de fait à §3. Il s'agit maintenant, pour dépasser la §3, de revenir au produit du travail dans les termes inquestionnés de la §2. Car dans la mesure où c'est de notre homme déterminé qu'il s'agit, c'est-à-dire instruit des acquis de son voyage existentiel, il n'y a plus passage à un produit du travail comme reste. C'est ici que nous voyons pleinement la différence entre la valeur de la marchandise et la plus-value du capital.

L'achat et *la vente de la force de travail (Chapitre 6)*

Comme Marx vient de nous le dire à la fin du chapitre précédent, la solution aux contradictions de la formule A-M-A' constitue une sorte de métamorphose de l'homme aux écus en capitaliste. « Métamorphose » qui ne doit pas être confondue avec celle de la §1 puisqu'elle consiste à partir de son résultat à l'issue de la §3, c'est-à-dire l'homme déterminé-situé en tant que structuré autour des catégories d'argent et de « marchandise », pour reconnaître le formateur de valeur par sa dépense de force humaine dans le travail, bref en §2.

Les tentatives de sauver l'être vont donc se conclure en l'équivalent de §2, où il s'agit pour notre « homme aux écus » de se découvrir capitaliste en suivant *le mouvement inversé des déterminations de la substance*. Voyons cela.

1) *La rencontre sur le marché.*

a) Au début du chapitre, Marx commence par reprendre les termes du problème : « Il faut donc que le changement de valeur exprimé par A-M-A' (…) provienne de la marchandise » (129). Vient alors l'équivalent du produit du travail : « Reste une dernière supposition, à savoir que le changement procède de la valeur d'usage de la marchandise, c'est-à-dire de son usage ou de sa consommation ». Si nous laissons de côté l'argent et la « marchandise » dans l'échange, il ne reste que la consommation de la marchandise. Voilà ce que nous dit Marx en quelque sorte, pour traiter d'un contenu, que celui-ci soit contenu de la valeur d'échange ou de la plus-value. Et cette question du contenu renvoie immédiatement à un fait d'expérience tel qu'il se donne à partir d'une exigence existentielle. Ce fait d'expérience, Marx l'énonce en deux temps.

Premier temps : « Pour pouvoir tirer une valeur échangeable de la valeur usuelle d'une marchandise, il faudrait que l'homme aux écus eût l'heureuse chance de découvrir au milieu de la circulation, sur le marché même, une marchandise dont la valeur usuelle possédât la vertu particulière d'être source de valeur échangeable, de sorte que la consommer serait réaliser du travail et par conséquent créer de la valeur. ».

Second temps : « Et notre homme trouve effectivement sur le marché une marchandise douée de cette vertu spécifique ; elle s'appelle puissance de travail ou force de travail. ».

Il ne s'agit pas ici d'une déduction sur un contenu, ni l'exposé d'un fait historique dont la « science » aurait découvert la portée, mais bien d'un fait d'expérience qui se soutient de ce savoir déjà sur lui-même en tant que force du travail. Notre « homme » a agi avant de penser, et il a agi selon son être, pour « découvrir » sur le marché une marchandise qui a la vertu d'être source de « valeur ». Cette marchandise, c'est la puissance de travail, la force physiologiquement définie de §2, et non ce reste de la *première édition* qu'est la force de travail qu'on ne cessera pas de rencontrer dans le texte. « Sous ce nom il faut comprendre l'ensemble des facultés physiques et intellectuelles qui existent dans le corps d'un homme, dans sa personnalité vivante, et qu'il doit mettre en mouvement pour produire des choses utiles ».

Le premier temps exprime une exigence existentielle à être du point de vue de l'identité vitale inconsciente déjà « découverte ». Il faudrait avoir l'heureuse chance de découvrir… Où, comme toujours, la chance est prédéterminée par son objet. Le second temps exprime la réponse positive à cette exigence. Nous avons donc notre capitaliste préformaté pour avoir cette chance de découvrir sur le marché une « marchandise » qui est *à l'image de lui-même*, et qui s'inscrit ainsi pleinement dans *sa normalité*, mais non pas nécessairement dans celle de l'autre ici visé. « Pourquoi ce travailleur libre se trouve-t-il dans la sphère de la circulation ? C'est là une question qui n'intéresse guère le possesseur d'argent (...) et pour le moment elle ne nous intéresse pas davantage. Théoriquement, nous nous en tenons au fait, comme lui pratiquement » (130). Il est clair que ce fait d'expérience pratique appartient à la théorie, pour être celle de la constitution de la logique du capital, qui s'inscrit, selon le processus que nous avons vu, dans le préconscient normatif du capitaliste. Qu'il en soit ainsi, c'est ce que semble pouvoir nous dire la suite du texte : « Dans tous les cas, il y a une chose bien claire : la nature ne produit pas d'un côté des possesseurs d'argent ou de marchandises et de l'autre des possesseurs de leur propre force de travail purement et simplement. Un tel rapport n'a aucun fondement naturel, et ce n'est pas non plus un rapport social commun à toutes les périodes de l'histoire ».

b) Il semble disons-nous, car il faut bien convenir que cette « force de travail », que Marx va reproduire à l'envi, alors qu'elle n'a pas sa place ici, montre bien que les modifications de la §1 ne produisent pas ici leur effet. Il y a un manque manifeste de réécriture à ce niveau essentiel de la théorie. Et ce manque a un sens, celui de la présence constante de la problématique antérieure, ce qui se voit dans la suite de ce texte : « Il est évidemment le résultat d'un développement historique préliminaire, le produit d'un grand nombre de révolutions économiques, issu de la destruction de toute une série de vieilles formes de production sociale ». Issu seulement d'un développement historique ? Mais qui se soutient de quoi ? S'agit-il d'une histoire propre à la logique du capital, ou d'une histoire qui se soutient de son propre « sens »? Car il est clair que la question « pourquoi il se trouve là ? » renvoie à une autre, fondatrice. Si tout est fait historiquement pour qu'il en soit ainsi, c'est bien pour répondre à une exigence qui, elle, émane de l'être spécifique. À prétendre lire le sens de l'histoire on s'en remet à lui sans plus interroger ce qui fonde ce pseudo-sens. Ce fait n'est pas naturel, mais pour s'inscrire dans l'histoire il se constitue sur du naturel, et on tombe dans le piège tendu par la substance spécifique (§1) en sa détermination (§2).

En découvrant la force sur le marché, c'est lui-même que notre « homme » découvre en sa réalité déterminée en tant qu'« à son image ». C'est dire si cette découverte ne se suffit pas à elle-même, comme si c'était là le résultat d'un développement historique, comme le laisse entendre le texte. Elle ne se suffit pas à elle-même car elle présuppose ce qui se donne à la découverte pour relever de ce que l'acte a de purement inconscient pour être de l'ordre de l'identité vitale spécifique. Il faut renvoyer ce qui se présente sur le marché à sa condition d'être découverte, à ce moment absolu, inconscient, de la force de travail créatrice de valeur. En d'autres termes, cette force découverte est une certaine chose, et non pas une chose de la nature.[72]

c) Il n'y a pas ici le moment du discours impossible et c'est directement à la §2 que l'on passe. Il reste toutefois bien évident que l'inconscient produit ses effets, qu'il « veille aux grains ».

Au-delà également d'une terminologie qui souffre de n'avoir pas été actualisée, il ressort de manière évidente que la marchandise « force de travail » n'est productrice de « valeur » que pour s'inscrire dans le procès du capital, que dans son rapport au capitaliste. Dès qu'elle est découverte sur le marché, c'est dans l'évidence d'un savoir déjà, qui se donne à notre capitaliste, que cette force n'est là *que* pour le travail, qu'elle n'est là *que* pour former de la « valeur ». C'est parce que le capitaliste est la « personnification » de la logique du capital, parce qu'il est en son identité vitale force humaine de travail, que toute force par lui achetée est productrice de valeur et, par là, de plus-value. C'est lui qui donne le la, car c'est de son système qu'il s'agit.

d) Cependant, si cette découverte se nourrit de l'inconscient, ou du préconscient de §2, ce n'est évidemment pas avec ces catégories qu'elle va s'exprimer au niveau de la conscience du « capitaliste en herbe ».

Il faut ici recourir aux acquis de la détermination quand on revient à l'homme-situé en §3. Depuis le début, ce n'est pas le travail concret qui pose problème à l'« homme ». Le discours impossible du produit du travail tenait à ce que justement ce produit n'était pas valeur d'usage. L'expression de la « valeur » en §3, n'a pas refoulé la rationalité du travail en tant que telle, mais le travail en tant que formateur de « valeur ». Aussi si l'argent semble monopoliser le sens de la marchandise, il reste à la « marchandise » qui lui fait face d'être le produit d'un travail concret producteur de valeurs d'usage. C'est la nature de cette « marchandise » que l'homme-situé ne pouvait voir, mais que l'homme déterminé-situé amène avec lui, en tant que requisit de l'être spécifique. Sous cette forme « concrète », la rationalité du travail ne semble plus consister en sa faculté occulte de former de la « valeur », mais, en tant qu'élément récupéré par une philosophie de l'histoire, à être le médiateur entre l'homme et la nature et, à ce titre, contenir en lui-même le progrès des

[72]On peut rapprocher cela de la « sollicitude préoccupée » chez Heidegger (124), qui est souci de la préoccupation de l'autre, et non pas cet autre comme outil, où viendrait se jouer une intersubjectivité déterminante sur soi, qui viendrait subvertir le principe de l'identité ontologique du Dasein. Mais si le Dasein en déchéance est conçu par Heidegger comme relevant d'une déficience propre qu'est le On, ce On n'est que le propre rapport du Dasein au monde comme opinion publique. Ne déroge-t-on pas ici à l'identité ontologique propre audace ? Et dès lors que cette identité sera préservée dans le second Heidegger, celui de l'Ereignis, ce sera en tant que l'être même du Dasein, et non plus sa déchéance, est intégré au monde de la technique, venant ainsi montrer le manque d'une théorie de l'être spécifique chez Heidegger.

civilisations. C'est ce sens qu'il a dans le schéma matérialiste historique, qui en appelle justement, à ce niveau, à la conscience des producteurs.

C'est ce travail que l'« homme » aux écus ne peut tout d'abord introduire dans le questionnement sur l'autovalorisation, dans la mesure où il n'est que producteur de valeurs d'usage. Mais c'est aussi ce même travail qui peut y être introduit par le biais de la valeur d'usage devenant « marchandises » par son estimation en argent. Car s'il s'agit d'acheter des forces en vue de produire des valeurs d'usage, ces valeurs d'usage doivent ensuite être estimées en argent en vue de l'échange. Et c'est dès lors qu'on travaille pour l'argent que celui-ci procure, et que l'on travaille, ou fait travailler pour plus d'argent. Mais là s'arrête la possibilité pour l'« homme » de se dévoiler davantage. Que l'argent ne soit pas ce troisième objet utile pour comparer les valeurs d'usage, que son accumulation ne soit pas le simple fruit du « travail » qui s'expose, ce qu'on appelle le mérite, voilà ce qui ne peut lui être dévoilé. Mais s'il n'y avait que cela, ce travail, cet argent, cette « marchandise », d'où viendrait tant d'irrationalités. D'où viendrait que l'« on sait qu'on va dans le mur, mais on y va » ? Si ces choses n'avaient que leur propre évidence, c'est effectivement la transparence qui se donnerait au « jugement ».Et si on devait en rester là, il faudrait conclure, comme on le fait généralement, à l'irrésistible « appât du gain », à la « volonté de puissance », ou encore à un « instinct de mort », autant de défauts immanents à l'homme dont il faudrait condamner les excès. À cela, il faut bien convenir que les analyses de la *première édition*, et c'est d'elles qu'il s'agit encore ici, ne sont pas à même d'opposer une critique radicale du capital.

2) *Les conditions exigées par le capital*

C'est également du fond de cette identité vitale, que la logique du capital impose au préconscient normatif du capitaliste les règles mêmes du rapport qui s'institue entre les deux acteurs qui se rencontrent : « Pour que le possesseur d'argent trouve sur le marché la force de travail à titre de marchandises, il faut cependant que diverses conditions soient préalablement remplies » (129). Ces conditions sont les conditions nécessaires à l'existence du capital, et donc édictées par le capitaliste comme sa condition d'être. C'est en ce sens qu'elles se donnent comme un « préalable » d'une existence. Le rapport salarial n'est pas arraché de hautes luttes par les esclaves, mais bien plutôt ce qui leur est imposé en tant que ressortant de la rationalité propre du capital[73]. C'est dire si, dans ce chapitre VI, il ne s'agit encore que de l'idéologie du capitaliste telle qu'elle ressort de sa propre histoire intime.

Ces conditions sont au nombre de deux :

a) « L'échange des marchandises par lui-même n'entraîne pas d'autres rapports de dépendance que ceux qui découlent de sa nature. Dans ces données, la force

[73]Cf. à ce propos le chapitre XXVIII, et le film *Queimada* de G. Pontecorvo

de travail ne peut se présenter sur le marché comme marchandise que si elle est offerte ou vendue par son propre possesseur. Celui-ci doit par conséquent pouvoir en disposer, c'est-à-dire être libre propriétaire de sa puissance de travail, de sa propre personne. Le possesseur d'argent et lui (...) sont des personnes juridiquement égales ».

La « nature » de l'échange marchand c'est ce qui maintenant se donne de l'être spécifique du capital. C'est « dans ces données » que se mettent en place les conditions mêmes du capital, et ce à travers la redéfinition de l'« homme » en tant qu'être pensant et de volonté. Et c'est cette dernière qui s'exerce sur la « force de travail », pour en faire sa « libre propriété ». Mais du fond de réalité transparaît cette vérité propre au capital : sa force se confond avec « sa propre personne ». C'est dans la mesure où il s'agit de son propre système, où c'est de lui qu'il s'agit, que le capitaliste expose ses conditions. La force doit être comme l'est la sienne, c'est-à-dire une « libre propriété » de celui qui la possède. Mais elle doit aussi être, comme la sienne, au service du travail, et donc être là pour se vendre.

Dans ces lignes, c'est toute l'idéologie du capitaliste qui s'expose. Lui-même n'est, en son être profond, réel, que force de travail, du moins pour l'heure, et ce qui se présente à lui, ici, sur le marché n'est dès lors qu'une force du travail. Il n'y a « pas d'autres rapports » dans la mesure où sa simplicité découle de l'unidimensionnalité décrétée par l'être spécifique, et c'est celle-ci que reflète l'égalité juridique, ici trop vite évoquée.

La liberté du propriétaire de la force trouve-t-elle à s'exprimer dans la suite du texte, où Marx expose en fait une autre condition ? « Pour que ce rapport persiste, il faut que le propriétaire de la force de travail ne la vende jamais que pour un temps déterminé, car s'il la vend en bloc, une fois pour toutes, il se vend lui-même, et de libre qu'il était, se fait esclave, de marchand, marchandise. S'il veut maintenir sa personnalité, il ne doit mettre sa force de travail que temporairement à la disposition de l'acheteur, de telle sorte qu'en l'aliénant, il ne renonce pas pour cela à sa propriété sur elle » (129-130).

Au premier abord, cette condition peut étonner. D'abord parce qu'elle semble contredire la confusion de la force du travail et de la personne que nous venons d'énoncer ; ensuite parce qu'elle est la reprise d'une proposition hégélienne que Marx cite d'ailleurs en note. « Je puis aliéner à un autre, pour un temps déterminé, l'usage de mes aptitudes corporelles et intellectuelles et de mon activité possible, parce que dans cette limite elles ne concernent qu'un rapport extérieur avec la totalité et la généralité de mon être ; mais l'aliénation de tout mon temps réalisé dans le travail et de la totalité de ma production ferait de ce qu'il y a dedans de substantiel, c'est-à-dire de mon activité générale et de ma personnalité, la propriété d'autrui » (PPD, §67, cit. I, 592 n.3). Inscrivant d'emblée son système dans la séparation marchande, il n'est pas étonnant de voir Hegel reprendre lui-même une exigence du MPC.

S'agissant de l'aspect contradictoire, il n'est qu'apparent. Ce n'est que dans la mesure où on s'inscrit dans la seule détermination de la substance (§2), qu'on reste aveugle sur le fait que l'extériorité de la force n'est qu'une extériorisation de ce qui la fait être, et que l'on peut y voir l'espace d'une volonté libre. Mais sur le fond, on n'en sort pas : la force de travail est substantielle, et n'a d'existence que comme force de travail du capital, et ce sous la forme d'une force physiologique pour le travail, distinction que Marx ne fait pas dans ce chapitre VI, d'où son caractère daté. Pour être apparente, cette condition n'en est pas moins nécessaire à l'être apparent du capitaliste, et le monde du capital se nourrit d'apparences comme celles-ci. Nous avons vu en §2 l'effet de fragmentation de la « vie » qu'avait le refoulement de la vie spécifique, la liberté de §1 se déterminant comme liée par des extériorités apparentes. C'est à cette source qu'il faut puiser le sens de cette référence au temps limité de la location de la force. Non pas l'évidence s'imposant à une pensée objective qui s'est déjà donné le temps objectif et le travail comme porteurs de la raison d'une philosophie de l'histoire, mais le reflet pensé d'une évidence qui se donne nécessairement du plus profond de son sens spécifique.

Si on fait de §2 son point de départ, on ne peut lire ce chapitre VI pour ce qu'il est : l'exposé des exigences propres à l'existence de l'être spécifique du capital. Pour en faire l'exposé d'une « investigation scientifique », on y voit des ouvertures, celles offertes par la propriété de la force pour le travail, prise très au sérieux, là où il n'y a que des possibilités fermées[74].

Il faut évidemment mettre cette illusion en rapport avec son pendant, celle de la libre disposition de son temps de non-travail, que nous allons voir ci-dessous.

b) La seconde condition expose que le capitaliste trouve ce qui s'offre à lui, pour ne pas être le produit d'une razzia. Qu'un autre homme soit lui-même capitaliste ou vendeur de force du travail, peu lui importe, la norme est qu'il n'en soit qu'ainsi. Aussi, « la seconde condition essentielle (...) c'est que le possesseur de (la force de travail), au lieu de pouvoir vendre des marchandises

---

[74]C'est ainsi que J. Bidet écrit à ce sujet : « Le travailleur de Hegel demeure propriétaire de sa force de travail, celui de Marx, la vendant, devrait en perdre la propriété. Mais ici intervient (...) la transformation du concept de propriété, en « *aliénant* » sa force de travail, le travailleur « *ne renonce pas pour cela à sa propriété sur elle* ». Il est donc à la fois propriétaire puisqu'il en « dispose » et non propriétaire puisqu'il l'a vendu et qu'un autre en « dispose » (...) La disposition est limitée par la capacité de la « chose » à disposer d'elle-même (...) Une telle « disposition » limitée ne peut être comprise comme instrumentale, mais comme domination, c'est-à-dire comme rapport politique » (49-50). De même cf. T. Hai Hac (235-236). Encore une fois, à vouloir être « trop rapide », pour tirer aussi vite que la pensée objective, on se laisse prendre aux pièges du capital et on se trompe de « personne ». On ne peut tenir d'emblée l'extériorité du rapport salarial pour une potentialité de libération sans tomber dans les apparences que se donne le système. Cela ne signifie pas qu'il n'y a rien à « travailler » dans ce domaine, mais qu'au lieu de s'y arrêter comme à une potentialité en soi, c'est l'extériorité qu'il s'agit de travailler afin d'en extraire les apparences...

dans lesquelles son travail s'est réalisé, soit forcé d'offrir et de mettre en vente, comme une marchandise, sa force de travail elle-même laquelle ne réside que dans son organisme. Quiconque veut vendre des marchandises distinctes de sa propre force de travail, doit naturellement posséder des moyens de production (...) (en outre) l'homme est obligé de consommer avant de produire et pendant qu'il produit» (130).

Si le possesseur de la force pour le travail est « forcé » de l'offrir et de la mettre en vente, c'est bien évidemment poussé par le besoin de consommer. Mais dans la théorie, c'est-à-dire du point de vue du système, ce n'est pas sur cette constitution biologique de l'homme que repose le rapport capitaliste. C'est bien plutôt au contraire cette constitution qui « repose » sur ce rapport dont la dictature, à travers la rationalité du travail, dichotomise en capitalistes et en possesseurs de leur seule force pour le travail. C'est parce que pour le capitaliste, cette force est là pour lui, que le besoin physiologique de la force trouve à se satisfaire. Hors de cela, point de salut dans l'anormalité.

C'est bien en termes d'exigences du capital que Marx formule la synthèse de ces conditions : « La transformation de l'argent en capital *exige* (ns) donc que le possesseur d'argent trouve sur le marché le *travailleur libre*, et *libre* à un double point de vue. Premièrement le travailleur *doit* (ns) être personne libre, disposant à son gré de sa force de travail comme de sa marchandise à lui ; secondement il *doit* (ns) n'avoir pas d'autres marchandises à vendre ; être, pour ainsi dire, libre de tout, complètement dépourvu des choses nécessaires à la réalisation de sa puissance de travail ». Et dès lors le capital peut dire : Lex est quod notamus (ce que nous écrivons fait loi !)[75]. On trouvera l'« équivalent » de ce texte dans les *Manuscrits 1861-1863* (41-47).

3) *Les conditions historiques :*

« De même, les catégories économiques que nous avons considérées précédemment, portent un cachet historique » (130-131). Mais les conditions historiques exposent les apparences du système achevé. « L'échange des produits doit déjà posséder la forme de la circulation marchande pour que la monnaie puisse entrer en scène (...) L'expérience nous apprend qu'une

---

[75]On n'a pas compris, selon nous, le contenu réel, ontologique, de cet achat-vente de la force du travail, quand on écrit, comme Althusser, qu'« on ne peut (...) penser les rapports de production dans leur concept, en faisant abstraction de leurs conditions d'existence superstructurales spécifiques. Pour ne prendre qu'un seul exemple, on voit bien que l'analyse de la vente et de l'achat de la force de travail (...) suppose directement pour l'intelligence de son objet, la considération de *rapports juridiques formels*, constituant en sujets de droit l'acheteur (le capitaliste) tout comme le vendeur (le salarié) de la force de travail, ainsi que toute une superstructure politique et idéologique qui maintient et entretient les agents économiques dans la distribution des rôles » (1968. II, 49-50). Ce ne sont pas les rapports juridiques formels qui constituent « également » l'acheteur et le vendeur, qui ne sont des sujets de droit qu'en tant que formes nécessaires de l'identité vitale spécifique. Les rapports juridiques ne viennent que sanctionner ce qui existe déjà. Il en est de même de la « distribution des rôles ».

circulation marchande relativement peu développée suffit pour faire éclore toutes ces formes. » (131). Mais tirer le capital de l'argent appartient à l'illusion d'être de l'« homme » du capital. Ce dont semble convenir Marx. « Il n'en est pas ainsi du capital. Les conditions historiques de son existence ne coïncident pas avec la circulation des marchandises et de la monnaie ». Mais c'est pour faire de la rencontre du travailleur libre une condition historique : « Il ne se produit que là où le détenteur des moyens de production et de subsistance rencontre sur le marché le travailleur libre qui vient y vendre sa force de travail, et cette unique condition historique recèle tout un monde nouveau ». Que le rapport capitaliste soit conçu comme constitutif de la souffrance des affamés, et on tombe bien vite dans le misérabilisme d'un système générateur de pauvreté, et condamné à ce titre. On reste aveugle sur la puissance de l'ogre quand on y voit un moment de l'histoire, celle-ci rendant opaque les exigences du capital.

4) *La valeur de la force de travail :*

a) Là peut-être plus qu'ailleurs, il convient de bien comprendre le statut du chapitre VI, afin d'éviter les faux procès qu'une lecture, par trop rapide, fait trop souvent à Marx. C'est dans la mesure où la force pour le travail est un concept du capital que, dès lors que celle-ci se présente sur le marché en tant que telle, on peut dire que « cette marchandise, de même que toute autre, possède une valeur. Comment la détermine-t-on ? Par le temps de travail nécessaire à sa production ».

Qui parle ? Le capital par la voix du capitaliste, qui reproduit en écho l'évidence d'un donné pour nous dire : « En tant que valeur, la force de travail représente le *quantum* de travail social réalisé en elle. Mais elle n'existe en fait que comme puissance ou faculté de l'individu vivant. L'individu étant donné, il produit sa force vitale en se reproduisant ou en se conservant lui-même. Pour son entretien ou pour sa conservation, il a besoin d'une certaine somme de moyens de subsistance. Le temps de travail nécessaire à la production de la force de travail se résout donc dans le temps de travail nécessaire à la production de ces moyens de subsistance… ». Certes, depuis la §2, la force de travail se distingue de l'individu comme force pour le travail. Mais en tant que justement il ne s'agit là que d'une détermination de la substance, le temps de travail nécessaire à l'entretien ou à la conservation du travailleur est strictement celui nécessaire à la reproduction de sa force.

Que ceci participe de l'évidence d'un donné sous la forme d'une normalité, c'est ce qu'ajoute immédiatement Marx : « La force de travail se réalise par sa manifestation extérieure. Elle s'affirme et se constate par le travail, lequel de son côté nécessite une certaine dépense de muscles, de nerf, du cerveau de l'homme, dépense qui doit être compensée. Plus l'usure est grande, plus grands sont les frais de réparation (…) il doit recommencer demain dans les mêmes conditions de vigueur et de santé. Il faut donc que la somme des moyens de subsistance suffise pour l'entretenir dans son état de vie normale… » (132). La force pour le travail doit être réparée, reproduite, au même titre que n'importe quel moyen de production du capital, et ce dans des conditions qui sont celles de la normalité vitale de ce dernier.

Il convient toutefois de ne pas dédouaner Marx de ses ambiguïtés en la matière. Nous voyons trop Marx ignorer la réalité substantielle pour, notamment, renvoyer la force de travail à une naturalité toujours déjà là dans le temps d'une histoire. Et là nous verrons (Cf. Chapitre 6) les contradictions inextricables dans lesquelles il s'enfonce pour expliquer sa valeur.

b) *La dimension « morale et historique » de la valeur de la force de travail (force pour le travail)* :

Mais c'est dès lors qu'apparaît « de l'histoire », que la pensée court le risque de s'y égarer : « Les besoins naturels, tels que nourriture, vêtements (...), diffèrent suivant le climat et les autres particularités physiques d'un pays. D'un autre côté, le nombre même des prétendus besoins naturels, aussi bien que le mode de les satisfaire, est un produit historique, et dépend ainsi, en grande partie, du degré de civilisation atteint. Les origines de la classe salariée dans chaque pays, le milieu historique où elle s'est formée, continuent longtemps à exercer la plus grande influence sur les habitudes, les exigences et, par contrecoup, les besoins qu'elles apportent dans la vie. La force de travail renferme donc, au point de vue de la valeur, un élément moral et historique ; ce qui la distingue des autres marchandises. Mais pour un pays et une époque donnée, la mesure nécessaire des moyens de subsistance est aussi donnée. ». Au donné de la substance, on substitue le donné de l'histoire.

Il est clair que la valeur de la force de travail renvoie à une histoire. Mais il doit être également clair que cette dimension historique est d'abord à saisir comme histoire du capital, de sa logique propre, et que cette histoire n'est rien d'autre que celle du développement de ses forces productives à travers le procès de sa reproduction élargie. Le capital n'a pas d'autre morale que celle de la rationalité absolue du travail. Et si dès lors il y a augmentation de la valeur de la force, c'est dans les termes mêmes de cette valeur, c'est-à-dire dans l'espace homogène où la consommation de masse est le strict pendant de la production de masse, expression d'un moment historique propre au développement nécessaire de ses forces productives. C'est dire si la valeur de la force ne peut, par définition, au strict plan de la théorie du capital, faire intervenir d'autres conditions extérieures au champ de sa stricte signification.

Dès lors que la marchandise est sujet, que la valeur d'usage est valeur d'usage de la valeur, le capital est une totalité absolue en son autoreproduction, en tant qu'il se reproduit à partir de soi-même ou reste soi-même dans les moments de sa reproduction. Bref il est la liberté spécifique en tant que liberté de son système. Dès lors, ce n'est plus seulement la valeur d'usage de la force de travail qu'il faut prendre en considération pour étudier le MPC. Car la soumission de la valeur d'usage à la logique du capital va bien au-delà. C'est le mode de consommation (consommation de « masse »...), la nature des valeurs d'usage consommées (idéologie du tout voiture, produits de courte durée de vie etc.), c'est tout cela qui est dicté par la nécessité de la reproduction du capital. Car à ce niveau de la vie propre de l'objet théorique, c'est même le temps de non-travail qui est soumis à la logique du capital, à travers ses objets d'effectuation marchandisés, et de par la nature même du moment en tant que lieu de reproduction de la force de travail. L'extension de la marchandise aux services, en une « société des services », est une exigence de la vie du capital, une expression de sa mainmise croissante sur la formation économique et sociale, une domination en train de se faire règne.

Le texte confond la « naissance historique » du capital avec sa naissance ontologique. Or, si le capital naît bien à un moment historique, en prenant en compte les conditions de ce moment, il s'agit de ne pas confondre celles-ci avec ses propres exigences, et affirmer que la valeur de la force renferme un élément moral et historique. En mêlant des conditions historiques aux strictes exigences du capital, le texte nous entraîne vers des confusions par trop évidentes et ruineuses. Car cet élément moral et historique nous renvoie alors à tout autre chose qu'à la valeur de la force, c'est-à-dire au salaire, non pas à son niveau théorique, où il est strictement échange de la force contre de l'argent, mais au niveau de la formation économique et sociale où il faut effectivement en appeler aux déterminations historiques, sociales et politiques de la lutte des classes. Or, ces conditions ne constituent nullement un donné pour le capital, comme on le voit que trop aujourd'hui, mais bien plutôt ce qui participe de l'irrationalité, de l'anormalité, du point de vue de son propre donné, et ce contre quoi il se doit de combattre.

On voit bien où la morale nous entraîne ici. Vers l'*Idéologie allemande* et sa morale reflet des forces productives sociales, gradimètre du degré de civilisation atteint par l'histoire de l'humanité. On atteint là sans doute la plus grande des apparences dont est porteuse l'histoire : le MPC comme un moment de cette histoire de l'humanité[76]. C'est afin d'éviter cette apparence qu'il convient de faire la stricte distinction des exigences du capital, faute de quoi

[76] C'est un problème constant chez M. Postone qu'il historicise « concrètement » ce qui appartient à la théorie. Aussi n'est-on pas étonné de le voir reprendre ces textes pour en souligner« les riches conséquences » (403). Mais bien qu'on ne voit pas en quoi cet élément historique et moral, fait « que les travailleurs sont eux aussi les propriétaires de marchandises c'est-à-dire des « sujets » (403-404), on ne peut qu'être d'accord, au niveau de l'objet théorique, avec ce constat que « la nature de la force de travail comme marchandises est telle que l'action collective ne s'oppose pas à la possession de marchandises mais est nécessaires à sa réalisation » (404). On dit seulement au niveau théorique, car à ne pas faire la distinction, on court le risque contraire à celui que nous critiquons, celui de la résignation dans la dénégation de l'action collective, alors qu'il faut affirmer sa nécessité, mais en lui fixant des objectifs qui ne soient pas seulement conformes à la reproduction du système.

on prend ses vessies pour des lanternes de l'histoire. On trouvera l'équivalent de ce passage dans les *Manuscrits de 1861-1863* (50-51).

c) *Décomposition de la valeur de la force*

Que ces considérations soient problématiques, on le voit en ce qu'elles sont insérées entre d'autres qui concernent strictement la valeur de la force. En effet, Marx en aborde maintenant de nouvelles composantes que sont les coûts de renouvellement de la classe et de formation de la force. Ces composantes ne posent pas problème du point de vue de la théorie pour relever de sa rationalité et, à ce titre, ne demande pas de commentaires particuliers.

Après avoir parlé de la « juste valeur » (133), où il faut naturellement voir le point de vue du capital, Marx aborde la question du prix minimum de la force. « Le prix de la force de travail atteint son minimum lorsqu'il est réduit à la valeur des moyens de subsistance physiologiquement indispensables, c'est-à-dire à la valeur d'une somme de marchandises qui ne pourrait être moindre sans exposer la vie même du travailleur. Quand il tombe à ce minimum, le prix est descendu au-dessous de la valeur de la force de travail, qui alors ne fait plus que végéter ». Il est clair qu'avec ce prix constaté, c'est du salaire et non de la valeur de la force qu'il s'agit. Le prix minimum ne peut être en dessous de la « juste valeur », c'est-à-dire de la valeur normale, que pour concerner des populations qui sont « hors système », et ne participent donc pas de sa reproduction, tout en accroissant sa plus-value. Comment parler alors de « force de travail » les concernant ?

5) *Fin du voyage*

Après avoir souligné que « la valeur usuelle de la force de travail consiste dans sa mise en œuvre, qui naturellement n'a lieu qu'ensuite » (134), Marx nous invite à quitter la sphère de la circulation : « Nous allons donc, en même temps que le possesseur d'argent et le possesseur de force de travail, quitter cette sphère bruyante où tout se passe à la surface et au regard de tous, pour les suivre tous deux dans le laboratoire secret de la production sur le seuil duquel il est écrit (...) (On n'entre pas ici, sauf pour affaires !) » (135). C'est un monde pour un autre que nous quittons, ce que montre Marx en abordant successivement les deux.

a) « La sphère de circulation des marchandises (...) est en réalité un véritable Eden des droits naturels de l'homme et du citoyen. Ce qui y règne seul, c'est Liberté, Egalité, Propriété et Bentham. *Liberté* ! car ni l'acheteur ni le vendeur d'une marchandise n'agissent par contrainte (...). Le contrat est le libre produit dans lequel leurs volontés se donnent une expression juridique commune. *Égalité* ! car (...) ils échangent équivalent contre équivalent. *Propriété* ! car chacun ne dispose que de ce qui lui appartient... ». Marx vient de nous dire que dans la sphère de la circulation « tout se passe à la surface et au regard de tous ». Mais il convient de bien comprendre la critique.

Le couple circulation-voile/production-vérité est un produit de la *première édition* constitué à partir d'une théorie de la connaissance. Il est construit sur le modèle des couples forme/contenu, partie/tout, rapport de production / forces productives. Si la circulation voile, c'est parce qu'elle serait le lieu de l'homme isolé en manque de connaissance sur la vérité objective des classes dans la production. Et c'est pour la dépasser que la *première édition* en faisait abstraction pour accéder à ce tout. Ici c'est la pensée théorique extérieure, holiste, qui vient nous dire les objets du voile et de la vérité.

Mais le voile n'est pas une question de connaissance et il n'est pas lié à une différence de lieux de perception, circulation /production, présupposés en tant que tels comme objets de connaissance. Il est le résultat du refoulement du soi, de l'identité vitale. Son lieu de naissance n'est pas l'échange (§3) mais la détermination de l'être spécifique (§2). Le voile est un effet de refoulement qui ne parcourt pas des lieux présupposés, mais qui les constitue dans son mouvement. La question n'est pas alors de « constater » le voile de la circulation, mais de saisir que le rapport d'échange constitue l'ultime moment du procès de refoulement où disparaît toute trace de la force de travail créatrice de valeur. Mais il reste à la conscience le fait de travailler pour l'argent, ce qui montre que le mouvement de §2 à §3 n'est pas en tant que tel passage de la production à la circulation, où il serait fait abstraction de la première, mais bien passage refoulant le seul travail formateur de « valeur ». Ce qui masque, c'est le refoulement de l'indicible, et non pas le passage d'une sphère à une autre, point de vue objectiviste.

En opposant circulation-voile-surface /production-réalité interne, Marx recourt à un schéma de la connaissance, et traduit une empreinte de l'économie politique qui lui fait prendre au sérieux le travail en général comme substance en général. En effet, quand il écrit que « dans le laboratoire secret de la production (...) nous allons voir (que) (...) la fabrication de la plus-value, ce grand secret de la société moderne, va enfin se dévoiler », que peut bien dévoiler cette « transplantation », sinon que le secret de la plus-value est... le travail en général poursuivi au-delà du temps de travail nécessaire à la reproduction de la « valeur de la force de travail ». C'est la *première édition* qui cultive la croyance anthropologique en la production, opposée à la spécificité de l'échange marchand, sur le mode du couple contenu/forme, cette reprise idéologique du donné auquel on applique une critique seulement extérieure.

b) En devenant capitaliste, notre « homme » aux écus a franchi un pas en opérant le retour sur soi que nous avons vu. Avec la découverte de la force pour le travail sur le marché, une « métamorphose » s'opère chez lui. C'est cette transformation que Marx souligne en ces derniers mots avant de passer à la production. « Au moment où nous sortons de cette sphère de la circulation simple (...) nous voyons (...) s'opérer une certaine transformation dans la physionomie des personnages de notre drame. Notre ancien homme aux écus

(…) en qualité de capitaliste marche le premier ; le possesseur de la force de travail le suit par-derrière comme son travailleur à lui (…) timide, hésitant, rétif, comme quelqu'un qui a porté sa propre peau au marché, et ne peut plus s'attendre qu'à une chose : à être tanné ». Notre capitaliste fait l'important parce qu'il va enfin réaliser son être qui n'était qu'en puissance dans l'achat-vente de la force pour le travail : il va effectuer la rationalité du travail. Dans ce rôle, il est seul. Car la force trouvée sur le marché est sa force pour le travail, mais nullement celle du travailleur. Comme dit Marx, il est « son travailleur à lui », simple outil-force pour le travail, une peau à être tannée. C'est dire si deux mondes s'opposent. Le capitaliste reste égal à lui-même en passant d'une sphère à l'autre, car c'est un seul monde, celui du capital. Le travailleur en revanche passe d'un monde à un autre où les « droits naturels de l'homme et du citoyen » n'ont plus cours. La vérité surgit : il n'y en a plus pour l'« homme », que pour le travail.

Mais rien n'est voilé là-dedans. Il y a seulement pour le travailleur passage d'un monde à un autre, et ce dans la mesure où tout cela lui est pour l'heure étranger. Il n'apparaît qu'au moment d'être découvert par le capitaliste comme ce que celui-ci sait déjà être une pépite. On le traite alors avec certaines manières, respectant les principes de notre « homme ». Mais dès qu'on est entre les quatre murs de l'entreprise (sacrée idéologie de l'entreprise que celle de la social-démocratie), il n'y en a que pour la rationalité du travail, et il n'est plus qu'outil du travail.

c) En attribuant ainsi la fonction de voile à une sphère, on manque totalement la réalité du phénomène du voile en sa fonction et son lieu, l' « homme » lui-même. Car s'il est vrai que la sphère de la circulation est l'Eden des droits naturels de l'homme et du citoyen, il faut d'abord nous dire d'où il provient, cet Eden.

En outre, le point de vue nous amène à une conception très réductrice de l'exploitation comme relevant de la seule sphère productive, conception qui reprend à son compte le travail naturalisé de §2, pour y ajouter la touche capitaliste : « le procès de travail, en tant que consommation de la force de travail par le capitaliste, ne montre que deux phénomènes particuliers. L'ouvrier travaille sous le contrôle du capitaliste auquel son travail appartient » (141), et celui-ci veille à ce que tout, dans la production, se fasse dans les conditions normales, et en particulier, il veille « anxieusement à ce que l'ouvrier ne ralentisse pas ses efforts et ne perde pas son temps » (149). Et on retombe dans l'idée matérialiste historique que développait la *Lettre à Kugelmann* : il n'y a pas à prouver la valeur-travail, dans la mesure où le MPC n'est que la forme historiquement déterminée de ce qui est « éternel », la structure forces productives/rapports de production de l'histoire. De ce point de vue, objectiviste, la plus-value n'est que la forme capitaliste du surtravail.

La transparence n'est pas ce qui se passe sous le voile apposé par la classe capitaliste sur la production pour en cacher l'exploitation qui s'y déroule.

L'exploitation n'est pas quelque chose de quantitatif, mais le sens d'une vie sociale fondée sur elle, une logique qui a ses effets. Le problème de cette réduction de la critique du capitalisme à l'exploitation quantitative et au vol (section VII de LC), c'est qu'avec elle on parle le même langage que l'objet critiqué : on veut sa part. L'exploitation, tout le monde la devine derrière les extraordinaires richesses exhibées. Quant à sa forme, la plus-value, c'est bien sa réduction au surtravail qui, pour être commune à toutes les sociétés, permet de faire du MPC un stade nécessaire à l'histoire de l'humanité. C'est que cette exploitation cache sa réalité, le formatage généralisé autour de ce qui la « fonde ». S'il y a tromperie, ce n'est pas le fait d'une classe qui aurait tout intérêt à cacher l'exploitation dont elle vit. C'est bien plutôt dans la nature de l'« homme » de se tromper sur lui-même *dans des conditions qui lui sont imposées*. S'il y a illusion, c'est avant tout une illusion sur soi ; s'il y a apparence, c'est de même une apparence de soi.

d) Nous allions oublier Bentham. Bentham est la suffisance de l'« homme » arrivé à ce point de refoulement qu'il se croit libre, alors qu'il n'est que « libre » de ce qu'il a refoulé. Cette théorisation du libéralisme s'ignore dans ce qu'elle a d'extrême aliénation, pour n'être que déterminée. Quand on en arrive à ce point de notre lecture, on ne peut que mesurer la petitesse de cette entreprise : « la sottise bourgeoise poussée jusqu'au génie » (I, 675 n. 58).

Par l'hétérogénéité de leur discours, mélangeant les déterminations des différents moments du procès vital, les chapitres sur la transformation de l'argent en capital s'inscrivent essentiellement dans le paradigme de la *première édition*, en restent à la « §2 », et c'est pourquoi il faut aller chercher ce qui leur manque, la réalité du capital telle qu'elle s'origine en §1.

Chapitre 5. Vers le capital en tant que tel

La section II s'est engagée dans une démonstration remontant du résultat de §3 à la §2. Ce mouvement est parallèle à celui de la valeur allant de l'être-situé à l'être spécifique, mais en partant de l'être déterminé-situé. Or, nous avons vu qu'en la §4, Marx se lançait dans une lecture strictement historique du premier. Et il faut reconnaître que c'est effectivement sous cette forme historique que Marx nous livre sa démonstration en la section II, en un exposé reflétant son origine dans la *première édition.* Or celle-ci souffre de la confusion entre histoire propre et histoire concrète d'une philosophie de l'histoire, qui impose les concepts anthropologiques comme sa condition de lecture, comme cette force de travail qu'on rencontre partout, venant brouiller les moments vitaux en un discours qui est celui d'une pensée objective.

Ce n'est donc qu'en apparence que la section II nous livre le secret du capital. Nous allons voir que pour saisir sa réalité, le capital en tant que tel, il y a encore du chemin à parcourir. Et que, dans la mesure où Marx modifie de moins en moins le texte, on est amené à le compléter, à l'interpréter, peut-être plus que de raison, et surtout à constater son profond inachèvement.

L'absence du retour à la §1 et l'être spécifique du capitaliste

Quand nous disons qu'on est remonté de l'homme déterminé-situé à sa situation (§2), nous disons seulement que le premier s'est révélé autre qu'il n'était. Pour être dans les traces de la valeur, l'homme-en situation n'en restait pas moins un « homme », et de même, la « rencontre sur le marché » reste celle d'un sujet de volonté avec son cher argent. *Être dans les traces* signifie ici que la « rencontre » révèle ce qui la rend possible, la réalité de notre « sujet » en tant que se comportant conformément à la force pour le travail qui l'habite, et non plus seulement aimanté par l'argent extérieur. Mais il reste que c'est la force physiologique qui est rencontrée en tant que productrice de valeurs d'usage en son déploiement comme travail concret. Il semble donc difficile de dire, comme Marx, que nous avons, à ce stade, la plus-value dont est grosse la valeur, et de faire comme si tout était dit avec cette rencontre de la « force de travail » sur le marché.

C'est la pensée objective qui peut en rester là. Le chapitre I de la *première édition* se déploie en effet dans un espace horizontal où tout se déduit sur le même plan. C'est ainsi qu'on a vu que le prix n'était que l'expression de la valeur en or car, pour la pensée objective, il n'y a là qu'un fait, celui d'une « mise à la place », dont la signification échappe pour ne pas même pouvoir être interrogée. Que la valeur pensée doive se donner une matérialité dans l'échange sous la forme d'un objet, cela n'a de signification qu'objective, qu'une expérience « scientifique » suffit à donner. Dès lors qu'on a cet argent, mais qui plus est l'« heureuse chance » d'avoir trouvé la « force de travail », on comprend qu'on a là le résultat d'une recherche scientifique, qui a permis de dévoiler l'« origine » des termes en présence. L'argent, c'est la forme objectivement nécessaire de la valeur ; la force de travail c'est ce que l'abstraction du rapport d'échange, objet de la pensée idéologique bourgeoise, a permis de dévoiler dans la production où, là, tout est simple même pour un enfant. Après ce simple « déplacement » il n'y a plus qu'à distinguer le travail concret et le travail abstrait, et tout est dit. Et de même, tout est dit à partir de la « rencontre sur le marché ». Or tout n'est pas dit loin s'en faut.

Et d'abord cette question essentielle. Nous avons cette force du travail rencontrée à l'image de la réalité du capitaliste en herbe. Mais cette force intervient comme objet vital de l'être du capitaliste. Quel est cet être spécifique dont la force du travail constitue l'objet vital ? L'être spécifique a été constitué en tant qu'identité de la force de travail avec sa marchandise-valeur en tant que son produit. Mais dès lors que ce n'est plus à un tel produit que l'on a affaire, peut-on continuer à faire de la force de travail son être spécifique ?

Il faut traiter cet être spécifique du capital comme étant déjà là, dès le début, comme l'était la marchandise trônante dans « l'analyse de la valeur d'usage ». Tant que nous n'étions pas dans ses traces, avec l'homme-situé, nous étions avec le souvenir d'une origine. Or, ce souvenir avant la rencontre, c'est celui de la force de travail. Notre « capitaliste en herbe » n'est pas encore habité par l'identité vitale spécifique du capital mais, en tant que force de travail, par celle du monde de la valeur. Le sens vital de la force de travail, on l'a vu s'exprimer à la fin du chapitre V, lorsque notre « capitaliste en herbe » se posait la question de la plus-value sous la forme d'un plus de son travail pour créer plus de valeur.

Mais avec la rencontre, nous sommes dans ses traces, comme l'était l'homme-en situation avec la VEI. L'objet vital n'y était plus, temporairement, la valeur d'usage, mais la VEI, que l'identité de soi exigeait de trouver comme valeur d'utilité de la valeur d'usage. De même ici, l'objet vital n'est plus la valeur, à travers l'argent, mais la force du travail trouvée là, que l'identité de soi oblige à traiter comme productrice de valeurs d'usage, qui rapportent de l'argent, et plus d'argent qu'il n'en est nécessaire pour sa reproduction...

Le passage à la force de travail et à la valeur se faisait, on l'a vu, par une métamorphose essentielle. Mais ici une telle métamorphose n'est pas nécessaire, puisque nous baignons, depuis §1, dans le même monde de la marchandise. Aussi, pour atteindre l'identité vitale du capital, il faut maintenant que la marchandise-force de travail soit *sa* marchandise en tant que *son* produit, et non pas une force de travail trouvée là, qui n'est qu'idéalement une force de travail à l'image de celle du capitaliste.

Dans ce registre, deux questions étroitement liées sont essentielles : celle de la valeur de la force de travail, et celle de sa soumission. Et nous allons voir que ce sont effectivement les questions centrales que pose Marx dans la section IV. À la fin de la section II, nous sommes en effet toujours suspendus à la définition du capital-sujet en tant qu'autovalorisation, mais sans qu'on sache à quel être elle correspond. Car ayant trouvé la « force de travail » sur le marché, notre capitaliste n'a trouvé qu'une idée de son objet vital, la réalité n'en étant qu'une figure qu'il ne se soumet que formellement comme objet vital. Ce n'est qu'avec la soumission réelle de la force de travail au capital que celle-ci devient son objet vital. Ce n'est qu'alors qu'on peut dire qu'en tant que produit de l'être spécifique du capitaliste, cette force de travail est réputée valeur. Quant à cet être spécifique, c'est le passage de la soumission formelle à la soumission réelle qui va nous le donner.

Ce n'est pas en effet de la seule force de travail du « capitaliste en herbe » que se soutient ce passage. Ce n'est pas d'un état, mais de son déploiement en tant que force productive du travail, qui est identiquement force productive du capital. Car si jusque dans la soumission formelle, la force de travail se soumettait les moyens de production comme ses moyens, les choses changent du tout au tout avec la soumission réelle. Il faut d'abord couper court à l'idée qu'on se fait trop souvent de la soumission réelle comme d'un moment où la force de travail serait soumise aux moyens de production comme système automatisé de la machinerie. Ce « produit » typique de la pensée objective, ne voit pas que ce système est toujours déjà le produit de la force de travail. Car le fait d'être soumis à cette logique « autonome », n'est pas plus étrange que le fait que l'homme déterminé de §2 était soumis à la rationalité « autonome » du travail naturalisé. C'en est seulement un prolongement, en un moment où l'être de l'identité vitale spécifique n'est plus seulement la force de travail, mais sa force productive en tant que *cette force de travail ne fait plus qu'un avec les moyens de production.*

Ainsi voit-on que *l'être spécifique du capitaliste est la force productive du capital*, qui n'est rien d'autre que le devenir que contenait la substance force de travail en §1. En tant que le travail est le sens de la vie de la force de travail de §1, celle-ci développe sa force productive en prolongeant son sens par celui des moyens de production, de sorte que les facteurs de l'autovalorisation du capital sont la force de travail et les moyens de production. Le capitaliste est le gestionnaire de la totalité constituée par l'identité, non plus de la valeur d'usage et de la valeur, qui clôturait l'espace de la valeur en §1, mais de la force de travail et du moyen de production, en tant que *le moyen de production de la force de travail* clôture l'espace du capital. Le premier espace n'a aucun sens en lui-même, sinon de préparer celui du capital pour en définir le premier facteur. On n'a pas, comme le croit trop la tradition, suivant en cela la *première édition*, un chapitre I qui définirait l'espace de la valeur, dans lequel se logerait le capital comme une « forme capitaliste de la production marchande ». C'est ce schéma qui permet de concevoir l'exploitation capitaliste du travail comme la forme d'un contenu, le surtravail, pour se déployer dans cet espace de la valeur.

L'unidimensionnalité de sa logique propre va jusqu'à son devenir qu'est la force productive du capital. Mais au même titre que la force de travail se déterminait dans la force *du* travail, la force productive se détermine dans le procès de production où s'articulent la force *et* ses moyens de production. Et c'est à cette articulation qu'on en reste pour saisir la soumission réelle à travers la « machinerie ». C'est en tant que rouage des forces productives du capital que la force de travail qui se présente alors sur le marché est force de travail du capital, objet vital du capitaliste, et est réputée valeur. C'est seulement à ce titre que la force de travail est valeur, et nullement en tant que force physiologique à laquelle on attribuait de l'extérieur une valeur pour venir se vendre sur le marché. Cette caractérisation a des implications importantes que l'on va voir Marx ignorer le plus souvent si ce n'est systématiquement. Car nous entrons dans des analyses de la *première édition* que Marx n'a que peu revisitées, de sorte que ces questions restent plombées par la confusion entre une histoire propre du capital et une histoire concrète en tant que moment de l'histoire universelle d'une philosophie de l'histoire.

Il fallait faire dès maintenant cette précision pour comprendre le statut ontogénétique de la suite des textes. Dans la suite de ce chapitre nous n'aborderons que ce qui relève encore de la soumission formelle. La soumission réelle, l'être spécifique du capitaliste, sera abordée dans le chapitre suivant.

La production de plus-value absolue (Section III)

1) Nous avons vu qu'à l'issue de la section II nous entrons dans le domaine de la §2. Et c'est dans les termes de celle-ci qu'il faut lire cette section, qui en constitue le pendant, non plus au niveau de la marchandise, mais du capital. Au « double caractère du travail présenté par la marchandise », correspond en quelque sorte le double caractère de la production présentée par le capital, en tant que « La production de valeur d'usage et la production de plus-value » (Titre du chapitre VII). Ou encore dès que la production « se présente non plus simplement comme unité du travail utile et du travail créateur de valeur, mais encore comme unité du travail utile et du travail créateur de plus-value » (149).

Ce parallèle, Marx l'effectue en LC. Dans la *quatrième édition*, et on peut penser qu'il s'agit d'un reste de la *première édition*, le titre de ce chapitre est « Procès de travail et procès de valorisation » (JPL, 199). Ce titre désigne un contenu et sa forme, alors que celui de LC rompt avec cette distinction objectiviste, notamment en introduisant la production, cette détermination de la force productive du capital. La plus-value, ici introduite, a donc la détermination d'un caractère, un contenu intrinsèque, au même titre que l'était la VEI, bref il s'agit d'une « plus-value » qui, tout comme la « valeur », est ici formée et non pas créée.

Ce passage montre que la question de la préexistence d'un mode de production marchand au MPC, doit être traitée du point de vue du pendant phylogénétique à l'ontogenèse. C'est de ce point de vue qu'il faut dire que les moments de l'ontogenèse étant ceux du MPC, il ne saurait y avoir de mode de production marchand, et donc une « production marchande sous la forme capitaliste ».

De ce que nous avons une production naturalisée, il s'ensuit que l'on peut conserver ce passage introductif de la §1 de ce chapitre VII, intitulé « La production de valeur d'usage », dont les concepts montrent pourtant le caractère daté : « De ce que la production de valeur d'usage s'exécute pour le compte du capitaliste et sous sa direction, il ne s'ensuit pas, bien évidemment, qu'elle change de nature. Aussi il nous faut d'abord examiner le mouvement du travail utile en général, abstraction faite de tout cachet particulier que peut lui imprimer telle ou telle phase du progrès économique de la société » (I, 136). Depuis la §1 du chapitre I, la valeur d'usage est valeur l'usage de la valeur, et son caractère anthropologique n'en est qu'une naturalisation. Et s'il est clair que la seconde phrase nous invite à suivre la pensée objective avec son procédé d'abstraction d'entendement, ce qu'il importe plus de remarquer, c'est qu'à une apparence présente correspond une réalité historique, et que c'est dans ce jeu de correspondance que va se perdre le texte de Marx.

Qu'il y ait dans ce texte quelques efforts de modification, c'est ce que nous voyons au début du deuxième paragraphe, que nous avons déjà utilisé pour montrer la réalité de l'imagination[77]. Le texte de la *quatrième édition* nous dit : « Le travail est d'abord un procès qui se passe entre l'homme et la nature, un procès dans lequel l'homme règle et contrôle son métabolisme avec la nature par la médiation de sa propre action » (JPL, 199). LC nous dit plus sobrement : « Le travail est de prime abord un acte qui se passe entre l'homme et la nature » (I, 136). Trois modifications donc.

— Le travail « est d'abord », dit la *quatrième édition*, affirmant le premier moment d'une connaissance. Le travail « est de prime abord », dit LC, pour désigner la pseudo évidence de ce qui se donne d'un être spécifique.

— Ensuite, le travail est « procès » comme objet d'une connaissance objective, et devient dans LC un « acte » éminemment subjectif.

— Le procès remplacé par l'acte, c'est toute la seconde partie de la phrase de la *quatrième édition* qui disparaît, pour ne laisser, de fait, que « sa propre action ». Certains diront que, par là, le texte de la *quatrième édition* est plus riche[78], mais c'est ce que l'on dit généralement quand on est en appel immédiat des développements d'une pensée objective, sans grand souci quant à son

[77]Cf Le Dernier-Marx: Critique radicale de la valeur-travail (chapitre 3).
[78]C'est ce que disent, à la suite d'Engels, les partisans des éditions allemandes...

fondement, de sorte que cette richesse n'est bien souvent composée que de mots traduisant une acuité visuelle, louée dans le style de : Marx a vu ce que l'économie politique ne voyait pas[79].

Il est malgré tout évident que les quelques modifications sont insuffisantes, et laissent un texte en partie récupérable, mais surtout largement marqué par les insuffisances de son origine. Ce texte, nous ne pouvions le critiquer, dans la première partie de notre précédent ouvrage, que du point de vue de NMW. Mais il nous faut maintenant relativiser cette critique pour l'effectuer du point de vue de LC. Et nous voyons alors que, par exemple, les extériorités du texte relèvent certes d'un paradigme de la domination, mais dans la mesure où celui-ci est fondé en tant que détermination naturalisée de l'être spécifique du capital.

Nous allons donc procéder à cette relecture sur les points essentiels, sachant que ce qu'on en a déjà dit vaut comme critique du point de vue de la *première édition.*

2) Citons le texte: « Ce n'est pas qu'il opère seulement un changement de forme dans la matière naturelle ; il y réalise du même coup *son propre but dont il a conscience* (ns), qui détermine comme loi son mode d'action, et auquel il doit subordonner sa volonté. Et cette subordination n'est pas momentanée. L'oeuvre exige pendant toute sa durée, outre l'effort des organes qui agissent, une attention soutenue, laquelle ne peut elle-même résulter que d'une tension constante de sa volonté. Elle l'exige d'autant plus que, par son objet et son mode d'exécution, le travail entraîne *moins* (ns) le travailleur, qu'il se fait moins sentir à lui, comme le libre jeu de ses forces corporelles et intellectuelles ; en un mot, qu'il est moins *attrayant* » (1, 136-137).
Nous commencerons par la question du statut de la tension constante de la volonté. Il est clair que cette assertion appartient à LC dans la mesure où l'homme se donne des taches qu'il peut résoudre dans « le libre jeu de ses forces corporelles et intellectuelles », et où l'effort sur soi peut aussi constituer un plaisir. Or la situation décrit un « moins » relatif à une contrainte extérieure. Quelle est-elle ?

S'il s'agit de la production de valeurs d'usage et de plus-value, la conscience du but liée à cette production est celle du capitaliste. Certes, dans l'acte même de son procès de travail, le travailleur est bien soumis à la même exigence, mais celle-ci ne nous informe en rien sur le procès capitaliste en tant que tel dans son devenir historique propre. C'est bien plutôt celui-ci qui nous informe sur le caractère moins attrayant de l'activité du travailleur, sauf à en rester, comme les *Manuscrits de 1844*, à la critique extérieure du capital du point de vue du travail aliéné, ce qui est tout à fait recevable d'un point de vue humaniste, mais n'est pas du tout requis ici.

Du point de vue du capitaliste, ce qui est moins « agréable », c'est la résistance qu'opère le travail du prolétaire et les moyens de production dont il

[79]Pour paraphraser Althusser (1968)

dispose pour l'effectuation de son principe vital. C'est dans la mesure où son principe vital, expression même de sa liberté, rencontre des obstacles extérieurs, que sa rationalité ne peut se déployer en sa liberté intrinsèque, que son déploiement n'est que contradictoirement libre, qu'alors sa volonté est toute entière tendue vers son but comme à un devoir être par rapport à la loi, et que cette subordination n'est pas momentanée. Bref, c'est parce qu'il y a des contradictions renvoyant à des logiques différentes, et que c'est le capitaliste qui réalise le capital, et non pas le travail du prolétaire en créant de la plus-value sauf à confondre cette réalisation du capital avec celle de l'histoire, que la volonté du capitaliste est à ce point sollicitée.

3) Se pose alors la question du statut du capital comme principe vital par rapport à l'idéalisme hégélien. Pour Hegel, la pensée est première dans la mesure où elle est le lieu de la liberté à un moment où tout ce qui m'est extérieur restreint ma liberté. Le principe de la liberté naît d'abord dans ma pensée, dans la mesure où celle-ci est immédiatement identique avec moi. C'est ainsi que « le stoïcisme est la liberté qui provient toujours immédiatement et revient dans la pure universalité de la pensée (...) que dans un temps d'universelle crainte et servitude » (Phénoménologie, 160). Ce qui revient à dire que le capitaliste est libre dans la pure universalité de la pensée, tant que celle-ci ne s'est pas réalisée concrètement par la soumission des objets extérieurs auxquels sa « liberté » est encore soumise. En d'autres termes, la pratique vraie présuppose la connaissance vraie, garante de sa direction. Peut-on alors conclure qu'au sortir des sections I et II, le principe du capital n'est qu'une pure pensée ? Nous avons déjà répondu à la question ! La « force de travail » que le capitaliste en herbe trouve sur le marché n'est qu'idéalement à son image, et est traitée comme tel. Mais cette idéalité n'est pas l'expression d'une pensée consciente. Ce n'est pas la pensée qui s'exprime dans l'acte de trouver, mais l'agir avant de penser qui se donne de l'être actif inconscient. C'est l'identité vitale du capitaliste en herbe qui lui fait immédiatement voir une réalité qui ne peut pas être autrement que la sienne.

4) « Les hommes se croient libres parce qu'ils ont conscience du but ». Cette affirmation est spinozienne, mais nous tenons que le texte marxien peut l'éclairer.

a) Citons d'abord le texte de Spinoza : « tous les hommes naissent sans aucune connaissance des causes des choses et (...) tous ont un appétit de rechercher ce qui leur est utile et (...) ils en ont conscience. De la suit : 1° que les hommes se figurent être libres parce qu'ils ont conscience de leurs volitions et de leur appétit et ne pensent pas (...) aux causes par lesquelles ils sont disposés à appéter et à vouloir, n'en ayant aucune connaissance. Il suit : 2° que les hommes agissent toujours en vue d'une fin, savoir l'utile qu'ils appètent. D'où résulte qu'ils s'efforcent toujours uniquement à connaître les causes finales des choses accomplies (...). Comme en outre, ils trouvent en eux-mêmes et hors d'eux un grand nombre de moyens, contribuant grandement à l'atteinte de l'utile (...) ils en viennent à considérer toutes les choses existant dans la Nature, comme des moyens à leur usage » (Ethique I, Appendice, 61-62). Précisons que la liberté que Spinoza vilipende ainsi pour être illusoire, est la doctrine philosophique du libre arbitre. Dès lors, l'inversion consiste à prendre la pensée pour cause par les fins qu'elle poursuit, alors qu'elle est effet d'une cause qui n'est même pas recherchée.

A priori, la cause de l'illusion résiderait dans le fait que les hommes ayant conscience du but, ils se tromperaient eux-mêmes en partant de cette conscience. Mais on ne peut en rester à cette simple perdition qui supposerait que le développement de l'être vivant contienne en lui-même sa propre forme d'apparition illusoire. Cette illusion ne ressort pas d'une déperdition intrinsèque à l'être vivant, mais bien plutôt du lieu où se tient le discours, celui d'une extériorité à l'être spécifique. Si la conscience du but n'a pas de visée propre dans NMW, c'est en LC qu'elle a cette visée en tant qu'elle a conscience d'un but qui n'est pas son but réel. Produit du refoulement du but réel, la conscience s'en donne la forme de « naturalité », et se trouve ainsi confrontée à elle-même dans son « libre arbitre ». C'est de là que provient l'interprétation idéaliste de l'imagination.

Or, le texte de LC n'a pas la clarté nécessaire pour saisir le but de cette conscience au niveau du chapitre VII. Marx confond ici les niveaux, et on sait d'où provient cette confusion : du travail naturalisé repris de manière non critique de la §2, qui permet d' « aligner » le texte de LC sur celui de NNW où, en l'absence de l'inconscient, en NNW3 l'homme a effectivement conscience de ce qu'il sait déjà. L'idéalisme présuppose la naturalité du but comme raison, car alors sa transcendance se donne dans l'évidence de ce qui est comme raison d'une pensée raisonnable.

b) Mais essayons d'y voir plus clair sur cette question de la conscience du but en distinguant bien les différents niveaux :

— Nous avons d'abord, mais un d'abord qui ne s'est pas encore dévoilé dans le chapitre VII, l'identité vitale du capitaliste en son absolue liberté, qui se reproduit par la plus-value comme son but réel et qui pour cela, achète la force de travail à sa valeur, pour consommer sa valeur d'usage qui lui appartient. En tant que nous sommes dans la sphère de l'inconscient, il serait pour le moins étrange de parler d'un but dont l'homme a conscience.

— Seulement, dès la détermination de la réalité vitale dans la forme de naturalité de la « vie de l'homme », nous n'avons plus la force de travail qui, en tant qu'identité vitale, ne fait qu'un avec le travail, mais le travail, ce donné transcendant de rationalité, qui appelle la force physiologique pour le réaliser. Ce n'est pas « la rencontre sur le marché », qui restait du domaine de la conscience, mais la force de l' « homme », qui n'est plus l'identité vitale, mais ce à quoi les conditions de l'échange se donnent, cette force qui appartient à l'« homme » comme une chose qu'il peut vendre, un temps, sauf à se vendre lui-même. C'est dans cette mise à distance pour un temps, que réside la différence qui fait apparaître l'« homme ». Mais du point de vue du capitaliste, l'« homme » est cette force au service du travail.

La « plus-value » comme consommation du travail est alors un but dont notre capitaliste a une préconscience ou une conscience immédiate. C'est ici que le but détermine le mode d'action comme loi, la rationalité propre au travail à laquelle la volonté va se soumettre. Mais le but qui détermine ainsi n'est pas la « plus-value » comme consommation du travail, mais le but réel qui ne fait qu'un avec l'identité vitale du capitaliste. En outre, cette loi est trop négative pour la liberté de l'« homme » tel qu'il se dessine dans son extériorité au travail. Aussi ne peut-on pas non plus parler de conscience du but que constitue la « plus-value » comme consommation du travail. La seule conscience immédiate n'est pas adéquate à la « liberté ». Elle constitue un préconscient dans la mesure où elle ne peut s'avouer à elle-même son état de soumission à la loi de son objet. Qui a conscience de la rationalité propre au travail ? On s'y soumet naturellement en tant qu'elle constitue cette transcendance qui ne pose pas de questions dans l'évidence d'un donné. Le préconscient est cette zone de naturalité qui, en général, reste cachée.

— C'est qu'en effet, au même titre que §3 extériorisait la « valeur » pour ne voir qu'un échange de valeur d'usage et d'argent, ici, nous avons un rapport de « valeur », force=x marchandises. La force exprime sa « valeur » dans celle des x marchandises, extériorisation à l'issue de laquelle la force est valeur d'usage face à la « valeur » de x marchandises qui est elle-même extériorisée, le salaire. La valeur d'usage de la force étant le travail dont l'extériorisation ne laisse que le caractère concret, nous avons en définitif le rapport salarial comme échange d'un service, le travail, contre un salaire en argent qui se définit comme pouvoir d'achat. Le rapport salarial entre ainsi en tout point dans l'échange général de valeur d'usage contre argent.

Avant d'avoir une forme fétichisée, la valeur doit avoir son sens vital pour l'homme déterminé. De même, pour que le travail soit une religion, comme dans le protestantisme, il faut qu'il ait un sens vital pour l'« homme » de la religion. Cette religion naît de la §2 comme de son « homme ». Mais tant qu'on a l'« homme » de la religion, on n'a pas encore la religion elle-même. On a Dieu (la force de travail) et le Fils (la force) mais non pas son Eglise, ce que vient réaliser l'expression de la valeur de la force. Et ici, cette Eglise, c'est le pouvoir d'achat.

Aussi est-ce à ce dernier niveau, que l'on peut effectivement parler d'une conscience réflexive. La conscience consciente d'elle-même, la conscience de soi, c'est cela la première liberté, abstraite, chez Hegel, et l'on voit de quoi elle procède. Si la conscience immédiate n'est pas le reflet théorique de NMW2, de par le refoulement sur lequel elle se construit, la conscience de soi ne peut non plus être rapportée à NMW3, pour s'accompagner d'un voile absolu apposé sur les origines. La conscience se distingue du préconscient en ce que celle-là se dit dans la prétention d'elle-même, alors que celui-ci se cache encore pour ne pas avouer son absence de volonté face à la transcendance non encore extériorisée.

Ici, point de loi imposée par la rationalité du travail autre que celle lui venant de sa détermination en tant que médiateur entre l'homme et la nature dont on voit bien la construction comme reste. Et c'est en renvoyant ce travail aux forces productives, et la « valeur » aux rapports de production, que l'on pourra dire que ce travail ne forme pas naturellement de la valeur. Mais c'est pour ne pas voir que ce travail est lui-même une construction du système. Résultat de cette double négation, l'« homme » en tant que conscience de soi et le retour à l'absolue liberté du premier moment, mais sous cette forme du sujet de la philosophie pour lequel il n'y a de loi que celle de la pensée se donnant à elle-même son propre objet comme but. L'« homme » se croit libre parce qu'il a conscience de son but, et en l'occurrence le but du capitaliste est l'argent et toujours plus d'argent. Dès lors les « marchandises » ne sont plus que des valeurs d'usage, qui ne deviennent marchandises que pour être échangées contre l'argent, conventionnellement arrêté.

c) Le refoulement extrême de sa réalité négative, laisse l'« homme » dans une passivité tout aussi extrême vis-à-vis de celle-ci, dont l'histoire de la théorie néoclassique se fait l'écho. La folie extrême d'un monde dans lequel « on sait qu'on va dans le mur, mais on y va », trouve sa « théorie » prédictive dans une « pensée » économique en laquelle l'homo oeconomicus prétend étendre sa rationalité à toute action humaine, l'amour compris[80]. Mais qui ne voit derrière cette réduction extrême de l'homme, l'efficace d'un principe vital du capital

---

[80]« Pensée » qui est né aux États-Unis au début des années 70, avec l'école du Public Choice, mais qui a très vite fait florès, notamment en France avec d'abord H. Lepage. Cette « science économique », Althusser en fait une limite idéologique à construire le concept de l'économique (1968. II).L'« idéologie empiriste » qui imprègne tant la science « économique », il la renvoie à « la jeunesse de cette « science », et aussi au fait qu'elle est particulièrement exposée aux pressions de l'idéologie : les sciences de la société n'ont pas la sérénité des sciences mathématiques » (60). Bref, l'économique n'est pas idéologique, et la théorie néoclassique est pure construction idéologique, non fondée.

Le problème est que dans cette construction structurelle du concept c'est le fond même de l'idéologie qui est conservée, puisque ce théoricisme, au lieu de prendre au sérieux le capitaliste individuel pour le dévoiler en sa réalité, propose simplement de changer (apparemment) de terrain. Ainsi, selon lui, la critique de Marx à Smith « est directement en rapport avec la considération exclusive du capitaliste individuel» (33 note), ignorant « la distribution des hommes en classes sociales, qui deviennent alors les « vrais » « sujets » (...) du procès de production » (34). Or, dans ce renvoi au tout déterminant, en oubliant de questionner la partie en sa réalité, on ne sort pas du fétichisme. « Toute production est, selon Marx, caractérisée par deux éléments indissociables : le procès de travail, qui rend compte de la transformation que l'homme inflige aux matières naturelles pour en faire des valeurs d'usage, et les rapports sociaux de production sous la détermination desquels ce procès de travail est exécuté » (39). Et c'est ce qu'on appelle une critique de l'« idéologie anthropologique du travail » (42). Selon nous, on en est loin !

déployant en son histoire propre sa logique destructrice de ce qui donne sens à l'humain. La critique matérialiste historique s'énonçait ainsi : il y a eu de l'histoire, il n'y en a plus. La critique radicale s'énoncerait ainsi : il y a eu de l'homme, il n'y en a plus.[81]

On voit que la chose se présente de manière plus complexe dès lors que l'on ne confond pas LC avec NMW. Quand Marx nous dit que le but conscient « détermine comme loi son mode d'action (…) auquel il doit subordonner sa volonté », on vient de voir que c'est dans la confusion des niveaux. N'est-ce pas alors la problématique de la *première édition* qui se continue ? De ce point de vue, en effet, dans la mesure où le travail et le travailleur réalisent le sens de l'histoire à travers l'augmentation des forces productives, c'est d'eux qu'il s'agit dans « la production de valeurs d'usage ». C'est lorsque nous passons à « la production de la plus-value » que le capitaliste intervient. Et la valeur d'usage n'est plus ici qu'un « présupposé matérialiste historique » qui s'impose à la forme : « En général, dans la production marchande, la valeur d'usage n'est pas chose qu'on aime pour elle-même. Elle n'y sert que de porte-valeur » (142). Nous avons ici deux niveaux : celui des tendances immanentes du capital et celui de leurs formes de manifestation : « Les tendances générales et nécessaires du capital sont à distinguer des formes sous lesquelles elles apparaissent. Nous n'avons pas à examiner ici comment les tendances immanentes de la production capitaliste se réfléchissent dans le mouvement des capitaux individuels, se font valoir comme loi coercitive de la concurrence et, par cela même, s'imposent aux capitalistes comme mobiles de leurs opérations. L'analyse scientifique de la concurrence présuppose en effet l'analyse de la nature intime du capital » (232-233). La nature intime du capital s'impose au capitaliste comme but, mais sous la forme des lois coercitives externes de la concurrence. Il semble qu'il faille attendre le livre III pour voir ces buts se manifester sous ses formes, et que tout au plus pourrait-on dire, ici, que le but conscient du capitaliste, l'argent, détermine comme loi le fait qu'« il veille anxieusement à ce que l'ouvrier ne ralentisse pas ses efforts et ne perde pas son temps » (149).

d) Voyons ce que nous dit le texte du chapitre VII sur ce point. Le but dont notre capitaliste a conscience, et qu'il croit s'être donné par son libre arbitre, c'est de « faire de l'argent ». « Le capitaliste, qui est à cheval sur son économie vulgaire, s'écrira peut-être qu'il n'a avancé son argent qu'avec l'intention de le multiplier » (145). Ce qu'il réalise par l'échange de services, le sien consistant à fournir « la matière dans laquelle et avec laquelle seule (l'ouvrier) peut

[81]C'est le règne de la réification weberienne, avec la pratique objective soumise aux règles du calculable sans considération de la personne. Seulement, c'est de la matrice bureaucratique que part Weber, pour la voir se développer aussi bien dans l'État que dans l'économie, en une sorte de logique historique d'un principe d'organisation scandée par les différences d'échelle de l'organisation du travail. C'est à cette logique que l'éthique protestante vient donner un élan extérieur en s'investissant dans l'entreprise capitaliste.

donner un corps à son travail » (146), l'ouvrier lui rendant « en échange (...) le service de convertir en filés son coton et ses broches ». Mais par là, ce qui est refoulé dans l'inconscient, c'est le but réel : « La valeur que la force de travail possède et la valeur qu'elle peut créer diffèrent (...) de grandeur. C'est cette différence de valeur que le capitaliste avait en vue, lorsqu'il acheta la force de travail » (147). Son but réel c'est donc la plus-value, « son propre but dont il (n') a (pas) conscience, qui détermine comme loi son mode d'action et auquel il doit subordonner sa volonté» (136-137).. Et ce but réel s'origine dans son être spécifique qui se réalise pleinement dans le capital comme « monstre animé qui se met à travailler comme s'il avait le diable au corps » (148).
On voit clairement que le texte doit beaucoup à la *première édition.* Au-delà de la confusion totale du passage cité ci-dessus on peut voir apparaître une distinction entre l'argent et la plus-value, mais nullement entre la force et la force de travail. Ainsi la plus-value peut-elle apparaître comme un but conscient qui détermine l'agir auquel la volonté doit se soumettre. On baigne clairement dans l'idéalisme de la conscience.

La signification de la transmission de la valeur

C'est du seul point de vue de la vie du capital que la transmission de valeurs a un sens. Et, a contrario, c'est dans la mesure où on réduit le capital à la seule consommation de la « force de travail», à laquelle il faut « ajouter des moyens de production », qu'elle pose problème.

1) A priori, la question de ce transfert de valeur semble simple. Si la Raison est dans l'histoire, elle est portée par des sujets raisonnables, et faisons confiance à notre capitaliste pour, à travers ses calculs, faire preuve d'une rationalité comptable contre le gaspillage. C'est d'ailleurs sous cette forme toute simple que la chose apparaît tout d'abord : « il veut que la valeur de cette marchandise surpasse celle des marchandises nécessaires pour la produire (...) pour lesquelles il a dépensé son cher argent » (142). Au-delà des approximations conceptuelles de ce passage, il semble que la chose soit claire. Pourquoi alors la rendre obscure en disant que « le travail transmet la valeur » ?

Il nous faut prendre la chose à son commencement, et celui-ci est en effet un simple constat : « En calculant la valeur des filés (...) on doit donc considérer les différents travaux séparés par le temps et l'espace qu'il faut parcourir (...) comme des phases nécessaires de la même opération » (143). « De même, le temps de travail contenu dans la matière première et dans les instruments du filage doit être compté comme s'il eût été dépensé durant le cours de cette opération même ». Ce lieu du calcul, soumis au devoir d'opérer selon la loi rationnelle, on l'aura reconnu : c'est celui de la manifestation dans son temps et son espace du principe vital. Le seul procès dont il s'agit ici, c'est celui du sens d'une vie dans la nécessité du temps et de l'espace de son souvenir et de sa projection. Cette identité vitale était le résultat de la §1 et déduit du temps de travail socialement nécessaire et de la valeur d'usage de la valeur. Il n'y a donc rien d'étonnant à ce que Marx l'énonce immédiatement comme la condition même de l'opération de comptage où elle se décline : « Il faut, bien entendu, que deux conditions soient remplies : en premier lieu que les moyens aient réellement servi à produire des valeurs d'usage (...). Secondement, il est sous-entendu qu'on n'emploie que le temps de travail nécessaire dans les conditions normales de la production ».

La suite du propos figure dans le chapitre VIII suivant. Marx commence par un autre constat qui se déduit du précédent : « nous retrouvons les valeurs des moyens de production consommés (...). Les valeurs des moyens de production sont donc conservées par leur transmission au produit » (151). Du fait immédiat que constitue le calcul du capitaliste, on déduit que la valeur des moyens de production est conservée en étant transmise. A priori, on serait tenté de dire que le capitaliste les transmet mais Marx vend la mèche en disant tout autre chose, une chose apparemment extraordinaire, au point de défier l'entendement : « Cette transmission a lieu dans le cours du travail, pendant la transformation des moyens de production en produits. Le travail est donc l'intermédiaire. Mais de quelle manière ? » Ce n'est donc pas le capitaliste qui « transmet » en imputant le coût en argent dépensé à l'achat des moyens de production, mais le travail lui-même. Voilà le résultat fantasmagorique auquel conduit le constat, ce qui demande pour le moins quelques éclaircissements sur « la manière » dont cela se passe.

2) Cette manière d'agir nous introduit au deuxième niveau, celui de la §2. « L'ouvrier ne travaille pas doublement dans le même temps, une fois pour ajouter une nouvelle valeur au coton, et l'autre fois pour en conserver l'ancienne (...). C'est par la simple addition d'une nouvelle valeur qu'il maintient l'ancienne. Mais comme l'addition (...) et la conservation (...) sont deux résultats tout à fait différents (...) ce double effet ne peut évidemment résulter que du caractère double de son travail. Ce travail doit, dans le même moment, en vertu d'une propriété, créer, et en vertu d'une autre propriété, conserver ou transmettre de la valeur ». Et voilà dès lors la valeur nouvelle et la valeur transmise renvoyée à la même rationalité du travail conférée par le principe vital du capital. C'est dans l'obéissance absolue à cette rationalité que notre capitaliste calcule ; et dans cette opération de comptage, il opère sous le signe d'un principe vital se déployant dans « l'espace et le temps ».

C'est donc du point de vue de l'idéologie profonde du capitaliste que « le travailleur conserve donc la valeur des moyens de production consommés, il la transmet (...) non parce qu'il ajoute du travail en général (sic), mais par le caractère utile (...) de ce travail additionnel ». Et on comprend comment, dans son préconscient, le capitaliste en arrive à attribuer cette propriété au travail utile. C'est qu'en effet « en achetant la force de travail, le capitaliste a incorporé le travail comme ferment de vie aux éléments passifs du produit, dont il était aussi nanti » (142). C'est donc du plus profond de son inconscient vital, que les morts sont ressuscités pour être consommés pour sa propre vie : « En tant qu'il est utile, qu'il est activité productive, le travail par son seul contact avec les moyens de production, les ressuscite des morts, en fait les facteurs de son propre mouvement et s'unit avec eux pour constituer des produits » (151-152). C'est en tant que les moyens de production sont, en tant qu'objets vitaux, intégrés à la vie du travail, que leur valeur est transmise au produit. La transmission de la valeur des moyens de production procède de l'*identité vitale spécifique du capital* en tant qu'identité de la force de travail et des moyens de production. C'est du fond de cette identité que le contact *vital* du travail et des moyens de production a un sens. C'est en tant que manifestation de cet inconscient refoulé, qu'au niveau du préconscient, le travail vient ressusciter des morts les moyens de production comme un appel de la vie spécifique se donnant comme des propriétés et vertus transcendantes du travail. « C'est donc en vertu de sa propriété générale, abstraite, comme dépense de force vitale humaine, que le travail du fileur ajoute une valeur nouvelle (...) et c'est en en vertu de sa propriété concrète, particulière (...) qu'il transmet la valeur (...) et la conserve » (152).

C'est de par l'objectivation-extériorisation de §2, que l'identité vitale spécifique se donne comme une réalisation venant ressusciter des morts ce qui paraît encore extérieur au moment « vital ». Et c'est du même principe que cette opération apparaît comme un prêt fait par l'identité vitale spécifique. Aussi en ressuscitant des morts les moyens de production, le travail est comme ce Dieu qui prête la vie. Mais n'étant qu'un prêt, cette vie lui appartient, et il reprend un peu chaque jour de ce qu'il a prêté, jusqu'à la reprendre définitivement quand elle ne peut plus rien rendre : « le produit n'absorbe, dans le cours du travail, la valeur des moyens de production, qu'au fur et à mesure que celui-ci, en perdant son utilité, perd aussi sa valeur » (153-154). Ressuscités des morts, ils accèdent à la vie comme sujets du Dieu-travail, et « pendant leur vie, c'est-à-dire pendant le cours du travail » (154), ils appartiennent au travail. Et « si l'on considère la période entière pendant laquelle un instrument de travail fait son service (...) jusqu'au jour où il est mis au rebut, on voit que sa valeur d'usage pendant cette période a été consommée entièrement par le travail, et que par suite, sa valeur s'est transmise tout entière au produit ». Et c'est Marx qui renvoie cette opération à son contenu idéologique déterminé. « Et il en est de l'instrument de travail comme de l'homme. Chaque homme meurt tous les jours de vingt-quatre heures ; mais il est impossible de saisir au simple aspect d'un homme de combien de jours il est déjà mort. Cela n'empêche pas cependant les compagnies d'assurances de tirer de la vie moyenne de l'homme des conclusions très sûres (...). On sait de même par expérience combien de temps en moyenne dure un instrument de travail ».

Mais ce calcul ne dit pas la logique à laquelle il obéit et qui frise la métaphysique : « Pendant que le travail productif transforme les moyens de production en éléments formateurs d'un nouveau produit, leur valeur est sujette à une espèce de métempsycose. Elle va du corps consommé au corps nouvellement formé » (156). C'est dire si Marx est tout à fait conscient de cette étrangeté que constitue la transmission de valeurs. Mais elle est telle pour le monde de l' « homme », alors même que cette métempsycose constitue la réalité du monde du travail qui plonge au plus profond de la réalité du capitaliste. C'est dire encore si « cette transmigration s'effectue à l'insu du travail réel. Le travailleur ne peut pas ajouter un nouveau travail, créer par conséquent une valeur nouvelle, sans conserver des valeurs anciennes, car il doit ajouter ce travail sous une forme utile ». Ce n'est pas en effet le travailleur qui calcule, du moins à ce stade. Il est l'organe du travail et c'est celui-ci qui surgit avec cette évidence : « La force de travail en activité, le travail vivant, a donc la propriété de conserver de la valeur en ajoutant de la valeur ; c'est là un don naturel qui ne coûte rien au travailleur, mais qui rapporte beaucoup au capitaliste ; il lui doit la conservation de la valeur actuelle de son capital».

C'est donc en filant le discours idéologique du capital que Marx expose ses catégories en tant qu'elles sont fondées dans son principe vital. C'est cet inconscient qu'il faut voir trôner pour se donner en sa rationalité naturelle à notre capitaliste comme travail exigeant ses opérateurs. Et c'est comme telle qu'elle se donne à une philosophie de l'histoire pour lui faire dire que le travail a sa rationalité à laquelle l'homme doit se soumettre.

C'est le principe vital du capital, sous sa forme naturelle de travail, qui, en ressuscitant des morts les moyens de production, ressuscite leur valeur, c'est-à-dire les intègre en tant qu'objets vitaux, pour transmettre celle-ci aux produits dans le procès de son autoreproduction. Dire que le travail transmet la valeur n'a de sens que si le travail reçoit cette faculté d'un principe vital, et celui-ci est nécessairement lié à la nature de la chose transmise, la valeur.

Dès lors que l'on fait du travail en général sous sa forme abstraite la substance de la valeur, on ne voit pas quel principe vital pourrait présider à cette transmission. Ou plutôt, on ne le voit que trop. Car tout au long de ces pages, en ramenant LC à NMW par le fait que la *première édition* s'en tient à la §2, Marx attribue le pouvoir de transmettre la valeur au travail utile. Ce pouvoir devient ainsi un concept du matérialisme historique, en tant que la vie qu'il maintient et développe est celle des forces productives du genre humain, et non pas celle du capital. Encore une fois, on se trompe d'histoire.

Attribuer immédiatement au travail la propriété ou vertu de transmettre de la valeur, c'est faire du travail le porteur de la Raison historique. Autant dire que c'est faire de la transmission une opération du Saint Esprit, dont le caractère théologique tient au fait qu'elle n'est pas expliquée en étant renvoyée à ce qui la fonde, mais prise comme telle dans son contenu de croyance. Il faut croire quand on se situe immédiatement en la §2 : il faut croire que la transmission de valeurs n'est que la forme d'une transmission de la vie du genre humain. Et dès lors que c'est d'une philosophie de l'histoire que la théorie déduit l'essentiel de ses concepts, elle se révèle pour ce qu'elle est, une théologie à la gloire du Dieu-travail.

« La transformation de la valeur ou du prix de la force de travail en salaire »

Ce titre du chapitre XIX pose déjà problème : comment en effet parler du prix de la force de travail ? Cela étant ce chapitre nous intéresse à plus d'un titre.

1) Marx commence par critiquer la notion de valeur du travail. « A la surface de la société bourgeoise, la rétribution du travailleur se représente comme le salaire du travail. (...). Le travail lui-même est donc traité comme une marchandise dont les prix courants oscillent au-dessus ou au-dessous de sa valeur » (381). On voit de suite que la question est traitée à un niveau d'objectivité dont on ne doit pas attendre grand-chose.

La valeur dont on parle ici n'est déjà plus celle de ses origines, mais celle qui éclot de la §2. Elle est, nous dit Marx, « la forme objective du travail social dépensé dans la production d'une marchandise », dont on mesure « la grandeur de valeur (...) par la quantité de travail qu'elle contient ». La critique sous forme d'un cercle vicieux est dès lors facile. « Comment dès lors déterminer, par exemple, la valeur d'une journée de travail de douze heures ? Par les douze heures de travail contenu dans la journée de douze heures, ce qui est une tautologie absurde ». C'est là l'argument massue retenu par la tradition. Or la tautologie n'a pas, en elle-même, ce contenu critique ; une chose qui n'existe que par elle-même, en tant qu'identité vitale, n'est-elle pas tautologique ? Elle n'acquiert ce contenu que dans la logique d'entendement, résultat nécessaire d'une séparation existentielle.

Il convient en effet de souligner l'extrême hétérogénéité des deux phrases exprimant cette tautologie. Dans la première phrase, nous avons l'unité d'une identité, la journée de travail de douze heures. Quelle est la valeur d'une journée de travail ? Nous répondrons par la valeur de la force de travail se dépensant durant cette journée de travail, et ce dans la mesure où la force de travail n'a pas le travail pour fonction, mais est ce travail, pour ne pas avoir d'autres dimensions vitales, d'autres existences vitales, pour ne pas avoir d'autre justification d'être. Mais cette réponse, pour nous dire que le travail a la valeur de la force de travail qui l'effectue, n'est manifestement pas celle attendue. On attend tout autre chose de ces deux phrases, car, comme nous dit Marx, il s'agit de « déterminer la valeur d'une journée de travail », soit une opération relevant de la §2.

Dans la deuxième phrase, en effet, l'identité de la première disparaît, est rompue par une séparation existentielle. L'unité est la journée de douze heures, un temps objectif qui se remplit d'un contenu, douze heures de travail. Qu'est-ce qui a permis une telle rupture ? Évidemment, la détermination de la substance. Celle-ci est découplée du travail dans sa détermination, où « la force (physiologique) (...) n'existe que dans la personnalité du travailleur et se distingue de sa fonction, le travail, tout comme une machine se distingue de ses opérations » (383). Mais la machine n'est ainsi distinguée de ses opérations, que pour un regard extérieur, objectif. En tant qu'objet vital, elle n'existe que pour/par ses opérations, ce pourquoi elle a été fabriquée. Avec le travail comme objectivité transcendante, la totalité de l'identité est brisée dans l'extériorité d'objectivités qui ne sont plus réunies qu'extérieurement par la transcendance du travail et de l'argent. C'est pourquoi nous n'avons plus ici que l'objectivité d'un temps vide, la journée de douze heures, que vient remplir un contenu, le travail objectif. Nous ne pouvons plus ici dire que la valeur de douze heures de travail est celle de la force qui l'effectue, dans la mesure où celle-ci s'en distingue par le fait que le travail est naturalisé, et que dès lors, « dans l'expression : valeur du travail, l'idée de valeur est complètement éteinte. C'est une expression irrationnelle telle que par exemple valeur de la terre » (382). L'idée que le travail n'a pas de valeur appartient à la §2, en tant qu'il y est naturalisé et renvoyé au-delà des certaines choses, et peut-être apparenté à la terre.

C'est l'autre originel qu'il faut nier en le ramenant à sa détermination. La valeur d'une journée de travail ne pouvant être renvoyée à celle de la substance, elle est d'emblée saisie à rebours, à partir de sa forme déterminée. On n'a plus dans la question l'unité d'une journée de travail de douze heures, mais sa lecture recomposée à partir des objectivités de la §2 : douze heures de travail contenues de la journée de douze heures constituent une journée de travail de douze heures. Poser les deux niveaux d'existence différents a un sens pour la détermination, mais ce qui n'en a pas c'est de poser leur égalité, celle-ci devenant absurdité tautologique.

Dès lors que l'homme déterminé nie son origine en la lisant dans ses propres termes, il n'y voit que soi-même. Et c'est alors que ce qui était hétérogène devient l'homogénéité d'une tautologie. C'est donc du point de vue de la §2, prise comme point de départ dans l'ignorance de son origine, qu'il y a tautologie et que le travail n'a pas de valeur. Permettons-nous toutefois une question. Dans la mesure où la force de travail à l'objectivité d'un quelque chose de commun à travers les âges, elle est, au même titre que le travail, naturalisée. Y a-t-il alors sens à parler de sa valeur ?

Le premier à avoir critiqué l'idée de valeur du travail est S. Bailey, que Marx cite en note. Or, S. Bailey inscrit cette critique dans le cadre plus général d'une critique de la théorie de la valeur-travail... au nom de la VER, soit d'un point de vue subjectif illusoire. Le point de vue de Marx reste très généralement celui de la §2, donc objectiviste. Les deux critiques ne se rencontrent donc pas, et la critique de S. Bailey est traitée d'inepte (cf. *Manuscrits de 1861-1863*, 54-55).

Soulignons que la *quatrième édition* ne permet pas de lire l'hétérogénéité des deux phrases puisque là où LC parle du temps vide de la journée de douze heures, dans la deuxième phrase, elle reproduit « une journée de travail de douze heures » (JPL, 599).

2) Plus loin, après tout un passage où est critiquée la confusion de l'économie politique, sur lequel nous reviendrons, Marx revient sur le chantier, et il n'est pas inintéressant de comparer ce texte avec celui de la *quatrième édition.*

Marx commence par un passage rajouté à la *première édition* : « Le salaire est le payement du travail à sa valeur ou à des prix qui en divergent. Il implique donc que valeur et prix accidentels de la force de travail aient déjà subi un changement de forme qui les fasse apparaître comme valeur et prix du travail lui-même. Examinons maintenant de plus près cette transformation… » (I, 383). La formulation n'est pas excellente, avec toujours ce prix de la force de travail, sur lequel nous ne reviendrons pas, mais le passage s'annonce prometteur.

Commençons par le texte de la *quatrième édition.* Le passage commence par une phrase assez confuse et non reprise dans LC, renvoyant la valeur de la force de travail à « une durée de vie donnée du travailleur », qui se poursuit ainsi : « Supposons que la journée de travail soit habituellement de 12 heures et que la valeur quotidienne de la *force de travail* soit de 3 sh (…). Si le travailleur reçoit 3 sh, il reçoit la valeur de sa *force de travail* fonctionnant pendant 12 heures. Si maintenant cette valeur journalière de la *force de travail* est exprimée comme valeur du travail d'une journée, nous avons alors la formule suivante : le travail de 12 heures a une valeur de 3 sh. La valeur de la force de travail détermine ainsi la valeur du travail, ou, exprimé en argent, son prix nécessaire » (JPL, 603 ns).

Le texte de LC est apparemment très proche : « Mettons que la *force de travail* (ns) ait une valeur journalière de trois francs et que la journée de travail soit de 12 heures. En confondant maintenant la valeur de la *force* (ns) avec la valeur de sa fonction, le travail qu'elle fait, on obtient cette formule : *le travail de 12 heures a une valeur de trois francs* (…). Il n'y a rien de changé que la forme. La valeur du travail ne réfléchit que la valeur de la *force* (ns) dont il est la fonction. » (I, 383). Et LC ne reprend pas la dernière phrase du passage. En remplaçant la force de travail par la force Marx montre le changement de forme de la valeur de la force de travail, qui permet son apparition comme « valeur » du travail. Par cela, en effet, on commence par le lieu d'origine de la «valeur» de la force (§2), soit la valeur de la force de travail (§1), ce par quoi le couple homogène du travail et de la force « dont il est la fonction » a un sens. La forme transformée a l'homogénéité requise par le fait que la force, cette détermination physiologique de la force de travail, est appelée par le travail pour être sa seule fonction. C'est une « force qui n'existe que dans la personnalité du travailleur et se distingue de sa fonction, le travail, tout comme une machine se distingue de ses opérations ». La force de travail apparaît à la fin du paragraphe, mais découplée du travail : « et les prix de marché du travail s'écartent de sa soi-disant valeur dans la même proportion ou le prix de marché de la force de travail s'écarte de sa valeur. ». Il s'en écarte par la médiation de la « valeur » de la force, détermination en la §2, seul niveau où l'on peut dire que la valeur du travail n'est « qu'une expression irrationnelle pour la valeur de la force ouvrière (force de travail dans la *quatrième édition*) ». Et comme « le capitaliste prolonge toujours le fonctionnement de cette force au-delà du temps nécessaire pour reproduire l'équivalent », il devient une plus-value avec ce « résultat absurde qu'un travail qui crée une valeur de six francs n'en vaut que trois. Mais cela n'est pas visible à l'horizon de la société capitaliste (...) (où) l'ouvrier paraît avoir reçu toute la valeur due à son travail, et (...) l'excédent (...) prend la forme d'une plus-value de trois francs, créée par le capital et non par le travail » (383-384). Mais il faut avouer qu'on ne comprend pas trop pourquoi « cette forme (...) n'exprime que les fausses apparences du travail salarié » (384). En quoi sont-elles de fausses apparences ? En ce qu'elles modifient la réalité en ne se contentant pas seulement de la présenter sous une autre forme ? Mais l'apparence n'a-t-elle pas justement pour raison d'être de voiler la « triste » réalité, de « censurer », de rendre « invisible le rapport réel entre capital et travail (et) en montre(r) précisément le contraire ? C'est d'elle que dérivent toutes les notions juridiques du salarié et du capitaliste, toutes les mystifications du rapport capitaliste, toutes les illusions libérales et tous les faux-fuyants apologétiques de l'économie vulgaire ».

3) Plus loin, Marx analyse « les raisons d'être de cette forme phénoménale » (384). Il en donne quatre, la première et la troisième renvoyant au point de vue de l'homme déterminé-situé ; et les deux autres à l'homme déterminé de §2. Et ces niveaux interdisent de voir la réalité de l'échange.

— Soit du fait du refoulement accompli qui ne laisse que des valeurs d'usage et l'argent (premier et troisième raison).

— Soit qu'au niveau de §2, valeur d'usage et valeur d'échange sont incommensurables pour apparaître ontologiquement hétérogènes, la seconde devant être refoulée, de sorte que de son point de vue, cette irrationalité concerne tout aussi bien le travail que toute autre « marchandise »(deuxième raison).

— Soit qu'« enfin, la valeur d'usage que l'ouvrier fournit au capitaliste, ce n'est pas en réalité sa force de travail, mais l'usage de cette force, sa fonction, le travail... » (385). Ce qui signifie que pour le capitaliste, la force n'a de sens que pour sa fonction, et c'est donc celle-ci qu'il achète.

On voit que « la seule expérience de la vie pratique » garde l'opacité de la réalité. Mais dans la mesure où ce qu'elle ne fait pas ressortir c'est « la double utilité du travail... », on comprend que cette réalité n'est pas de l'ordre de l'inconscient, mais ce qui « doit être découvert par la science » (386).

Une problématique ambivalente

1) Certes, on trouvera à profusion dans LC la référence à un travail anthropologique qui nous ramène sans cesse au schéma matérialiste historique. C'est là toute l'ambiguïté d'un texte dont l'ambivalence traduit l'« insuffisant » remaniement. Mais nous pouvons aussi voir poindre un questionnement salutaire. C'est ainsi que dans le chapitre VII, Marx nous dit ceci : « L'emploi et la création de moyens de travail, quoiqu'ils se trouvent en germe chez quelques espèces animales, caractérisent éminemment le travail humain. Aussi Franklin donne-t-il cette définition de l'homme : l'homme est un animal fabricateur d'outils (...). Ce qui distingue une époque économique d'une autre, c'est moins ce que l'on fabrique, que la manière de fabriquer les moyens de travail par lesquels on fabrique. Les moyens de travail sont les gradimètres du développement du travailleur, et les exposants des rapports sociaux dans lesquels il travaille » (137-138). On reconnaît là les accents prononcés du schéma matérialiste historique de l'*Idéologie allemande* : l'histoire est celle des forces productives.

Toutefois, il convient déjà de souligner une double restriction par rapport à ce discours. D'abord la définition de l'homme est relativisée par la reconnaissance qu'on rencontre le fait en germe chez quelques espèces animales. Ensuite, le critère ne distingue pas les époques historiques, mais économiques, de sorte que l'on « peut » y voir celles du capital, soit ces époques économiques que sont la soumission formelle et la soumission réelle du travail au capital. Il n'est dès lors pas étonnant de trouver au sein de la section IV, ce qui nous semble pouvoir constituer une confirmation de notre propos.

Dans le chapitre XIII sur la coopération, Marx nous dit que « le seul contact social produit une émulation et une excitation des esprits animaux (...) qui élèvent la capacité individuelle d'exécution (...). Cela provient de ce que l'homme est par nature, sinon un animal politique, suivant l'opinion d'Aristote, mais dans tous les cas un animal social » (239). Animal fabricateur d'outils, politique, social ? Il semble que Marx ait éliminé l'animal politique, mis en avant dans ses œuvres de jeunesse. Ne resterait alors que les deux autres définitions, dont la dernière seulement est conforme à notre problématique. Or c'est bien celle-ci qu'il retient dans une note à laquelle il renvoie ici : « La définition d'Aristote est à proprement parler celle-ci, que l'homme est par nature citoyen, c'est-à-dire habitant de ville. Elle caractérise l'Antiquité classique tout aussi bien que la définition de Franklin, « l'homme est naturellement un fabricant d'outils », caractérise le Yankee » (I, 622 n.7). La *quatrième édition* dit qu'elle est caractéristique « de la mentalité Yankee » (JPL, 367). Quand on sait que dans l'*Idéologie allemande*, pour les besoins du schéma matérialiste historique, les populations émigrées aux États-Unis sont présentées comme « les populations les plus évoluées du vieux monde » (IA,

67), on mesure le renversement opéré. Et le propos du chapitre VII semble renvoyé à sa juste place, celle de la détermination en §2. L'homme est, en son identité vitale, un être social, et c'est cette caractérisation qui préside à la théorie du Capital, à partir de laquelle l'« homme » du règne de l'économique et de sa rationalité spécifique peut s'apparaître immédiatement comme fabricant d'outils, piège de la croyance dans lequel tombait le schéma matérialiste historique de l'*Idéologie allemande*.

2) Qu'au-delà des avancées certaines que nous avons soulignées, la tonalité générale des textes ne reflète pas les innovations de LC, c'est ce que montrent de nombreux autres passages où Marx n'échappe pas aux pièges tendus en §2, et c'est encore son rapport à la science qui en témoigne. Les formes phénoménales « se réfléchissent spontanément, immédiatement dans l'entendement » (386), alors que leur substratum « doit être découvert par la science ». C'est ce point de vue objectiviste de la science qui constitue la limite de sa critique de l'économie politique, dont il parle le même langage. « L'économie politique classique touche de près le véritable état des choses sans jamais le formuler consciemment. Et cela lui sera impossible tant qu'elle n'aura pas dépouillé sa vieille peau bourgeoise ». Que l'économie politique touche de près la réalité, cela pourrait vouloir dire qu'elle atteint la détermination de la substance, qu'elle ne peut évidemment formuler consciemment. On a les outils pour comprendre cela, ainsi que les conditions pour le dépouillement de cette vieille peau. Mais la science qu'appelle Marx n'ouvre manifestement pas à cela. Qu'on en juge : « Ayant emprunté naïvement, sans aucune vérification préalable, à la vie ordinaire la catégorie « prix du travail », l'économie politique classique se demande après-coup comment ce prix était déterminé » (382). Elle remonta ainsi « des prix accidentels du travail à sa valeur réelle. Puis, elle détermina cette valeur par la valeur des subsistances nécessaires pour l'entretien et la reproduction du travailleur. À son insu elle changeait ainsi de terrain, en substituant à la valeur du travail, jusque-là l'objet apparent de ses recherches, la valeur de la force de travail (...). L'économie classique ne parvint jamais à s'apercevoir de ce quiproquo » (383).

C'est d'une logique comparative que procède l'affirmation que le travail n'a pas de valeur. L'« argument massue » qui veut échapper au cercle vicieux, ne voit pas qu'il ne fait par cela qu'obéir aux règles d'une épistémologie dictée par l'entendement pour lequel le premier des cercles vicieux n'est autre que l'identité vitale elle-même. La question du cercle vicieux se pose à l'« homme » dans les termes où celui-ci tente de se sauver. Le travail naturalisé répond à cette tentative qui, posant la vie dans les extériorités de sa transcendance, impose des règles de penser comme reflet des enchaînements des choses extérieures. Il va dès lors de soi que l'identité vitale est la réponse à ce qui, sans elle, baignerait dans le cercle vicieux. On le voit, plutôt que de résoudre un cercle vicieux, il faut l'assumer et découvrir sa raison d'être.

Assumer le cercle vicieux comme expression phénoménale d'une identité, signifie son renvoi au temps de cette identité, et sortir ainsi du temps indéfini du développement dans lequel la causalité de l'entendement lit, et veut absolument résoudre, des cercles vicieux. Pour cela la science que revendique Marx, armée des seuls outils que constituent l'histoire et l'abstraction, ne nous est pas d'une grande aide. Voyons donc la question autrement.

3) Assumons le cercle vicieux en le renvoyant à son origine identitaire.

Quand on dit la substance créatrice de valeur, cela ne signifie pas que la valeur n'existe que dans la marchandise. Dans la création d'une œuvre d'art, l'œuvre préexiste dans le cerveau de l'artiste. Le travail n'est pas chose de nature, mais une certaine chose qui appartient au monde de la valeur. Quant à la valeur on a vu qu'elle signifiait l'objet vital. Or, l'objet vital que vise l'inconscient du capitaliste, ce n'est pas la force de travail en tant que telle, mais sa projection, son déploiement nécessaire comme travail. Et on a vu que l'objet vital imaginé pour ne pas exister a autant de réalité que l'objet vital présent. Le travail en tant qu'effectuation imaginée de la force de travail, est donc valeur. Le travail, que la philosophie de l'histoire a conceptualisé comme substance historique, est objet vital du capital, et il crée la valeur à partir de lui-même en tant qu'il est cette valeur imaginée par le capitaliste. Et sa valeur est la projection de la propriété de la force de travail de produire plus de valeur qu'elle n'est. Sa valeur est donc Kv+pl.

On ne sort donc pas de la transmission de valeurs, que le travail soit « mort » ou « vivant ». La différence étant que les facteurs de la force productive (force de travail et moyen de production) transmettent une valeur ancienne, alors que le travail transmet une valeur nouvelle, la plus-value. Par son déploiement, la force de travail reproduit d'abord sa propre valeur, et elle produit une valeur nouvelle, la plus-value.

En somme, la valeur du travail est de créer de la valeur, et c'est en cela que le capital s'autovalorise. L'autovalorisation ne peut que s'effectuer dans le temps du capital parce qu'elle est dans un présent. Elle n'est pas essentiellement dans le fait de faire entrer du travail dans son entreprise pour une certaine valeur, et d'en recueillir à la sortie plus de valeur. Cette description objective par la pensée extérieure se donne à voir à partir d'une réalité essentielle qui fait de ce procès la réalisation d'une nécessité, celle de la projection imaginative d'un besoin vital spécifique réalisé dans un présent.

4) Nous avons vu Marx nous dire qu'il faut du temps à l'histoire pour déchiffrer le secret du salaire (384) et tous les secrets en général. Et que c'est avec le temps que l'homme cherche à déchiffrer par la science. Le couple histoire-science marche de pair, pour désigner l'histoire comme réalisation de la vérité, et la science comme ce qui alors la découvre. Et face à une réalisation concrète, il appartient alors à la science de découvrir le germe qui s'est réalisé.

Comme chez Hegel, la fin de l'histoire donne son point de départ comme son germe.

Ce schéma dialectique est, selon nous, acceptable, à la condition de comprendre cette histoire comme l'histoire propre, donc théorique, du capital, mais certainement pas en la confondant avec une histoire concrète. Il y aurait alors à penser cette histoire propre dans les termes d'une phylogenèse renvoyée, pour être discernable, au point de vue de l'identité vitale. Car ici la critique marxienne « du matérialisme abstrait des sciences naturelles, qui ne fait aucun cas du développement historique » (I, 632 n.4), est largement obviée par le fétichisme de l'histoire dont elle fait preuve.

Que l'histoire fétichisée pose problème à la théorie, c'est ce que nous nous proposons de voir dans les deux chapitres suivants, en montrant l'effet d'une histoire propre du capital, soit le mouvement d'une apparence vers sa réalité, et les méfaits de sa confusion avec l'histoire au sens du matérialisme historique.

Chapitre 6 : les trois stades de développement du MPC ou les soumissions formelles et réelles du travail au capital

La distinction soumissions formelle et réelle du travail au capital n'est clairement formulée que dans le *Chapitre Inédit*. Bien qu'elle n'apparaisse pas explicitement dans LC, qui insiste plus sur une trilogie, celle de la coopération simple, de la manufacture et du machinisme, les deux premiers moments constituant la soumission formelle, nous la maintenons en ce qu'elle renvoie, du point de vue de l'identité vitale, aux deux moments où il y a encore de l'« homme » (déterminé) et où il n'y en a plus (identité vitale du capital). Nous allons voir qu'en traitant cette trilogie du point de vue objectiviste d'une philosophie de l'histoire, Marx est conduit à s'enfermer lui-même dans les apparences du capital.

En revanche, en tant qu'il s'agit d'une histoire propre du capital, il va s'agir d'une rencontre de l'ouvrier, parcourant les moments allant de la valeur d'usage à la valeur et sa substance, avec le capitaliste qui va parcourir le même itinéraire, mais dans la sphère déterminée allant du résultat de la §3 à son être spécifique. Le volet ontogénétique de l'histoire propre de la force de travail, nous l'avons déjà suivi dans la §1 du Chapitre I. Celui du capital, nous venons de le suivre jusqu'à l'orée de son être spécifique dans la soumission réelle. Même itinéraire donc, mais s'originant différemment, l'un en l'être de l'homme, l'autre en sa détermination.

Le principe vital se constituant comme germe dès les conditions, la réalisation de cette histoire propre est celle de son effectivité. Comme chez Hegel, c'est le principe qui réalise sa propre histoire pour ne pas avoir les moyens (travailleurs, moyens de production…) de son effectivité immédiate. L'être spécifique du capital va constituer l'élément moteur d'une dialectique du négatif, une dialectique historique propre d'une histoire propre qui n'est téléologique que dans les limites de la théorie du propre. Elle n'est possible qu'en tant que le résultat futur est déjà au commencement, en un présent d'objets vitaux imaginés imprimant leur nécessité au procès. C'est bien parce que l'identité vitale spécifique au capital donne sens à une vie que, dans son développement historique propre, les pratiques et réalités historiques externes sont perçues par le capitaliste comme autant d'obstacles à dépasser nécessairement. C'est là ce qui constitue le fond d'une idéologie du progrès, ce donné du capital que la philosophie marxienne de l'histoire reçoit, pour y voir, dans la plus grande confusion, un stade de développement d'une histoire réelle nécessaire.

Cette histoire propre du capital a nécessairement la continuité homogène du temps unique de la dialectique hégélienne, dans la mesure où les moments ont la passivité d'une simple différence. Il ne s'agit donc pas d'une histoire concrète, car dès lors que ces extériorités seraient comprises dans l'activité de leur autosubsistance, on aurait non pas la nécessité d'une contradiction dialectique, mais une opposition réelle, dont on ne pourrait rien dire quant à son devenir historique réel, pour être marquée par l'empiricité. Il est de ce point de vue étonnant de voir Marx, traitant rétrospectivement de ce qui est advenu, nous donner une telle passivité, comme si, prospectivement, ces extériorités étaient inscrites dans une histoire empirique qui se réalise[82].

Dans le chapitre VII, Marx a déjà fait une sorte d'introduction à cette trilogie : « La nature générale du travail n'est évidemment point modifiée parce que l'ouvrier accomplit son travail non pour lui-même, mais pour le capitaliste (...). Si le mode de production vient lui-même à se transformer profondément en raison de la subordination du travail au capital, cela n'arrive que plus tard et alors seulement nous en tiendrons compte » (I, 141). Après ce que nous avons vu du parcours existentiel, nous savons que cette « nature générale du travail » en constitue le résultat en tant qu'apparence inséparable de l'existence de l'homme déterminé. Dès lors qu'on fait sienne cette apparence, c'est son point de vue objectiviste qui triomphe pour couvrir tout le développement. C'est dans la mesure où la pensée s'éloigne de la réalité pour en faire son objet, qu'elle a, livrée à elle-même, la prétention de lui attribuer un sens qui ne sort que de ses schémas à elle.

La coopération simple et la manufacture ou la soumission formelle du travail au capital

1) La coopération simple :

a) *L'exposé de Marx :*

D'une histoire propre du capital, Marx va faire une histoire inscrite dans le schéma matérialiste historique : « La production capitaliste ne commence à s'établir que là où un seul maître exploite beaucoup de salariés à la fois (...)

[82]M. Postone ne voit pas la dialectique de cette histoire propre du capital, et refuse de voir celle réelle que lui prête Marx, parce que s'arc-boutant sur la distinction travail concret/travail abstrait, il ne voit pas ce qui la fonde. Dès lors il n'y a, pour lui, de dialectique possible qu'à partir de la soumission réelle (511), et il en reste à la seule rétrospection pour y voir le fait que, par elle, « Marx fournit (...) implicitement une critique de la philosophie hégélienne de l'histoire, de l'histoire humaine comprise comme déploiement dialectique » (419). Car, et là il a raison, «l'histoire humaine en tant que tout ne peut être caractérisée de manière unilatérale, que ce soit en termes de logique intrinsèque ou de son devenir ».

en vue de produire le même genre de marchandises, voilà le point de départ historique de la production capitaliste. C'est ainsi qu'à son début la manufacture proprement dite se distingue à peine du métier du moyen âge (…). La différence commence par être purement quantitative » (237).

— Ce point de vue est donc la coopération simple : « Quand plusieurs travailleurs fonctionnent ensemble en vue d'un but commun dans le même procès de production ou dans des procès différents mais connexes, leur travail prend la forme coopérative (…). Il s'agit (…) de créer par le moyen de la coopération une force nouvelle ne fonctionnant que comme force collective » (239). Pour être commune, cette force collective est sociale, et constitue la base matérielle du développement des forces productives, « une force sociale du travail ou une force du travail social (...). En agissant conjointement avec d'autres dans un but commun et d'après un plan concerté, le travailleur efface les bornes de son individualité et développe sa puissance comme espèce » (241). Nous avons vu dans la forme IV de l'expression de la valeur que le « en même temps et ensemble » décrivait la constitution de ce qui est commun. Il en est de même ici quand Marx nous dit que « des ouvriers opérant ensemble (faisant) en même temps la même besogne ». Mais c'est maintenant pour décrire la constitution de l'espèce, et c'est en ce sens que cette force collective constitue « la base matérielle des changements que le mode de production va subir » (242). En tant que telle, elle requiert une fonction générale commune à tout mode de production, « une direction pour mettre en harmonie les activités individuelles.». C'est sur ces fonctions générales que le rapport de production capitaliste vient imprimer sa marque en tant que fonction du capital, forme de la généralité qui, « comme fonction capitaliste (…) acquiert des caractères spéciaux », dans la mesure où s'y ajoute « la fonction d'exploiter le procès de travail social, fonction qui repose sur l'antagonisme inévitable entre l'exploiteur et la matière qu'il exploite ». C'est qu'en effet «l'ouvrier ne travaille alors sous les ordres du capital que parce qu'il lui a vendu sa force », et du fait de ce lien formel, « la résistance contre le capitaliste (appelle) (…) la pression qu'il faut exercer pour vaincre cette résistance », de sorte que « la forme de cette direction devient nécessairement despotique » (243).

— La coopération simple est le lieu d'une apparence. En effet, « comme personnes indépendantes, les ouvriers sont des individus isolés qui entrent en rapport avec le même capital mais non entre eux. Leur coopération ne commence que dans le procès de travail ; mais là ils ont déjà cessé de s'appartenir (…). En tant qu'ils coopèrent (…) ils ne sont même qu'un mode particulier d'existence du capital. La force productive que des salariés déploient en fonctionnant comme travailleur collectif est, par conséquent, force productive du capital (…). Parce que la force sociale du travail ne coûte rien au capital, et que, d'un autre côté, le salarié ne la développe que lorsque son travail appartient au capital, elle semble être une force dont le capital est doué par nature, une force productive qui lui est immanente » (244). La force productive est donc force productive du capital, mais une force dont il n'est pas doué par nature. Car « la coopération capitaliste n'apparaît point comme une forme particulière de la coopération ; mais, au contraire, la coopération elle-même comme la forme particulière de la production capitaliste » (245). C'est donc dans la mesure où le capital constitue un moment du développement historique des forces productives, que la force productive du capital est une forme particulière des forces productives en général.

Et c'est cela qui emporte le caractère nécessaire de ce moment. « Le mode de production capitaliste se présente donc comme nécessité historique pour transformer le travail isolé en travail social ; mais entre les mains du capital, cette socialisation du travail n'en augmente les forces productives que pour l'exploiter avec plus de profit ». C'est cette nécessité qui trace aussi les moments du développement du procès de production capitaliste à partir de ce germe : « Le mode fondamental de la production capitaliste c'est la coopération dont la forme rudimentaire (…) (contient) le germe de formes plus complexes ». Développement nécessaire à partir du germe, ce mouvement trace l'histoire du capital, mais non pas une histoire qui lui serait propre, mais bien comme moment d'une histoire plus large dont elle tire sa logique la plus profonde, celle du développement des forces productives. La coopération est « la première phase de transformation que parcourt le procès de travail par suite de sa subordination au capital. Cette transformation se développe spontanément. La base (…) est donnée avec l'existence même du capital, et se trouve là comme résultat historique des circonstances et des mouvements qui ont concouru à décomposer l'organisme de la production féodale ». En poursuivant son but, l'exploitation avec plus de profit, le capital, en tant que moment nécessaire, réalise le but de l'histoire de l'humanité, l'augmentation des forces productives, et c'est là son rôle historique.

b) *Les limites du discours marxien :*

— Si nous lisons ce premier moment comme celui de l'histoire propre du capital nous y voyons les apparences du système achevé se déployer comme réalités du moment.

Il faut d'abord remettre en cause le point de vue objectiviste qui nous dit que ici « l'ouvrier est propriétaire de sa force de travail » (243), et dire au contraire, que l'ouvrier se présente avec sa valeur d'usage, son métier, dont il vend le service aux capitalistes, et qui devient travail au sens capitaliste. Ce qu'il vend, c'est son métier, ou son travail, qui n'a effectivement, pour lui, pas de valeur, mais une VER mesurée par la quantité de valeur d'usage contre laquelle il est échangé. C'est bien à la VER que renvoie ce moment historique de la coopération simple. Car le métier produit immédiatement des valeurs d'usage dont la validité n'est pas d'être pour soi, mais dans le souvenir d'une vie qui est celle de la pratique du métier. L'expérience présente du métier suscite le souvenir que le métier produit des valeurs d'usage.

La force de travail n'existe pas, puisque la vie de l'ouvrier ne s'y réduit pas. Cette vie est aliénée, mais c'est pour être séparée de son produit qui appartient au capitaliste. Mais son travail n'est, lui, en tant que tel, nullement aliéné, puisque, déployant dans son métier ses propres qualités, celui-ci lui appartient toujours. Comment Marx peut-il nous dire, d'un côté que le travail n'a pas changé de nature, et de l'autre que le capitaliste ayant acheté la « force de travail », elle lui appartient ? Dans la mesure où la chose de l'échange existe en tant que telle avant l'échange, et que celui-ci ne change rien, si le métier appartient à l'ouvrier avant l'échange, sa propriété après l'achat par le capitaliste n'est que formelle, de nature purement juridique, sans réalité.

Si l'ouvrier travaille sous les ordres du capitaliste, ce n'est pas selon la légitimité d'une réalité qui serait logée au fond de lui-même, celle que le travail appartient au capitaliste, mais seulement parce qu'il lui a vendu le service de son métier pour pouvoir vivre, physiologiquement. C'est justement parce que cette soumission n'est que formelle, que la vie aliénée de l'ouvrier lui est d'autant moins supportable, et que sa résistance est forte. Et c'est aussi pourquoi, comme nous le dira Marx pour le moment suivant, mais avec moins d'à-propos qu'ici, c'est encore le capital qui doit aller vers le travailleur.

— C'est donc parce que le métier appartient toujours à l'ouvrier, que le commandement du capitaliste n'est que « formel, presque accidentel », de cette accidentalité qu'avait la VER. Puisque le changement n'est que formel, il s'ensuit que le travail de l'ouvrier ne crée pas de valeur, mais des « marchandises » qui ne sont pas valeurs d'usage pour leur détenteur, le capitaliste, mais seulement des « valeurs échangeables » contre de l'argent. Si le travail créait de la valeur, il faudrait dire, soit que le travail crée par nature de la valeur qui a une existence antédiluvienne, soit que ce privilège viendrait du seul échange formel.

Se pose alors la question de l'argent contre lequel l'ouvrier échange le service de son métier, et le capitaliste ses produits échangeables. D'où vient-il s'il ne provient pas de l'expression de la valeur ? Il faut continuer dans la voie de la réalité historique des apparences du système achevé, et dire que l'argent est ici un simple signe. La direction « nécessairement despotique » du capitaliste, montre assez, selon nous, que ce premier moment de l'histoire propre du capital est encastré dans des formations économiques et sociales où domine un mode de production féodal, et où l'argent n'est pas lié à la valeur, mais est signe de pouvoirs, de reconnaissance, ou des valeurs d'usage désirées, et ce avec quoi thésauriser a encore un sens. Le statut de l'argent relève ici, comme pour le droit de propriété sur le métier acheté, d'une histoire propre qui n'est pas celle du capital.

— Marx ne voit donc pas que l'apparence du système achevé constitue la réalité d'un moment de son histoire propre. Et c'est pourquoi la nature des forces productives pose problème. Il est vrai que c'est le capitaliste qui rassemble les ouvriers pour former un travailleur collectif, mais le seul cachet du capital est le commandement formel. Marx nous dit que ce qui distingue la coopération capitaliste des précédentes, c'est la propriété privée et le travailleur libre. Mais ce sont là encore des rapports formels qui ne disent pas la réalité qui les sous-tend, celle des subjectivités qui donnent sens.

Il faut donc dire qu'à ce premier moment de l'histoire propre du capital, les forces productives ne sont pas forces productives du capital, mais du « travail ». Et c'est cette réalité que Marx va conserver dans les moments mêmes où elle ne sera plus qu'une apparence, et ce à l'aide de cette figure d'une forme capitaliste des forces productives du travail en général. Peu importe en définitif si « l'enchaînement de leurs travaux leur apparaît idéalement comme le plan du capitaliste, et (que) l'unité de leur corps collectif leur apparaît pratiquement comme son autorité » (243), puisque l'apparence n'est que le fait non historicisé.

— C'est parce que Marx se trompe d'histoire, que l'idée selon laquelle le MPC est une « nécessité historique pour transformer le travail isolé en travail social » doit être rejetée. Si le travail isolé est la négation de la coopération antique, on ne voit pas pourquoi la coopération capitaliste devrait nécessairement être la forme de la négation de la négation. C'est appliquer de manière volontariste une figure dialectique à une histoire concrète qui n'en peut mais. Il appartient à l'historicisme d'objectiver ce qui ne l'est pas, et on voit Marx objectiver la force collective du travail. Mais le fait que cette force collective soit plus grande que la somme des forces individuelles n'en fait pas une entité. Que la somme quantitative se transforme qualitativement, il reste que cette qualité n'a pas d'existence en tant que telle : enlevez-lui un seul un, et elle ne peut plus fonctionner. C'est là tout simplement l'expression idéaliste de ce qu'à deux on peut faire des choses que l'on ne peut faire tout seul.

Avec le service du métier, la VER, le capital comme moyen de production et l'argent-simple signe, nous avons le moment de réalité qui sied tant à l'« homme », au point que le capital achevé se les donnera comme apparence de lui-même.

2) La manufacture

a) *L'exposé de Marx :*

— La manufacture hérite de la coopération dont elle divise le travail. Elle « s'empare de la coopération d'artisans de même genre, décompose le même métier en ses opérations diverses, les vide et les rend indépendantes jusqu'au point où chacune d'elles devient la fonction exclusive d'un travailleur parcellaire » (247) qui « n'exécute constamment que la même opération de détail ». Aussi, « en tant que membre du travailleur collectif, le travailleur parcellaire devient même d'autant plus parfait qu'il est plus borné et plus incomplet » (255). Elle fait ainsi « une spécialité du défaut de tout développement ».

La rationalité de la division du travail du point de vue du développement des forces productives, consiste en ce que la production exige diverses qualités (habileté, force, attention…). Dans la manufacture, « les ouvriers sont divisés, classés et groupés d'après les facultés qui prédominent chez chacun d'eux (…). Le travailleur collectif possède maintenant toutes ces facultés productives au même degré de virtuosité et les dépense le plus économiquement possible, en n'employant ses organes (…) qu'à des fonctions appropriées à leur qualité » (254-255). Par là, elle « multiplie la force productive du travail ».

Dans la manufacture, « le métier reste la base » (247) sur laquelle s'opère la division du travail. Aussi peut-on dire que « la division manufacturière du travail est une coopération d'un genre particulier, et ses avantages proviennent en grande partie non de cette forme particulière, mais de la nature générale de la coopération » (248). En effet, « l'organisme de chaque groupe repose ici sur la division du travail, tandis que le lien entre les divers groupes analogues consiste en une simple coopération » (253). Ce qui donc appartient spécifiquement à la manufacture, c'est « le travailleur collectif fourni par la combinaison d'un grand nombre d'ouvriers parcellaires » (254). « Tandis que la division sociale du travail, (…) appartient aux formations économiques des sociétés les plus diverses, la division manufacturière est une création spécifique du mode de production capitaliste » (261).

— Par rapport à la coopération simple, la manufacture introduit des différences essentielles. Tout d'abord, du côté du travailleur. « Si en général, la coopération simple n'affecte guère le mode de travail individuel, la manufacture le révolutionne de fond en comble et attaque à sa racine la force de travail. Elle estropie le travailleur, elle fait de lui quelque chose de monstrueux en activant le développement factice de sa dextérité de détail, en sacrifiant tout un monde de dispositions et d'instincts producteurs (…). Ce n'est pas seulement le travail qui est divisé (…) c'est l'individu lui-même qui est morcelé et métamorphosé en ressort automatique d'une opération exclusive » (261-262). Le travail aliéné décompose à ce point l'ouvrier, que celui-ci ne trouve à être occupé que dans le procès de travail du capitaliste : « Originairement, l'ouvrier vend au capital sa force de travail, parce que les moyens matériels de la production lui manquent. Maintenant, sa force de travail refuse tout service sérieux si elle n'est pas vendue » (262).

Cependant on reste au niveau d'une soumission formelle du travail au capital. D'où il s'ensuit que « l'habileté de métier restant la base de la manufacture tandis que son mécanisme collectif ne possède point un squelette matériel indépendant des ouvriers eux-mêmes, le capital doit lutter sans cesse contre leur insubordination » (265). L'extériorité de l'ouvrier est telle, que « le capital ne parvient jamais à s'emparer de tout le temps disponible des ouvriers manufacturiers » (266), et que « les manufactures (…) sont obligées de se déplacer d'un pays à l'autre suivant les émigrations ouvrières ».

Une autre différence concerne le temps de travail socialement nécessaire qui devient un temps objectif dicté par le procès de travail lui-même. En effet, dans ce procès, « chaque ouvrier ou chaque groupe d'ouvriers fournit à l'autre sa matière première (…). Le temps de travail nécessaire pour obtenir dans chaque procès partiel l'effet utile voulu, est établi expérimentalement, et le mécanisme total de la manufacture ne fonctionne qu'à la condition que dans un temps donné un résultat donné soit obtenu, (…) cette dépendance (…) force chacun à n'employer que le temps nécessaire à sa fonction (…). Qu'une marchandise ne doive coûter que le temps de travail socialement nécessaire à sa fabrication, cela apparaît dans la production marchande en général l'effet de la concurrence (...). Dans la manufacture, au contraire, la livraison d'un quantum de produit donné dans un temps de travail donné devient une loi technique du procès de production lui-même » (252).

Enfin, s'initie ce qui s'épanouira complètement dans la soumission réelle, et qui concerne la science. « La connaissance, l'intelligence et la volonté que le paysan et l'artisan indépendants déploient, sur une petite échelle (…) ne sont désormais requises que pour l'ensemble de l'atelier. Les puissances intellectuelles de la production se développent d'un seul côté parce qu'elles disparaissent de tous les autres. Ce que les ouvriers parcellaires perdent se concentre en face d'eux dans le capital. La division manufacturière leur oppose les puissances intellectuelles de la production comme la propriété d'autrui et comme pouvoir qui les domine » (262).

— Et Marx souligne à nouveau la place de ce moment dans le schéma matérialiste historique. Tout d'abord « la division du travail dans sa forme capitaliste (…) sur les bases historiques données (…) ne pouvait revêtir aucune autre forme (…). Aux dépens du travailleur, elle développe la force productive du travail pour le capitaliste. Elle crée des circonstances nouvelles qui assurent la domination du capital sur le travail. Elle se présente donc comme un progrès historique, une phase nécessaire dans la formation économique de la société, et comme un moyen civilisé et raffiné d'exploitation » (264). À l'instar de la coopération simple, comme nécessité historique « la coopération fondée sur la division du travail (…) est à ses débuts une création spontanée et inconsciente. Dès qu'elle a acquis une certaine consistance et une place suffisamment large, elle devient la forme reconnue et méthodique de la production capitaliste (…) la division du travail (…) acquiert expérimentalement, pour ainsi dire à l'insu des acteurs, ses formes les plus avantageuses ». C'est ainsi que le capital s'approprie les forces productives en général dans leur développement spontané, historique, et les met au service de son but, l'exploitation, dans son moment méthodique, conscient.

On le voit, c'est toujours du côté d'une des faces, l'augmentation des forces productives, que se niche le côté positif du capital, et son caractère de nécessité historique. Mais c'est toujours l'objectivisme qui l'emporte sur le point de vue subjectif immédiat.

b) *Les limites du discours marxien :*

Dès lors que nous lisons la manufacture comme le moment d'une histoire propre du capital, il faut y voir l'équivalent historique de la VEI, dans la mesure où, en tant que second moment de la soumission formelle du travail au capital, il y a encore de l'« homme ».

Cela signifie d'abord que l'ouvrier ne vend plus le service de son métier et pas encore sa force de travail, mais bien cette *force* parcellaire distinguée du métier par la division du travail. C'est de par sa malléabilité qu'il n'est, pour le capitaliste, qu'une force au service du travail à opérer. Celui-ci manifeste en effet pour la première fois sa rationalité propre au travers de la division du travail qu'il impose comme telle. C'est dire si cette division du travail n'est pas, à ses débuts, une nécessité relevant du mouvement spontané des forces productives.

L'ouvrier vend cette force, mais ne se confond pas avec elle. Il s'ensuit que sa reproduction n'est pas dans le procès économique, de sorte qu'elle n'est pas marchandise, seulement une « marchandise », que l'ouvrier est obligé de louer un temps pour subvenir à ses besoins physiologiques. N'étant pas marchandise, cette force n'a pas de valeur, mais une VEI qui se définit, en définitif, comme valeur d'utilité pour l'autre, le capitaliste. Il s'ensuit qu'elle ne crée pas de valeur.

De même qu'avec la VEI et l'homme-en situation nous entrions, en §1, réellement sur le chemin menant à la valeur, avec la division du travail nous entrons véritablement dans le monde du capital dans lequel l'« homme » est maintenant inséré. Cela se manifeste en premier lieu par le fait que la force ne peut plus se déployer que si elle est vendue un temps au capitaliste. Cela signifie d'abord que la soumission du travail au capital n'est plus seulement formelle mais n'est pas encore réelle. Avec la division du travail, le travail est aliéné pour ne plus appartenir à l'ouvrier, mais au capital. Marx veut absolument maintenir comme base le métier et la coopération, et ceci afin de faire perdurer les forces productives en général. Mais que la division du travail s'opère sur le métier, et on ne voit pas ce qui reste de celui-ci. Quant à la coopération entre les différents groupes, elle n'a plus rien de la coopération simple et est proprement, cette fois, coopération capitaliste. Disposant à sa volonté de la force par la division du travail, les forces productives sont effectivement forces productives du capital dont les éléments sont des moyens extérieurs. C'est de même de manière tout à fait apriorique, de cet a priori qu'accouche une philosophie de l'histoire, que la science est déclarée n'appartenir que formellement au capital, pour n'avoir que la propriété formelle sur ce qui appartient réellement à l'histoire de l'humanité. Ce discours n'est possible que comme affirmation objectiviste là où se dessine le déploiement d'un sens propre. Enfin, comment Marx peut-il dire d'un côté que la force refuse tout service si elle n'est pas vendue, et de l'autre que les manufactures se déplacent au gré des migrations ouvrières ?

Les propos concernant le temps de travail socialement nécessaire s'inscrivent dans la vieille antienne de CEP avec son travail de l'industrie préfigurant le travail immédiatement social. Que le temps de travail socialement nécessaire établi par la concurrence soit une apparence, n'autorise pas d'en faire, en réalité, une loi technique de la production. Si le lieu de la substance de la valeur est le procès de production dans ces différentes opérations, il semble difficile de dire « que les travailleurs parcellaires ne produisent pas de marchandises. Ce n'est que leur produit collectif qui devient marchandise » (258). C'est dès lors que Marx confond encore la marchandise avec la « marchandise », qu'il oppose l'anarchie de la régulation a posteriori du marché, à l'organisation a priori de la production dans la manufacture. Mais c'est au prix d'une simplification qui lui fait dire cette chose étrange : « La division sociale du travail met en face les uns des autres des producteurs indépendants qui ne reconnaissent en fait d'autorité que celle de la concurrence, d'autre force que la pression exercée sur eux par leurs intérêts réciproques » (259). C'est, pour le coup, baigner en plein dans l'apparence.

En fait, il n'y a pas à ce moment-là de temps de travail socialement nécessaire, mais bien un temps relevant des techniques de production. C'est cette réalité historique que Marx confond avec le temps de travail socialement nécessaire, alors même qu'il faudrait y voir sa future apparence. On le voit, la confusion d'histoires conduit Marx à confondre la réalité du système achevé avec ses apparences. Ainsi voit-on deux sortes d'idéologies. Celle qui a son objet propre, une logique qu'elle confond avec toute logique possible. Et celle qui, faute d'objet propre, se le construit en se trompant d'objet.

Nous voudrions en montrer les conséquences en nous arrêtant un peu plus largement sur la question de la valeur de la force de travail pour en souligner les incohérences de construction, dès lors que l'on fait cette confusion.

3) L'obstacle du schéma matérialiste historique à la valeur de la force de travail

La définition qu'en donnait le chapitre VI était celle-ci : « L'individu étant donné, il produit sa force vitale en se reproduisant ou en se conservant lui-même (...) La force de travail a juste la valeur des moyens de subsistance nécessaires à celui qui la met en jeu » (131-132).

a) On nous dit que ces moyens de subsistance ne sont que de manière dérivée les moyens de reproduction de la force de travail, pour être avant tout les moyens de conservation de la vie de l'individu. Il convient donc de s'interroger sur la manière dont cet individu reproduit sa force de travail de façon médiane, si nous avons affaire à l'ouvrier de la soumission formelle. Il n'y a de valeur dans l'analyse marxienne que dans la mesure où la marchandise est l'objet de la production, ce qui nécessite pour le moins l'« indifférence » à la valeur d'usage. Or, durant l'acte de consommation des moyens de subsistance, l'individu n'a pas pour objet la production de sa « marchandise-force de travail ». Il ne s'agit pas d'une consommation productive de valeur, mais d'une consommation individuelle.

Marx distingue d'ailleurs ces deux types de consommation : « Sa consommation productive, qui est en même temps consommation de sa force par le capitaliste (...) c'est la vie du capital (407). « Sa consommation individuelle (...) c'est la vie de l'ouvrier lui-même ». « Dans la première, il agit comme force motrice du capital et appartient au capitaliste ; dans la seconde, il s'appartient à lui-même et accomplit ses fonctions vitales en dehors du procès de production ». Reproduisant sa vie, l'ouvrier se situe hors de la production, et « la consommation des marchandises n'est pas incluse dans le cycle du capital dont elles sont issues » (II, 68 ; cf. Chapitre inédit, 166). Dès lors, « une masse de marchandises de cette valeur se trouve donc anéantie (et) (...) fait l'objet de la consommation improductive de l'ouvrier » (271).

Dans la mesure où la consommation individuelle de l'ouvrier en vue de la production de sa vie, se réalise hors du champ immédiat de manifestations du mode de production capitaliste, le temps de travail contenu dans les « marchandises »-moyens de subsistance, n'est pas, et ne peut être, transmis à la force de travail pour en constituer la valeur, puisqu'il n'y a une telle transmission que par l'action d'une activité productive du travail. Or, Marx affirme par ailleurs qu'il « n'entend pas par travail nécessaire à sa production, le travail qu'il dépense lui-même dans l'acte de consommation (...), sa reproduction n'exige aucun travail (...). L'appropriation de ces éléments n'est pas du travail » (TPV. III, 176-177). Comme seul le travail créé ou transmet de la valeur, on ne voit pas ici comment la valeur des moyens de subsistance pourrait être transmise à la force de travail.

b) Par ailleurs, si la marchandise-force de travail est « de même que toute autre marchandise», sa consommation productive devrait être l'occasion d'un transfert de valeur, d'une conservation de cette valeur. Or, la valeur-capital avancée en salaire « n'entre en aucune façon dans la formation de la nouvelle valeur » (III, 47). C'est pourquoi, « de ce que cette valeur nouvelle, qu'il reproduit constamment, constitue pour l'ouvrier une source de revenus, il ne s'ensuit pas, réciproquement, que son revenu forme une partie constitutive de la valeur nouvelle qu'il produit » (II, 335).

De quelque point de vue où l'on se place, sa production ou sa consommation, la force de travail, parce qu'elle appartient à la vie de l'ouvrier, ne peut avoir une quelconque valeur. Parce que les déterminations de la vie de l'ouvrier ne sont pas réductibles à l'économique, parce que la consommation individuelle n'est qu'un moyen de vivre, mais n'est pas à fin de la reproduction de la marchandise-force de travail, cette dernière a un contenu énigmatique.

La force de travail comme valeur supposerait que le motif de la consommation individuelle de l'ouvrier soit immédiatement la reproduction de sa force de travail, ou que sa consommation individuelle se confonde avec sa consommation productive. Mais ce ne sont là que des abus qui ne peuvent être retenus nous dit Marx : « Dans les chapitres sur la « journée de travail » et la « grande industrie », des exemples nombreux (...) nous ont montré l'ouvrier obligé à faire de sa consommation individuelle un simple incident du procès de production. Alors, les vivres qui entretiennent sa force jouent le même rôle que l'eau et le charbon donnés en pâture à la machine à vapeur. Ils ne lui servent qu'à produire, ou bien sa consommation individuelle se confond avec la consommation productive. Mais cela apparaissait comme un abus dont la production capitaliste saurait se passer à la rigueur » (I, 407).

Examinons maintenant deux arguments avancés par Marx pour justifier la « valeur de la force de travail » :

— Dans une note adressée à Rossi qui s'insurge contre les économistes qui classent les subsistances de l'ouvrier parmi les éléments du capital productif, Marx va jusqu'à répondre, qu'il oublie « que si les subsistances de l'ouvrier n'entrent pas dans le capital productif, l'ouvrier lui-même en fait partie » (668 n.10 ; cf. Chapitre Inédit, 167). Mais alors, il n'y a plus de consommation individuelle.

— La seconde tentative n'est pas plus probante : « Il est vrai que le travailleur fait sa consommation individuelle pour sa propre satisfaction et non pour celle du capitaliste. Mais les bêtes de somme aussi aiment à manger, et qui a jamais prétendu que l'alimentation en soit moins l'affaire du fermier » (407-408). Mais cette assimilation de l'ouvrier à une bête de somme, que nous avions mot pour mot dans l'*Idéologie allemande* (IA, 12), suppose la négation de la vie individuelle, ce que fait Marx en ayant recours à la totalité. « Néanmoins, les faits changent d'aspect si l'on envisage non le capitaliste et l'ouvrier individuel, mais la classe capitaliste et la classe ouvrière » (I, 407). En effet, à ce niveau, « le capitaliste fait d'une pierre deux coups. Il profite non seulement de ce qu'il reçoit de l'ouvrier, mais encore de ce qu'il lui donne. Le capital aliéné contre la force de travail est échangé par la classe ouvrière contre des subsistances... ». À ce niveau d'abstraction, il apparaît évident que « la consommation individuelle de l'ouvrier, qu'elle ait bien lieu au- dedans ou au-dehors de l'atelier, forme donc un élément de la reproduction du capital ». Et Marx semble pouvoir conclure : « Au point de vue social, la classe ouvrière est donc, comme tout autre instrument de travail, une appartenance du capital, dont le procès de reproduction implique, dans certaines limites, même la consommation individuelle des travailleurs (...) ce procès empêche ses instruments conscients de lui échapper (…). Ce sont les fils invisibles qui rivent le salarié à son propriétaire. Seulement ce propriétaire, ce n'est pas le capitaliste individuel, mais la classe capitaliste » (408). Et « le travailleur appartient en fait à la classe capitaliste avant de se vendre à un capitaliste individuel » (411). Plus objectiviste, tu meurs !

Il s'agit manifestement là d'une réponse à un problème qui détruit son objet. Car dans le rapport de classe à classe il ne se passe rien. Est-ce à ce niveau que se crée la valeur, qu'elle se transmet ? Comment introduire l'argent et sa nécessité ? C'est ce que Marx est bien obligé de reconnaître au chapitre suivant, en des termes faisant sans doute trop la part à l'apparence : « Il est bien vrai que les choses se représentent sous un tout autre jour si (…) on substitue au capitaliste et aux ouvriers individuels, la classe capitaliste et la classe ouvrière. Mais c'est appliquer une mesure tout à fait étrangère à la production marchande. Elle ne place vis-à-vis que des vendeurs et des acheteurs indépendants les uns des autres, et entre qui tout rapport cesse à l'échéance du terme stipulé par leur contrat (...) Pour juger la production marchande (…) comme ventes et achats se font toujours d'individu à individu, il n'y faut pas chercher des rapports de classe à classe ». (416- 417).

Que ce soit là une critique du voile que la production marchande appose sur la réalité d'un rapport de classe à classe, c'est-à-dire une reprise de la *première édition* faisant l'abstraction du rapport d'échange pour « découvrir » la substance de la valeur, cela ne fait pas de doute. Mais si Marx veut rester cohérent avec l'*Idéologie allemande* il doit concevoir le rapport de classe comme simple généralisation, et non pas comme une entité objective à partir de laquelle on peut tout dire.

Mais il y a une autre solution, plus satisfaisante, qui consiste à se dire que si cette force n'est pas valeur pour moi, et si elle l'est malgré tout, c'est qu'elle l'est pour un autre auquel je l'ai vendue. Et c'est à cette conclusion que Marx se rend finalement. L'ouvrier « doit avant tout vivre, donc se conserver par la consommation individuelle. Mais cette consommation elle-même, *n'est ici supposée que* (ns) comme condition de la consommation productive de la force de travail par le capital, c'est-à-dire dans la mesure seulement où l'ouvrier, par sa consommation individuelle, se conserve et se reproduit en tant que force de travail » (II, 54). À un autre endroit, Marx traite de la transformation du capital variable en salaire qui, en tant que « consommation improductive de l'ouvrier (…) maintient simplement la capacité d'action de sa force de travail » (271). Et il ajoute : « en second lieu, *pour le capitaliste* (ns), ces 500£ se trouvent converties en force de travail de la même valeur ». Cette solution n'est satisfaisante que si l'on ajoute : pour le capitaliste non pas tel qu'il se représente, mais tel qu'il est en son être.

Le machinisme ou la soumission réelle du travail au capital

Dans le moment précédent, Marx a décrit l'extrême aliénation du travail à laquelle conduisait la division du travail. C'était déjà la préfiguration de la réduction du travailleur à la force de travail, et c'est cette logique interne du capital que Marx caractérisait comme une monstruosité. C'est maintenant au monstre automatique, sa monstration extérieure, qu'il convient de passer.

A) 1) Marx commence par constater que les « économistes (…) définissent l'outil une machine simple, et la machine un outil composé. Pour eux, il n'y a pas de différence essentielle (…). Mais cette définition ne vaut rien au point de vue social, parce que l'élément historique y fait défaut » (I, 267). En effet « dès que l'instrument, sorti de la main de l'homme, est manié par un mécanisme, la machine-outil a pris la place de l'outil. Une révolution s'est accomplie alors même que l'homme reste le moteur » (268). Mais « dès que l'homme (…) n'agit plus que comme moteur d'une machine outil, l'eau, le vent, la vapeur peuvent le remplacer » (269), de sorte que « le moteur acquiert (…) une forme indépendante, complètement émancipée des bornes de la force humaine » (271).

Dans le système des machines « la coopération par division du travail, qui caractérise la manufacture, reparaît ici comme combinaison de machines d'opérations parcellaires (…). Cependant, une différence essentielle se manifeste immédiatement. Dans la manufacture (…) si l'ouvrier est ici approprié à une opération, l'opération est déjà d'avance accommodée à l'ouvrier. Ce principe subjectif de la division n'existe plus dans la production mécanique. Il devient objectif, c'est-à-dire émancipé des facultés individuelles de l'ouvrier ; le procès total est considéré en lui-même, analysé dans ses principes constituants et ses différentes phases » (272). « Dès que la machine-outil exécute tous les mouvements nécessaires au façonnement de la matière première sans le secours de l'homme et ne le réclame qu'après coup, dès lors il y a un véritable système automatique » (273), « un monstre mécanique qui (déploie) (…) sa force démoniaque ».

2) Avec le système des machines, on passe de l'accidentel à la nécessité. Tout le problème est de savoir à quelle histoire renvoyer ce procès. À l'histoire propre du capital ou à celle des forces productives substantielles du schéma matérialiste historique ? Ces forces productives sont-elles cette substance historique ou forces productives du capital ?

Il semble bien qu'en renvoyant ces forces productives à la recherche de la plus-value relative, on les renvoie à l'histoire propre du capital. C'est Marx qui, au tout début de ce chapitre XV, à la question de J.-S. Mill se demandant « si les inventions mécaniques (…) ont allégé le labeur quotidien d'un être humain quelconque » (267), répond : « *Ce n'était pas leur but* (ns). Comme tout autre développement de la force productive du travail, l'emploi capitaliste des machines ne tend qu'à diminuer le prix des marchandises, à raccourcir la partie de la journée où l'ouvrier travaille pour lui-même, afin d'allonger l'autre où il ne travaille que pour le capitaliste. C'est une méthode particulière pour fabriquer de la plus-value relative ». A priori, c'est là une manière de parler tout à fait étrange. Si ces forces productives ont été réalisées dans le but dicté par la plus-value relative, de quoi parle-t-on avec « l'emploi capitaliste des machines » ? Pour employer ces forces productives de manière capitaliste, encore eût-il fallu qu'elles existassent déjà ! Or, elles sont nées du capital afin de réaliser son but. Mais on voit bien que cette manière de parler ne prend sens que si on présuppose que le capital réalise, en toute inconscience, un contenu dont il n'est que la forme. C'est le schéma matérialiste historique de l'*Idéologie allemande* qui permet ce discours, et toute l'analyse ne tient qu'au pari d'une philosophie de l'histoire.

Cependant, même ce discours n'est pas aussi clair qu'il y paraît. À un moment, Marx nous dit que « la manufacture forme (...) historiquement la base technique de la grande industrie » (274). Mais que « à un certain degré de son développement, la grande industrie entre en conflit, même au point de vue technologique, avec sa base donnée par le métier et la manufacture ». A priori, ce conflit est celui qu'instaure une nécessité. Mais de quelle nécessité s'agit-il ? Marx ne nous dit-il pas que « tant que le métier et la manufacture forment la base générale de la production sociale, la subordination du travailleur à une profession exclusive, et la destruction de la variété originelle de ses aptitudes et de ses occupations, peuvent être considérées comme des nécessités du développement historique » (345-346). Serait-ce que la soumission formelle décrirait l'unité des forces productives et des rapports de production du schéma matérialiste historique, et la soumission réelle le moment de leur contradiction, celle-ci n'étant plus saisie au seul niveau des rapports de production devenus inadéquats, mais aussi au niveau des forces productives devenues ces forces destructrices que l'*Idéologie allemande* avait subrepticement introduites (cf. IA, 445). Dans l'*Idéologie allemande*, la question n'est certainement pas claire pour Marx et Engels. On y trouve en effet affirmé que : « Nous en sommes arrivés au point que les individus sont obligés de s'approprier la totalité des forces productives existantes ... » (IA, 71), mais aussi sa variante qui affirme le contraire : « Nous en sommes donc arrivés aujourd'hui au point que les individus ne peuvent plus s'approprier les forces productives qui se sont développées jusqu'à fournir une totalité et qui sont liées aux échanges universels ». La question se pose d'autant que, à un endroit, Marx semble faire de la soumission réelle le mode de production spécifiquement capitaliste, ce qui est une constante dans le *Chapitre Inédit :* «Bien qu'au point de vue technique le système mécanique mette fin à l'ancien système de la division du travail, celui-ci se maintient néanmoins dans la fabrique (...) puis le capital s'en empare (...) comme moyen systématique d'exploitation » (I, 300).

Dans la *première édition*, ainsi que dans les *Grundrisse*, la soumission réelle est de toute évidence prise comme le moment de la réalisation du rôle historique du capital, à partir duquel il deviendrait une force destructrice pour constituer un obstacle au développement des forces productives. C'est ainsi que le travail n'est plus la mesure nécessaire des choses, et appartient en tant que tel à la préhistoire de l'humanité. C'est à cela qu'on renvoie parfois pour montrer le caractère non productiviste et non positiviste de la théorie de Marx[83]. Mais subsiste l'essentiel. Car en faisant du travail la substance dans

[83]Cf. A. Artous (2003, 143-144).

cette préhistoire, on reste aveugle sur le fait qu'il ne s'agit que de la substance du capital. On confond toujours une histoire propre du capital avec une histoire unique de l'humanité, en serait-ce sa préhistoire. Les forces destructrices sont un fait indéniable, mais du point de vue humain, et n'ont pas besoin, à ce titre, d'une condamnation d'illégitimité advenant du point de vue d'une philosophie de l'histoire. Mais ce sont les termes mêmes de ce dépassement qui posent problème, pour participer d'une confusion. Avec le machinisme, le travail serait naturellement remis en cause comme mesure de la valeur, ce qui présuppose que la valeur ne serait qu'une mesure nécessaire à l'échange à un stade de l'histoire. Mais dans cette histoire attendant son moment « naturel » de dépassement, il n'y a rien de naturel ni d'historique. En tant que la valeur et sa substance ont un sens ontologique essentiel spécifique, il n'y a pas de fin ou de dépassement programmable car « logique ». C'est pourquoi Marx n'a pas vu venir des phénomènes comme le développement du tertiaire[84]. Le capital se nourrit du productivisme, et celui-ci n'a pas, en tant que tel, de freins du côté du besoin.[85] Les détracteurs de Marx ont pu lui opposer le fait que ces besoins n'avaient pas de limite. Mais c'est là un point de vue lui-même limité. Car quand Marx parle d'une telle limite, c'est pour ne pas voir qu'il s'agit du besoin du travail et de sa reproduction. Et c'est ce même besoin que ses détracteurs reproduisent pour le naturaliser comme celui d'un « homme » anthropologisé.

3) Du point de vue d'une histoire propre du capital, les trois moments ne sont rien d'autre que ceux de son effectivité, même s'il ne faut pas s'arrêter à un moment historique précis. Comme nous le verrons, il est en effet erroné de prendre la fabrique comme la forme du moment du système achevé. Nous devons prendre ce troisième moment, tel que le décrit Marx, comme une ouverture à celui-là. Mais c'est le mouvement théorique qui nous importe.

La soumission réelle doit être comprise comme le contenu technico-matériel du procès de travail en tant que déploiement de la force de travail substantielle. Ce qui est sur la touche, c'est l'homme, de telle sorte que cette force de travail, bien loin de subir le système des machines, s'y trouve chez elle pour en être le créateur.

C'est enfermé dans la contradiction forces productives/rapports de production capitaliste, comme contradiction procès de travail créateur de valeur d'usage/procès d'exploitation de la plus-value, que Marx nous dit que « dans toute production capitaliste, en tant qu'elle ne crée pas seulement des

[84]Cf. ci-dessous le concept de travail productif-improductif.

[85]De ce point de vue, M. Postone à raison quand il critique les fétichistes du travail concret : « la grande industrie n'est pas un procès technique qui est utilisé aux fins de la domination de classe et qui s'oppose de plus en plus à cette forme de domination ; la grande industrie (...) est bien plutôt l'expression matérialisée d'une forme abstraite de domination sociale : la forme objective de la domination des hommes par leur propre travail » (510). Il reste toutefois à donner un fondement à cette « forme abstraite de domination sociale ».

choses utiles, mais encore de la plus-value, les conditions de travail maîtrisent l'ouvrier, bien loin de lui être soumises, mais c'est le machinisme qui, le premier, donne à ce renversement une réalité technique » (300-301). Mais cette réalité technique, bien loin de constituer le contenu technico-matériel du procès de dépense de la force de travail substantielle, est conçue comme nécessité réalisée par le contenu des forces productives à partir des moments de l'accidentalité : « Dans la coopération simple et même dans celle fondée sur la division du travail, la suppression du travail isolé par le travailleur collectif semble encore plus ou moins accidentelle. Le machinisme (…) ne fonctionne qu'au moyen d'un travail socialisé ou commun. Le caractère coopératif du travail y devient une nécessité technique dictée par la nature même de son moyen » (276). C'est donc sur la base de ce contenu essentiel des forces productives, que le MPC est caractérisé positivement : « L'industrie moderne ne considère et ne traite jamais comme définitif le mode actuel d'un procédé. Sa base est donc révolutionnaire, tandis que celle de tous les modes de production antérieurs était essentiellement conservatrice » (346).

La machine est dès lors neutre : « La machine est innocente des misères qu'elle entraîne ; ce n'est pas sa faute si, dans notre milieu social, elle sépare l'ouvrier de ses vivres. Là où elle est introduite, elle rend le produit meilleur marché et plus abondant » (313). Et c'est la vocation de l'ouvrier d'y reconnaître un allié derrière son appropriation par le capitaliste : « Il faut du temps et de l'expérience avant que les ouvriers, ayant appris à distinguer entre la machine et son emploi capitaliste, dirigent leurs attaques non contre le moyen matériel de production, mais contre son mode social d'exploitation» (303). Reçue comme héritage de l'histoire de l'humanité, elle reçoit deux définitions selon le lieu de son inscription. « Dans l'un, le travailleur collectif (…) apparaît comme le sujet dominant, et l'automate mécanique comme son objet. Dans l'autre, c'est l'automate même qui est le sujet, et les travailleurs sont (...) adjoints comme organes conscients à ses organes inconscients et, avec eux, subordonnés à la force motrice centrale. La première définition s'applique à tout emploi possible d'un système de mécaniques ; l'autre caractérise son emploi capitaliste » (298-299). C'est de ce point de vue que Marx peut dénoncer « ce paradoxe économique que le moyen le plus puissant de raccourcir le temps de travail devient, par un revirement étrange, le moyen le plus infaillible de transformer la vie entière du travailleur et de sa famille en temps disponible pour la mise en valeur du capital » (290). Mais où est le paradoxe, de quel revirement s'agit-il ? N'ont-elles pas pour seule vocation le but pour lequel elles ont été créées ?

La polarisation sur les forces productives est telle qu'à un moment, Marx nous dit qu'« ici, comme partout, il faut distinguer entre le surcroît de productivité due au développement du procès de travail social, et celui qui provient de son exploitation capitaliste » (300). Mais on a bien du mal à trouver dans le texte quoi que ce soit qui puisse être attribué, en ce sens, à ce dernier. Et la productivité du travail est à ce point attribuée aux forces productives en général, que la forme capitaliste de la surveillance est caractérisée de « soi-disant travail de surveillance » (301). C'est, nous dit Marx « dans le cerveau de ce maître, (que) son monopole sur les machines se confond avec l'existence des machines ». Mais ce qu'il y a dans son cerveau, n'est-ce pas le pur reflet de sa réalité vitale, pour laquelle la force productive du travail est identiquement force productive du capital. Une différenciation n'advient que dans le donné de la détermination, à laquelle on s'empresse d'appliquer une lecture puisée dans le temps objectif d'une philosophie de l'histoire. À une telle lecture, il faut demander : d'où le capitaliste tire-t-il ce qui est dans son cerveau ? La réponse sera : de son point de vue de classe ! Et à la question réitérée sur ce point de vue : de ce qu'il n'a pas un point de vue matérialiste historique, une philosophie de l'histoire.

4) Le modèle du schéma matérialiste historique n'est pas exempt d'un point de vue productiviste qui vient se heurter de front à une critique radicale pour la laisser à mi-chemin. C'est dès lors que l'objectivisme s'en tient au langage de l'objet critiqué, que cette critique montre ses limites dans sa prétention à constituer le fond d'une alternative. C'est ainsi que le chapitre VI se termine par ces mots : « La production capitaliste ne développe donc la technique et la combinaison du procès de production sociale qu'en épuisant en même temps les deux sources d'où jaillit toute richesse : La terre et le travailleur » (361). La critique écologique du système est bien présente quand Marx écrit que « chaque progrès de l'agriculture capitaliste est un progrès non seulement dans l'art d'exploiter le travailleur, mais encore dans l'art de dépouiller le sol(...) un progrès dans la ruine de ses sources durables de fertilité » (360). Mais le point de vue de cette critique reste largement arc-bouté sur l'intérêt même de la production, la défense de sa rationalité dans le temps objectif de l'histoire.

C'est que cette « exigence » rend Marx largement aveugle quand il s'agit de questions sur l'éducation par exemple : « Les catastrophes mêmes que fait naître la grande industrie imposent la nécessité de reconnaître le travail varié et, par conséquent, le plus grand développement possible des diverses aptitudes du travailleur, comme une loi de la production moderne, et il faut à tout prix que les circonstances s'adaptent au fonctionnement normal de cette loi. C'est une question de vie ou de mort. Oui, la grande industrie oblige la société sous peine de mort à remplacer l'individu morcelé, porte-douleur d'une fonction productive de détail, par l'individu intégral qui sache *tenir tête aux exigences les plus diversifiées du travail* (ns) et ne donne dans des fonctions alternées, qu'un libre essor à la diversité de ses capacités naturelles ou acquises » (347). Le texte de la *quatrième édition* ne laisse aucun doute sur le sens du passage souligné, qu'il traduit par « une disponibilité absolue de l'homme pour les exigences changeantes du travail » (JPL, 548). C'est bien à une soumission de l'homme à la rationalité du travail comme moyen de sa liberté, que nous invite Marx. C'est le monisme de l'idéologie du progrès qui rend à ce point aveugle sur ce qui est donné du système, pour ne laisser que le vide d'une croyance aux vertus « propres » de l'éducation : « Le système de fabrique a le premier fait germer l'éducation de l'avenir, éducation qui unira pour les enfants au-dessus d'un certain âge le travail productif avec l'instruction et la gymnastique, et cela non seulement comme méthode d'accroître la production sociale, mais comme la seule et unique méthode de produire des hommes complets » (I, 344). Cette synonymie entre la croissance de la production sociale et l'homme complet, inscrite dans le schéma matérialiste historique, montre à l'évidence son caractère problématique quand on voit que le capital, après Marx, va justement se construire par cela, en tissant les fils d'une « soumission réelle du travail au capital »[86]. C'est proprement d'un programme participant à la constitution de la force de travail qu'il s'agit, et c'est pourtant Marx qui écrit que « la conquête du pouvoir politique par la classe ouvrière va introduire l'enseignement de la technologie, pratique et théorique, dans les écoles du peuple. Il est hors de doute que de tels ferments de transformation, dont le terme final est la suppression de l'ancienne division du travail, se trouvent en *contradiction flagrante* (ns) avec le mode capitaliste de l'industrie et le milieu économique où il place l'ouvrier. Mais la seule voie réelle par laquelle un mode de production et l'organisation sociale qui lui correspond, marchent à leur dissolution et à leur métamorphose, est le développement historique de leurs antagonismes immanents » (347). On ne saurait mieux voir dans ces mots, le fait que le mirage de ces pseudo « antagonismes immanents » ont fait prendre au mouvement ouvrier les vessies du capital pour des lanternes de l'histoire.

Tout cela participe d'un fétichisme de la connaissance redoublant celui de la science. C'est d'elle que proviendra nécessairement la conscience de classe avec l'augmentation des forces productives. Car c'est cette dernière qui exige l'éducation technique, universalise les rapports sociaux en réalisant le genre conscient de soi, libère l'homme des besoins du corps... Mais derrière cela, c'est la certitude du combat du révolté qui se nourrit de la transparence d'une évidence que la connaissance vient dévoiler en s'en prenant à l'opacité apposée par les rapports de production.

5) C'est cela qui s'expose partout dans ces pages. « Même la composition du travailleur collectif par individus des deux sexes et de tout âge, cette source de corruption et d'esclavage sous le règne capitaliste, porte en soi les germes d'une nouvelle évolution sociale. Dans l'histoire comme dans la nature, la pourriture est le laboratoire de la vie » (349). Le travailleur collectif est la sauce qui rend tous les plats comestibles au palais du schéma matérialiste

[86] C'est de cet héritage que participe la politique éhontément gestionnaire d'une social-démocratie très portée à s'en remettre au miracle de l'éducation au contenu « autogestionnaire » (monde de l'entreprise oblige !) pour « s'engager » dans la récupération des formés…

historique, pour entretenir les feux de la prophétie. « Cette généralisation (…) hâte en même temps (…) la métamorphose du travail isolé, disséminé et exécuté sur une petite échelle, en travail socialement organisé et combiné en grand et, par conséquent, aussi la concentration des capitaux et le régime exclusif de fabrique. Elle détruit tous les modes traditionnels et de transition derrière lesquels se dissimule encore en partie le pouvoir du capital, pour les remplacer par son autocratie immédiate. Elle généralise en même temps la lutte directe engagée contre cette domination (…). En écrasant la petite industrie et le travail à domicile, elle supprime le dernier refuge d'une masse de travailleurs, rendus chaque jour *surnuméraires* et, par cela même, la soupape de sûreté de tout le mécanisme social. Avec les conditions matérielles et les combinaisons sociales de la production, elle développe en même temps les contradictions et les antagonismes de sa forme capitaliste, avec les éléments de formation d'une société nouvelle, les forces destructrices de l'ancienne » (359). La messe est dite, mais pour qui ?

L'expérience nous a enseigné que ces prédictions avaient la faiblesse de leur origine, une philosophie de l'histoire, la construction purement abstraite d'un volontarisme s'armant d'un objectivisme, condamnable non pas pour être l'accommodement de pensée le plus plat à l'existant, cette pure idéologie du système, mais pour être marqué du sceau, humainement louable, de la critique purement extérieure, mais par là ignorante de son caractère déterminé par le système, pour vouloir se remplir de son besoin de certitude. Il n'y a, et il ne peut y avoir une dialectique de l'histoire, une science de l'histoire, de celle dont se revendique l'*Idéologie allemande*, et qui transpire par tous les pores de CEP et de la *première édition*, qui soit porteuse de sa connaissance. Il n'y a de science possible que des éléments, en soi abstraits, qui constituent un concret empirique qu'on appelle histoire, celle-ci ne pouvant être saisie, avec plus ou moins de bonheur, qu'à travers une analyse concrète de la situation concrète simplement armée, orientée, par des théories de champs.

6) Pour Marx, au machinisme est inhérente la tendance du capital à prolonger la journée de travail. Il s'agit en effet, compte tenu de l'importance croissante du capital avancé, d'utiliser au maximum la machine durant le temps de son usure (288). Mais Marx semble vouloir faire appel à une raison plus essentielle : « L'emploi des machines dans le but d'accroître la plus-value recèle (…) une contradiction, puisque des deux facteurs de la plus-value produite (…) il n'augmente l'un, le taux de plus-value, qu'en diminuant l'autre, le nombre des ouvriers (…). C'est cette contradiction qui entraîne instinctivement le capitaliste à prolonger la journée de travail (…) pour compenser la décroissance du nombre (…) des ouvriers exploités » (290). Mais cette prolongation démesurée « finit par amener une réaction de la société qui, se sentant menacée jusque dans la racine de sa vie, décrète des limites légales à la journée » (291). Par « réaction de la société », il faut entendre « la révolte grandissante de la classe ouvrière (qui) força l'État à

imposer une journée normale ». Et, c'est pour compenser cette nouvelle baisse « du surtravail absolu » (290), que « le capital se jeta avec toute son énergie et en pleine conscience sur la *production de la plus-value relative* au moyen du développement accéléré du système mécanique » (291-292). Par ce raisonnement apparemment circulaire, Marx veut sans doute nous introduire dans l'automouvement de la dialectique des forces productives. Mais comme le mouvement se réalise par la médiation de la lutte des classes, ou bien celle-ci constitue un ajout extérieur, et il n'y a pas de dialectique, ou bien il faut penser l'intériorité du travail et du capital à cette même histoire de la civilisation dans laquelle chacun joue son « rôle ».

B) 1) Mais cette dialectique que Marx prête à l'histoire est en fait la dialectique propre au capital. C'est cela qu'il nous faut voir maintenant.

Au début de notre exposé, on a vu Marx nous dire que « ce principe subjectif de la division (...) devient objectif, c'est-à-dire émancipé des facultés individuelles de l'ouvrier » (272). Il l'explique par le fait que l'ouvrier ne maîtrise plus rien car tout est du côté du capitaliste. De la sorte, il suffit de lui reprendre « son monopole sur les machines », pour que le travailleur collectif apparaisse « comme le sujet dominant, et l'automate mécanique comme son objet » (298-299). Le problème est que la pensée objective voit les choses extérieurement, alors que la soumission réelle signifie le passage à une autre réalité à saisir au niveau de la vie subjective immédiate.

Du côté du capitaliste, la machine est l'objet vital prolongeant la force de travail, et qui, par là, a la transparence de son identité. En ce sens, la machine est plus qu'un moyen de production, pour être le concept d'une dialectique dépassant ses moments comme autant d'obstacles extérieurs à sa réalisation. Une extériorité qui ne l'est vraiment que dans le premier moment, pour être de l'ordre du situé, mais ne l'est déjà plus dans le deuxième, pour être en situation. Elle est comme objet vital enfin « trouvé » de la force de travail en tant qu'inconscient du capitaliste.

En ce sens, elle n'est pas construite immédiatement pour exploiter, mais pour prolonger l'efficacité de la force de travail en une course effrénée à l'augmentation de sa force productive. L'« exploitation » est la conséquence et non la cause de la plus-value. A poser l'exploitation comme déterminante, on ne peut que la référer à des matériaux anthropologiquement conçus, où la plus-value est la forme historique d'un surtravail. On confond cette forme de naturalité, le surtravail, avec un contenu, et sa réalité avec une forme historique, derrière laquelle disparaît la puissance de l'ogre. C'est pourquoi si la machinerie répond bien aux buts de la plus-value, c'est en tant que celle-ci n'est pas synonyme de soif de richesse, de l'argent pour lui-même. Le capitaliste n'est pas un thésauriseur rationnel, comme Marx nous l'a présenté tout d'abord, au sens où il aurait en commun avec celui-ci la soif d'argent comme but. Le thésauriseur vise l'argent pour lui-même, pour ne pas être la forme déterminée de la substance force de travail. C'est l'être véritable du capitaliste qui le distingue du thésauriseur, et c'est en cela qu'il est « rationnel ». Le but visé est bien plutôt la plus-value en tant que requisit de cette vie du capitaliste faisant la preuve de soi-même dans l'augmentation maximale de sa force productive. C'est cet accroissement des forces productives qui, pour le point de vue matérialiste historique, légitime historiquement le MPC, en lui attribuant le sens d'une histoire universelle, alors qu'elle n'est que le sens propre du capital. En attribuant à l'histoire ce qui est propre au capital, on reste aveugle sur le fait que c'est cette vie qui, se donnant tout entière à la raison absolue du travail, ne donne aux besoins du corps que le nécessaire à sa survie, pour donner la plus-value à l'accumulation du capital ou à l'accroissement de sa force productive. La plus-value, et l'exploitation concomitante, constituent le don que le capitaliste fait au Dieu-travail, en tant qu'officiant comme le prêtre médiateur entre les « hommes » et ce Dieu. Mais comme dans toute religion, ces « hommes » sont déjà soumis au Dieu avant d'être dominés par ses prêtres.

2) Car la dialectique du négatif ne concerne pas seulement le moyen de production, mais emporte avec elle l'autre facteur des forces productives. C'est en effet au sein de la soumission réelle qu'émerge la force de travail, ce que Marx nous dit en ses termes à lui : « Il faut (...) des siècles pour que le travailleur « libre », par suite du développement de la production capitaliste, se prête volontairement, c'est-à-dire soit contraint socialement à vendre tout son temps de vie active, sa capacité de travail elle-même, pour le prix de ses moyens de subsistance habituels » (201). Cette « volonté » du « travailleur libre » est le résultat d'une contrainte sociale qu'en tant qu'expression normative de l'identité vitale spécifique aux conditions qui lui sont faites. Le monde inversé du capital est cette inversion qui s'opère au sein même de l'identité vitale.

En effet, nous avons vu que cette force de travail suit le procès vital de la VER à la valeur. Mais arrivé au « produit du travail », *si on laisse de côté* la valeur d'usage des moyens de subsistance physiologique, *il ne reste que* le travail aliéné. Et c'est dès lors que la contradiction existentielle se fait jour pour se lire avec, soit la fuite en avant vers la force, soit l'acceptation de la réalité vitale de la force de travail qui se vend et se rend à la rationalité du travail. Le moment du refus, qui en reste à la force comme VEI, à la particularité de ne pas accéder à la « liberté absolue », mais à celle conditionnée par un troisième objet, l'État. Le moment de l'acceptation atteint cette « liberté absolue » du système, passant par la négation de l'État pour cette « réalisation de soi »[87].

C'est parce que le travailleur n'a pas d'autre objet vital que lui-même, que tout autre objet vital appartient au capital en tant que dépositaire reconnu de

[87]Il faudra bien effectuer un bilan complexe de Mai 68, avec ses nombreux « libertaires », dont le devenir est à l'image de leur idéologie profonde d'alors.

l'efficace du travail. On a vu Marx avoir recours à un point de vue objectif, point de vue de classe, avec la « prescience » que c'était là le seul point de vue logique pour expliquer la valeur de la force de travail. Mais on voit maintenant que ce « schéma logique » trouve sa réalité d'un point de vue subjectif. S'il y a effectivement le déploiement d'une totalité absolue, ce n'est pas celle de l'objectivisme, qui spécule nécessairement en décrivant une situation d'esclavage, là où règne un rapport subjectif structuré par une *croyance commune* en la rationalité du travail. C'est toujours d'une croyance commune que participe toute domination. Car toute croyance a ses prêtres, et le prêtre reconnu de la croyance en le travail est le capitaliste.

De cette reconnaissance, il résulte que cette élite a ontologiquement quelque chose d'un « au-dessus des règles », qui a les contours de la reconnaissance d'un « privilège ». Ces « privilèges » se pérennisant ne relèvent pas d'une absence de culture, de connaissances, comme les Lumières nous le donnent à penser, mais d'une croyance commune, qui n'est pas un opium du peuple, justement pour ne pas lui être propre, mais relève de l'inscription vitale de l'homme dans des circonstances qui lui sont faites. C'est en effet toujours de l'élite, présente ou naissante, que partent ces croyances, en ce que ses membres sont les premiers inscrits dans ces circonstances. On est donc loin d'un opium construit comme instrument idéologique d'une domination de classe, comme un manichéisme simpliste nous le donne parfois à penser.

De ce point de vue, c'est l'extrême difficulté qu'il y a à s'en prendre à une croyance commune qui incite, en période de crise au niveau de la formation économique et sociale, à chercher un « bouc émissaire ». C'est nécessairement à l'extérieur du système qu'il faut le trouver, cet « étranger » à nous autres qui sommes de la communauté du système. Ce phénomène récurrent à travers les âges, a toujours renvoyé à une croyance commune, cette force d'inertie d'un système qui ainsi se préserve et se pérennise.

Ici se loge le devenir vers une professionnalisation dévorante portée aussi bien par l'un que par l'autre et qui, sous l'égide du principe de l'égalité des chances à intégrer l'élite, porte en elle l'image idéologique de la réussite de soi en tant qu'entrepreneur. C'est aussi du point de vue de ce privilège, qu'au niveau de la formation économique et sociale, cette élite se permet de dire *sa* démocratie plus sûrement que tout référendum. Le professionnalisme triomphant décrit l'avancée du règne du MPC. Avec lui, c'est la démocratie qui perd son sens pour n'avoir plus que celui du professionnel qui, du haut de sa connaissance acquise du sens du capital, se permet de corriger le résultat d'une démocratie déjà « en retard » dans son rôle de « béquille » en voie d'être dépassée. Et comme ce « privilège » parle quelque part à tous, aussi énorme que cela puisse paraître à nous autres candides, cela passe… malgré tout. Ce sont ces « malgré tout » qui devraient nous questionner, et ce parce que c'est là que *tout* réside, ce *tout* dont nous essayons de traiter.

3) Maintenant, la force de travail est devenue l'être réel de l'ouvrier lui-même. Elle agit comme sa subjectivité immanente au sein du MPC, ce qui en fait la propriété du capital. C'est alors seulement que l'on peut saisir la réalité propre du MPC, c'est-à-dire « les tendances immanentes de la production capitaliste » (232-233) qui « s'imposent aux capitalistes comme mobiles de leurs opérations » (233), et « se manifestent et se réalisent avec une nécessité de fer ». Mais à la condition de les saisir comme des « lois » s'exerçant dans les strictes limites de ce champ par définition théorique.

Le travailleur est donc lui-même devenu simple force de travail qui, dès lors, en tant que marchandise comme une autre, est valeur. C'est cette marchandise qui se présente sur le marché pour se vendre à sa valeur, et s'engage à fournir le temps de travail nécessaire dans des conditions normales. C'est alors que « ce qui sur le marché fait directement vis-à-vis au capitaliste, ce n'est pas le travail, mais le travailleur. Ce que celui-ci vend, c'est lui-même, sa force de travail » (382). Pour être « objet » du capital, le travailleur n'en est pas moins « sujet » du MPC. Et de ce point de vue, son rapport au capitaliste, pour être conflictuel, n'en épouse pas moins le même discours inconscient. Quels sont en effet les protagonistes en présence ?

D'un côté, le capitaliste qui, à la question « qu'est-ce qu'une journée de travail ? (…) répond : la journée de travail comprend vingt-quatre heures pleines, déduction faite des quelques heures de repos sans lesquelles la force de travail refuse absolument de reprendre son service. Il est évident par soi-même que le travailleur n'est pas autre chose sa vie durant que force de travail et qu'en conséquence tout son temps disponible est, de droit et naturellement, temps de travail appartenant au capital » (197).

Lui fait face le travailleur, mais qui, en tant que « gardien » d'une marchandise est en rapport avec le capitaliste « à titre de personne, dont la volonté habite dans ces choses mêmes, de telle sorte que la volonté de l'un est aussi la volonté de l'autre » (77). Capitaliste et travailleur se font donc face comme acheteur et vendeur. Dès lors, le discours de celui-ci, pour être conflictuel, n'en épouse pas moins la même logique : « La marchandise que je t'ai vendue (…) crée de la valeur, et une valeur plus grande qu'elle coûte elle-même (…). Toi et moi, nous ne connaissons sur le marché qu'une loi, celle de l'échange de marchandises. La consommation de la marchandise appartient non au vendeur qui l'aliène, mais à l'acheteur qui l'acquiert. L'usage de ma force de travail t'appartient donc. Mais par le prix quotidien de sa vente, je dois chaque jour pouvoir la reproduire et la vendre de nouveau (…) je dois être aussi vigoureux et disponible demain qu'aujourd'hui pour reprendre mon travail avec la même force (…) Je veux, *en administrateur sage et intelligent* (ns), économiser mon unique fortune, ma force de travail, et m'abstenir de toute folle prodigalité. Je veux chaque jour (…) n'en dépenser que juste ce qui sera compatible avec sa durée normale et son développement régulier (…). Je demande donc une journée de travail de durée normale, et je la demande sans faire appel à ton cœur, car, dans les affaires, il n'y a pas de place pour le sentiment. Tu peux être un bourgeois modèle (…) peu importe. La chose que tu représentes vis-à-vis de moi n'a rien dans la poitrine ; ce qui semble y palpiter, ce sont *les battements de mon propre cœur* (ns). J'exige la journée de travail normale, parce que je veux la valeur de ma marchandise, comme tout autre vendeur. » (175-176)[88].

La normalité dont se prévaut le travailleur est la même que celle du capitaliste en §1. Et il en est ainsi dans la mesure où sa personnalité se confond avec sa force de travail, que celle-ci est unique, trône pour ne plus rien laisser voir d'autres dimensions de la vie. L'identité vitale qu'est la force de travail emporte toute empathie possible. Son cœur est desséché pour être vide de tout autre considération vitale. Alors seulement sa revendication s'inscrit pleinement dans le cadre du MPC, et sa satisfaction n'est rien moins que la condition même de celui-ci. C'est dire si les droits sont égaux. « Il y a donc ici une antinomie, droit contre droit, tous deux portant le sceau de la loi qui règle l'échange des marchandises. Entre deux droits égaux, qui décide ? La force » (176).

4) Une première lecture de ce texte peut être faite à partir de Hegel, et ce à la suite de ce que disait Marx sur la vente, pour un temps, de la force de travail. En effet, en revendiquant tout le temps, le capitaliste en revendique la propriété (PPD §61). Or, le travailleur vient affirmer sa propriété, et c'est cette situation que Hegel désigne comme un délire de la personnalité : « La distinction entre le droit au plein usage et la propriété abstraite appartient à l'entendement vide (...) Cette distinction est donc, en tant que situation réelle, celle d'une domination vide qui pourrait être appelée un délire de la personnalité (...) parce que ce qui est mien dans un objet devrait être, sans médiation, ma volonté particulière exclusive et celle d'un autre » (§62 R). En réclamant « tout le temps », le capitaliste réclame le plein usage de la force de travail. Mais il établit par là, de fait, puisque la propriété de la force de travail appartient à l'ouvrier, une distinction qui relève de l'entendement vide, et qui révèle une domination vide. Sa revendication relève du délire de la personnalité, car « c'est seulement lorsque l'usage ou la possession sont temporaires ou partielles (...) qu'on peut les distinguer de la propriété » (§62).

---

88 On peut renvoyer ici à ce que dit Freud dans *Métapsychologie* sur « une coopération entre une motion préconsciente et une motion inconsciente » (108). Cette coopération « peut se produire, si la situation est telle que la motion inconsciente peut agir dans le même sens qu'une des tendances dominantes. Pour cette fois, le refoulement est aboli, l'activité refoulée est admise en tant qu'elle renforce celle que se propose le moi. L'inconscient devient (...) conforme au moi (...). On ne peut méconnaître en cette coopération le succès de l'*Ics* ; les tendances refoulées se comportent bien d'une autre façon que les tendances normales, elles rendent possible une action particulièrement parfaite et montrent à l'égard des contradictions une résistance » (108-109).

C'est ce que Hegel appelle « une relation absolument contradictoire », et que Marx traduit par un « droit contre droit » qui en appelle à la force.

Plus que surprenante, cette reprise montre bien dans quoi le point de départ par §2 enferme Marx. Mais on peut aussi comprendre ces lignes à la lumière de la nouvelle problématique. En effet, entre deux droits égaux, la force, la lutte de classe ? A priori, on peut être surpris de ce que le droit précède ici la force. Le droit n'est-il pas plutôt l'enregistrement d'un rapport de forces ?[89] Mais pour être une telle sanction, encore faut-il que les forces en parlent le langage. En nous disant le droit avant la force qui décide, Marx nous dit ce droit avant tout comme langage commun.

En §2, on avait l'autoconstitution du système dans la norme, en tant que manifestation libre du soi déterminé. La conformité à la norme définit l'agir fonctionnel qui a la forme instinctive du donné, ce qu'on appelle une habitude. C'est en §3 que vient la règle comme formalisation de la norme. C'est dire si la première fonction du droit n'est pas de régler les conflits, mais de traduire la norme et vérifier que l'on est bien en elle. Qu'un conflit ait une règle, cela montre que son enjeu est déjà inscrit dans le système, dont la règle est garante en tant qu'expression d'un langage commun. Pour autant l'absence de règles ne signifie pas nécessairement que le conflit soit hors système. Cela peut signifier, au contraire, que la norme est si prégnante, régnante, que le conflit n'a plus besoin de règles pour être assuré de son issue. En ce sens l'ultralibéralisme est bien l'expression de la forte domination du système du capital sur la société.

Marx fait ici du droit le reflet superstructural du développement des forces productives, et par là de l'état d'un conflit avec les rapports de production. Le droit bourgeois a d'abord la légitimité de la concordance des forces productives et des rapports de production. Mais dès lors que la contradiction apparaît, c'est un autre droit, relevant des forces productives, qui vient s'exprimer. En exposant les deux droits relatifs à deux points de vue de classe différents, Marx veut nous dire la force décisionnelle comme expression de la lutte des classes. Mais c'est la confusion des histoires qui est ici redoublée dans le moment d'un même langage, celui de la marchandise qui se donne dans le langage juridique d'un contrat de travail. Le droit n'intervient pas ici du haut de sa superstructure pour être ouvert aux rapports de force, mais à partir de son fondement originaire dans la théorie du capital et, plus près, du reflet édictant la normalité constitutive de la rationalité du travail, celle-ci légitimant la règle du contrat de travail.

Le capitaliste est en plein délire pour ne pas avoir reconnu, en face de lui, un partenaire d'une même rationalité, qui vient le mettre en garde en lui dévoilant son moment de délire. Dans ce contexte, le travailleur est en effet le

---

[89]Comme le dit toute la tradition marxiste et, par exemple, J. Derrida : « Force contre force, économie différée de la force, voilà le droit » (2000, 71).

mieux à même de dire la bonne gestion de reproduction de sa force de travail, sa personnalité. Moyens de production et force de travail appartiennent au capital, mais le travailleur et le capitaliste interviennent comme ses « délégataires ». Que les deux parties tiennent le même langage de la marchandise, et ce n'est pas l'État qui impose la structure représentative des « partenaires sociaux », mais bien plutôt ceux-ci qui se légitiment eux- même dans le cadre imparti par la marchandise. Encore une fois, problème récurrent depuis l'intériorisation, il convient de ne pas présupposer les institutions à l'acte d'institutionnaliser.

Le droit est ici daté par la logique du capital. À travers lui, c'est sa normalité qui s'énonce. Ce n'est plus ici le droit sur la marchandise achetée, reflétant la seule réalité vitale du capitaliste, et que l'on trouvait encore dans la coopération simple et, de manière plus diffuse dans la manufacture, mais bien son système achevé. C'est dire si ce qui décide ce n'est pas la force, mais cette « raison » que l'on voit s'avancer pour les négociations autour d'une table, menée par des « syndicalistes » professionnalisés, devenus experts de la négociation entre « partenaires sociaux ». À avoir les mêmes valeurs, à tenir le même langage, le même discours idéologique, et c'est la lutte des classes qui n'a plus de sens. Celle-ci n'est pas immanente au MPC, en tant qu'elle en traduirait les contradictions historiques internes. On l'a vu, en tant qu'il a sa propre logique, le MPC n'est pas, en tant que tel, le lieu de ce genre de contradictions, et il serait suicidaire d'attendre qu'elles se manifestent « logiquement » du capital. Elles doivent être suscitées, travaillées, elles sont de l'ordre du politique pour être nécessairement externes au système du capital. La lutte des classes est politique ou plus ou moins enfermée dans le système. C'est pourquoi à l'ouvrier omniprésent dans la soumission formelle, se substitue le travailleur dans la soumission réelle[90]. Il n'y a pas de classe des travailleurs, dans la mesure où le travailleur collectif n'est qu'une construction du capital et lui appartient à ce titre. Pour la force qui décide, il n'y a que la classe ouvrière qui se définit par sa possibilité, sa capacité à s'ouvrir à des sens vitaux extérieurs au système du capital, à s'orienter politiquement, et non pas « politiquement » ce à quoi les tendances profondes du capital assèchent le lieu de la vie collective.

Dans cet affrontement de deux droits, c'est la « raison » du capital qui s'affirme, le travailleur venant, en bon gestionnaire, ramener le capitaliste, en plein délire, sur celle-ci. Et si Marx a pu dire que la « lutte des classes » pousse à la plus-value relative, on peut dire, plus généralement, que c'est cette lutte de deux droits qui participe à la réalisation du système, le capital se soumettant toutes les sphères de sa reproduction.

Que la soumission réelle, à son apothéose dans ce discours, ne soit pas seulement théorique, mais trace aussi l' horizon d'une histoire propre, c'est ce

[90]Pour cela, il faut inverser la distinction que faisait le jeune Marx entre ouvrier et prolétaire.

que l'on peut voir en ce qu'elle révèle son actualité dans un «rapport de force» social et idéologique avec ses vocables du quotidien empruntant à l'air du temps, en perte totale du sens des origines. C'est ainsi par exemple que la fonction de DRH s'impose dans l'évidence laissant totalement inquestionnée la nature de cette « ressource » ; que foisonnent les paroles où le refoulé fait retour pour ne plus être parole impossible, et nous dire qu'il faut apprendre à se vendre, savoir se vendre[91]. Il y a, dans la profusion croissante de discours de ce genre, qui ne choquent plus, la marque évidente d'une effectivité croissante, dans le concret empirique, de l'histoire propre du capital. Autre exemple, le « politique » qui, tout comme les médias, n'a plus de logique propre que techniciste pour s'orienter de plus en plus au seul sens du capital, et accoucher de ce vocable de « classe politique », choquant en soi, et pour cela absent jusqu'à il y a quelques années de toute sociologie politique un tant soit peu sérieuse, mais aujourd'hui repris par ceux-là même qui s'y classent. Ainsi émiettée, la notion de classe est réduite à la simple « classification » des individus, avec derrière cette sombre « inconscience » que les identités propres se perdent sous la dictature du capital.

5) L'« ère des managers » ressort plus de la logique du capital, que la notion de capital patrimonial. On l'a vu, l'être spécifique du travailleur, la force de travail, se distingue de l'être spécifique du capitaliste, cette force productive que constituent la force de travail et les moyens de production. C'est dans leur forme de naturalité que la différence se donne sous la forme d'une propriété des moyens de production. C'est parce qu'il est propriétaire des moyens de production que le capitaliste exploite le travailleur. On reste alors aveugle sur le fait que le rapport aux moyens de production n'est pas de propriété, mais pratique, « managérial ». Dans la séparation force de travail-moyens de production, on prend d'emblée les termes comme des présupposés, pour la lire comme aliénation. Alors qu'en tant que donnée du système du capital, la « séparation » nous dit que la gestion de la force productive du capital n'est pas l'affaire du travailleur en tant que force de travail, et que la « non-séparation » en définit le gestionnaire en tant qu'être spécifique du capitaliste. Là encore, la philosophie de l'histoire participant au schéma matérialiste historique de l'*Idéologie allemande*, est la reprise aveugle de l'histoire propre du capital, au point de s'opérer dans un parfait parallélisme, avec en premier lieu cette croissance des forces productives. Dessaisi de son lieu propre d'ancrage originel, et donc livré à ses seules naturalités extérieures, le concept de capital se réduit à une description objective patrimoniale, sur laquelle est plaquée la forme d'une logique universelle d'accroissement des forces

[91]À la manière freudienne, on parlera de l'effacement d'un obstacle au devenir conscient de l'inconscient, où « il s'agit de ne pas dépasser une certaine intensité de l'investissement de l'inconscient, intensité au-delà de laquelle celui-ci s'ouvrirait la voie vers la satisfaction » (1958, 51). Il nous semble que la théorie du « Dernier-Marx » offre un cadre autrement plus explicatif de ce genre de phénomène que ce genre de description ...

productives en général. On comprend qu'ainsi appauvri, ce concept soit impropre à saisir sa logique propre actualisée dans l'ère des managers.

Le profit est évidemment lié à une propriété. Mais on ne doit pas en rester là et manquer la réalité même de cette propriété qui, pour être portée par l'idéologie de la rationalité du travail, n'a plus grand-chose à voir avec la propriété précapitaliste. De ce point de vue, la répartition profit/salaire ne recouvre pas seulement celle propriété/non propriété des moyens de production, mais bien plutôt celle entre porteur de l'idéologie des forces productives du capital/porteur de l'idéologie du travail. Pour en être resté à la propriété, le marxisme a toujours été « ennuyé » pour caractériser les salariés-dirigeants d'entreprise, et analyser la signification de l'actionnariat d'entreprise. Aussi doit-on substituer aux critères de la propriété juridique des moyens de production celui de la fonction capitaliste, qui définit l'être spécifique du capitaliste. Le phénomène des salariés-actionnaires de l'entreprise exprime fondamentalement une légitimation croissante de la fonction de gestionnaire des forces productives du capital. L'actionnaire n'est pas ce gestionnaire, mais participe des mêmes valeurs pour y reconnaître son « délégataire ».

À ce niveau, la différence n'est pas de classe, mais de « qualification entrepreneuriale ». C'est ce sens vital qui, avec la domination croissante du capital, devient critère de réussite et d'insertion [92], le capital élisant-sélectionnant ses propres élus. On peut lire les progrès de la logique du capital au niveau de la formation économique et sociale, dans l'évolution de la fonction essentielle de l'école. De l'école républicaine, avec sa fonction de « fournir de la force au travail », où on pouvait encore lire la propriété des « cent familles », on est passé à l'école de la sélection, tournée vers sa fonction de reproduction de l'élite du capital. Dans cette fonction, le capital n'a que faire de l'origine de ses prêtres, aussi règne-t-il derrière la « justice sociale de l'égalité des chances »[93]. C'est cela l'« esprit » du capitalisme : la soumission à une idéologie qui ne se réduit pas à la propriété. Mais pour comprendre cela, il faut passer du concept objectif d'une pensée « contemplative » extérieure, à la réalité subjective immédiate du sens vital, le sens pratique des forces productives du capital et du travail.

6) C'est en définitif le concept même de soumission réelle du travail au capital qui pose problème. Marx nous dit que la soumission réelle se distingue de la soumission formelle, pour être soumission par la réalité de la production, et non plus seulement par la forme de l'échange. Mais au-delà de cette antienne objectiviste, c'est au niveau de la réalité de la vie subjective qu'il faut la saisir.

[92]Cf. la litanie des exemples de « femmes libérées » et de « fils de banlieue » ayant créé leur « petite entreprise »...

[93]Ainsi voit-on la cohérence de l'idéologie social-démocrate et de son grand slogan d'« égalité des chances » par l'éducation...

Ce n'est pas en effet le système objectif des machines qui soumet le travail au capital. Il constitue bien plutôt la détermination naturalisée de ce dernier. En tant que force de travail, le rapport du travail aux moyens de production repose sur la rationalité absolue, de sorte qu'il y a d'abord un contact subjectif immédiat à la machine, sur le même principe que la coopération. Ce n'est que dans la détermination que, au même titre et en même temps que le travail, les machines deviennent ce système objectif auquel l'ouvrier se soumet. Par cette naturalisation, avec les moyens de production c'est la « science » déterminée du capital qui se trouve naturalisée comme moment de son histoire. Par cette double naturalisation du travail et des moyens de production, on atteint un fétichisme qui n'est pas seulement celui des forces productives du capital[94], mais de ces forces productives elles-mêmes. C'est à un fétichisme des forces productives du capital que Marx en reste en faisant ce parallèle : « toutes les forces productives du travail social se présentent comme forces productives du capital, tout comme la force sociale générale du travail apparaît dans l'argent comme propriété d'une chose » (TPV.I, 456). On ne saurait mieux montrer qu'en se trompant d'histoire, on reste aveugle sur le fait que le fétichisme est une autosoumission à la rationalité, ici de la science associant le travail et les moyens de production. Évidemment, il faut éviter tout « manichéisme théorique », qui renverrait unilatéralement l'existant au niveau de la formation économique et sociale, à un seul sens théorique. Mais il convient, a contrario, d'éviter tout angélisme sur la science, conçue aveuglément en elle-même comme libératrice.

Le concept objectif de soumission s'applique à l'homme déterminé qu'est l'ouvrier. La soumission réelle relève du point de vue objectif sur ce qui se donne extérieurement et est reprise comme telle, faute d'interrogation, pour être immédiatement renvoyée à l'histoire. En ce sens, le concept appartient à la *première édition*, et doit être réévalué au regard de la nouvelle problématique qu'introduit LC. Ainsi, au niveau théorique de la détermination naturalisante, on doit dire que, dans la soumission réelle, le travailleur se soumet au capital. Ce n'est que de l'« homme », considéré comme restant identique à celui du métier, ou pris à un niveau plus concret avec ses multiples sens, qu'on peut dire qu'il est soumis au capital.

Que le travailleur vienne s'annoncer lui-même comme force de travail, cela n'a rien pour étonner le point de vue objectif de la *première édition*. Et c'est pour être ce produit d'une lecture objectiviste que ce texte a fait l'objet de quelques commentaires assez aveugles sur les problèmes qu'il pose[95]. Il est vrai qu'il révèle chez Marx lui-même toutes les ambiguïtés d'une « historicisation » non rectifiée.

[94]Comme le croient T. Hai Hac et A. Artous, en parlant de « fétichisme des forces productives subsumées sous le capital » THH (281) ; AA (2006, 70).

[95]Cf. T. Hai Hac (305 et s) ; A. Artous (2006, 135).

7) C'était du point de vue du capitaliste que la force de travail avait une valeur. On voit maintenant que pour qu'il y ait un système du capital, le MPC, il faut qu'il en soit de même du point de vue du travailleur. Mais s'il en est ainsi, cette force de travail fait partie des facteurs de la production au même titre que les moyens de production. On n'a pas d'un côté le « travail en général » porté par le travailleur, et de l'autre le capitaliste qui serait là pour le tanner. Ce rapport objectif, nécessairement objectif vu l'hétérogénéité des deux termes, est porteur, comme nous l'avons dit, d'une vision réductrice de l'exploitation. Mais, en tant que tel, il empêche de voir la totalité du champ de la valeur et du capital, dans lequel la force de travail est là pour le capital pour lequel la distinction valeur reproduite/transmise n'a pas de sens. Qu'une valeur passée ne soit que transmise, cela on le conçoit tout à fait. Mais la valeur de la force de travail est-elle nouvelle ? Le sens vital du capital est la plus-value, et celle-ci constitue pour lui la valeur nouvelle, ajoutée. Soit on en reste au rapport objectif, mais alors la force de travail n'a pas de valeur ; soit elle a une valeur, et on doit laisser ce rapport objectif pour celui subjectif immédiat, où la force de travail transmet sa valeur au même titre que les autres facteurs de la production.

Mais dira-t-on, c'est alors la pertinence du rapport d'exploitation, le taux de plus-value (pl/Kv), qui est relativisée ? À cela on répondra succinctement pour ne pouvoir couvrir l'entièreté de la question.

a) Comme on l'a vu, l'exploitation présuppose sa logique, sauf à réduire la plus-value à la forme du surtravail, ce que ne cesse de faire Marx. Et c'est cette logique du capital qu'il faut d'abord avoir développée avant d'aborder l'exploitation de l'ouvrier. Faute de cela, on se saisit immédiatement d'un rapport objectif, travail/capital, dont les éléments extérieurs peuvent être rapportés respectivement aux forces productives et aux rapports sociaux de production, et en fin de compte à ce qui seul compte, leurs contradictions au sein d'une dialectique historique… et on reste accroché aux vessies du capital.

b) De même que l'idée que l'ouvrier malhabile produit plus de valeur conduit au temps de travail socialement nécessaire, il faudrait dire que l'idée qu'un même capital employant plus de force de travail produit plus de valeur conduit à un taux de profit socialement nécessaire, ressortant de l'identité vitale spécifique, tout différent du taux de profit moyen ressortant des « péréquations » du livre III. Pour relever d'un même niveau d'être spécifique, on ne voit pas pourquoi il y aurait, entre le temps de travail socialement nécessaire et ce taux de profit socialement nécessaire, une différence de traitement. On n'a pas à introduire la distinction pour donner une réponse technico-comptable, faussement comptable d'ailleurs, à la question des différents taux de plus-value pour une même quantité de capital investie. Lorsque Marx se pose ces questions, il n'a pas encore construit son système théorique, il n'a pas encore dégagé le temps de travail socialement nécessaire de ses éléments renvoyant à la §2. En fait d'essentialité, l'intérêt du taux de plus-value est bien plutôt de faire ressortir l'objet d'un conflit irréductible portant sur un « vol ». Mais pour cela Marx doit recourir à la double circulation, qu'on a vue, jusqu'à ci-dessus, se réduire nécessairement à une peau de chagrin.

c) Au lieu que ce soit le taux de plus-value qui constitue l'essence du capital, et le taux de profit sa forme transformée, apparente, du livre III, c'est à l'essence du capital qu'appartient le taux de profit dans sa formule pl/Kc+Kv. On ne voit pas en effet en quoi le taux de profit, étant constitué en valeur, serait l'apparence du taux de plus-value, essentiel, sauf à vouloir donner le concept du conflit de classes, tout en préservant la neutralité des moyens de production. Or, on a vu que c'est là s'en tenir à des présupposés... et s'interdire de pouvoir refermer la théorie sur la valeur de la force de travail. C'est toujours à l'aporie du travail en général qu'on se heurte.

Dire que la formule du taux de profit cache l'origine de la plus-value pour renvoyer le profit au travail et aux moyens de production, n'a de sens que si les facteurs y apparaissent comme prix et non pas en valeur. Or, pour être avancé en valeur, c'est bien son origine substantielle qui est avancée, de sorte que les moyens de production n'y sont que les facteurs d'effectuation de la logique du travail. La formule du taux de profit exprimée en valeur ne cache rien sur l'origine de celle-ci. Marx prend comme un fait le voile qu'appose l'économie vulgaire, et veut l'expliquer par une simple formule. D'une part une simple formule n'explique rien, mais d'autre part c'est l'évidence de la valeur-travail de l'économie politique qui impose ce simple glissement pour « expliquer » une opacité cette fois dans la production. L'opération comptable faisant apparaître le prix au livre III n'est pas cohérente, justement parce qu'on ne passe pas de la valeur au prix par un simple glissement de perspective, mais par un refoulement.

Que la plus-value soit créée par le déploiement de la force de travail, c'est une évidence logée dans l'être spécifique du capital. Mais en rapportant celle-ci à celle-là, en un rapport de valeurs portant l'ambiguïté de leur nature antédiluvienne, on mesure le surtravail, qu'on peut bien appeler exploitation, mais qui n'empêche nullement le capitaliste d'avoir pour sens, non pas le taux de plus-value, mais le taux de profit, comme le montre le rôle des machines pour la plus-value relative. Quel bien mauvais capitaliste il ferait s'il ne visait pas la plus-value relative, et ce par le taux de profit. Pour être démasquée, l'exploitation n'a pas besoin d'une simple formule. Le système n'a pas à masquer, à ce niveau « phénoménal » que lui donne le livre III, ce qui serait un niveau essentiel. On a vu le travailleur se présenter face au capitaliste comme un gestionnaire de sa force de travail, de sorte qu'il « saute aux yeux de tout le monde », que la force de travail n'a pas d'autre sens que d'être « tannée »... mais rationnellement, c'est-à-dire comme l'acte logique d'un

« gestionnaire ». Le taux de profit n'a pas pour fonction de voiler, mais de nous dire le sens de la vie spécifique du capitaliste.

d) Plus généralement, l'essentialité du taux de profit permet d'éviter l'aporie consistant à tenir les apparences des formes transformées pour des moments fonctionnels d'un moment abstrait. C'est ainsi que l'on a, chez Marx, la tendance à référer la règle théorique aux forces productives (contenu vrai), et ses irrégularités aux rapports de production capitaliste (voile d'apparence). Par exemple, l'écart du prix par rapport à la valeur renvoie « à un système de production où la règle ne fait loi que par le jeu aveugle des irrégularités qui, en moyenne, se compensent, se paralysent et se détruisent mutuellement » (I ,87-88). Renvoyer les apparences aux formes de fonctionnalité du livre III, c'est ne pas voir qu'elles appartiennent au livre I en tant que nécessités vitales. NMW est plaqué sur LC, de sorte que les apparences de la surface ne renvoient qu'à un non-savoir que la science se doit d'éclairer.

Au début du livre III Marx nous dit : « Les formes du capital que nous allons exposer dans ce livre le rapprochent progressivement de la forme sous laquelle il se manifeste dans la société, à sa surface, pourrait-on dire (...) dans la conscience ordinaire des agents de la production eux- mêmes » (III, 45), et « sous ces formes concrètes (dans lesquelles) (...) s'affrontent les capitaux dans leur mouvement réel ». Présenté ainsi, c'est au couple concepts abstraits de la pensée objective/formes concrètes de la conscience ordinaire de la subjectivité de l'homme isolé, que nous avons affaire. Mais on voit bien que le livre III n'est pas le lieu des apparences, mais bien plutôt celui des tendances relatives à l'hétérogénéité des sens dans une réalité plus concrète.

8) C'est dès lors que la reproduction de la force de travail appartient au procès du capital, que l'identité de la valeur et de la valeur d'usage, établie en §1, ne peut être lue dans les termes du schéma matérialiste historique, la nature de la valeur d'usage étant ramenée aux besoins de valorisation du capital. Or il ne va pas de soi de pouvoir lire dans LC que le capital constitue son propre mode de consommation, selon qu'on y lit la généralité comme forme de détermination de la substance spécifique, ou comme renvoyant aux réquisits du schéma matérialiste historique[96].

Et d'abord ce passage déjà cité : « De ce que la production de valeur d'usage s'exécute pour le compte du capitaliste et sous sa direction, il ne s'ensuit pas, bien entendu, qu'elle change de nature. Ainsi il nous faut d'abord examiner le mouvement du travail utile en général, abstraction faite de tout cachet particulier que lui imprime telle ou telle phase du progrès économique de la

[96]Pendant bien longtemps, la critique militante renvoyait la responsabilité de la pollution au seul système productif du capital et au transport de ses marchandises, refusant de voir la part de la voiture individuelle, ce mode de consommation de déplacement du salarié. La critique s'impose de nos jours en tant qu'il s'agit de voir dans le tout-voiture un mode de déplacement correspondant aux besoins du capital et pour cela constitué par lui.

société » (I, 136). Il semblerait, a priori, que l'on puisse rapporter ce texte aux trois phases de la soumission formelle et de la soumission réelle, et y voir la critique de la fausse généralité et de son fétichisme. C'est en effet au début du chapitre VII, qui initie la section III sur « la production de la plus-value absolue », que l'on trouve ce passage. Et on serait en droit de lire ce chapitre dans les termes de la §2 du chapitre I, c'est-à-dire comme les déterminations du capital dans ses formes de naturalité. Mais là où le bât blesse, c'est que nulle part dans la section IV portant sur la plus-value relative, on ne trouve un traitement similaire de la production de valeur d'usage. En l'absence d'une valeur d'usage spécifique à la plus-value relative, on reste avec celle de la soumission formelle, une réalité devenue apparente que Marx continue à traiter dans les termes du schéma matérialiste historique.

9) C'est donc la soumission réelle du travail au capital qui montre la nécessité de traiter du travail scientifique comme de tout autre travail. Face au produit du travail scientifique, il faut dire que « déjà le produit s'est métamorphosé à notre insu ». Ce n'est pas le produit d'une connaissance déterminée, mais d'une force de travail scientifique, indifférente à la destination de son produit qui n'est qu'une marchandise.

Quand l'université se met à former les professionnels du capital, il ne faut pas s'étonner qu'elle s'inscrive dans la logique de son autonomisation, moment d'ouverture à sa propre logique. Les recherches « appliquées », suspendues aux contrats avec les entreprises en une sorte de partenariat entrepreneurial, sont bien constitutives d'une métamorphose de l'activité productive, en laquelle se réalise la logique du capital. On ne peut se contenter d'y voir le contenu d'une philosophie de l'histoire, l'application de la science à l'industrie, dont la forme capitaliste serait sa confiscation au profit des seuls intérêts privés du capital. Elle apparaît ainsi pour être déjà insérée, en tant que force de travail scientifique, dans la logique du capital, dans la dictature du travail. En tant que forme de naturalité de la force de travail scientifique, le travail scientifique se donne comme activité médiatrice entre l'homme et la nature, où le fantasme de la domination fait preuve de l'idéologie du progrès comme forme de réalisation du sens même du capital.

L'unilatéralité du sens de la recherche enferme l'individu dans une idéologie qui n'a pas à se dire derrière l'évidence de sa norme. Et la recherche fondamentale est elle-même inscrite dans ce devenir. C'est cette normalité qui se déploie également avec la professionnalisation des tâches dont l'efficacité dévorante en appelle à des « techniques scientifiquement fondées ». Par là, l'idéologie scientiste du capital s'étend à toutes les activités, les soumettant à l'impératif du but déterminé comme au seul possible. L'idéologie scientiste porte en elle le message de la rationalité normative du travail, de sorte que le professionnalisme se distingue de la compétence subjective, en tant que conformité à la fonction travail.

Le problème n'est pas la rationalité en elle-même. Dans la mesure où elle définit l'adaptation des moyens au but, toute action vitale est rationnelle. Ce qui pose problème, c'est sa dictature unidimensionnelle, de cette unidimensionnalité qui se projette dans l'idéal de rationalité des sciences de la nature. L'emprunt est idéologique, mais d'un contenu idéologique fondé. En tant que procédures de vérifications expérimentales, les énoncés des sciences de la nature sont étroitement liés à leur outil logico-mathématique approprié à la nature de leur objet. Qu'elles deviennent un idéal de sciences révèle sa possibilité et sa nécessité, dans la mesure où c'est le sens du capital qui construit cet idéal à partir de lui-même. Le sens du capital a un double de lui-même dans les procédures des sciences de la nature, et leur idéalisation n'est pas un processus purement idéologique, mais reflète le moment principiel d'une identité du capital et de la science. Il convient donc de distinguer les sciences de la nature avec leur propre rationalité non exclusive, de la science du capital qui se les donne comme idéal des sciences, en tant que sa rationalité se confond avec la norme du capital.

Il n'y a pas de différence idéologique entre l'« intégration » de cette science aux processus productifs du capital, et son « application » aux sciences sociales en tant qu'idéal des sciences. C'est le même « idéal de sciences », qui unifie ces deux aspects au stade de la soumission réelle en une gestion intégrée des ressources physiques et humaines. Les « ressources humaines » des entreprises, ne sont en effet qu'« une même manière de traiter l'objet » des « sciences sociales » dont on peut utiliser les résultats pour être conformes au sens du capital.

La chasse aux syndicalistes devient impersonnelle pour être confiée à la professionnalisation qui apprend à contrôler ses émotions susceptibles d'entrer en conflit avec les objectifs de la rationalité économique de l'entreprise. Soyez mature en devenant professionnel ! Comme si la maturité ne pouvait consister qu'à devenir rationnel en soumettant ses passions et émotions, forcément juvéniles, à la rationalité du travail.

Aussi, la rationalité idéologisée répand-elle son dogmatisme de la raison comme une religion investie d'une mission vitale spécifique. La dictature du rationnel est celle de la logique qui le soutient, et elle est en passe de reconduire les génocides religieux pour n'être elle-même qu'une religion. Car cette raison croit s'opposer à la croyance aveugle, alors qu'elle est elle-même aveugle sur son fond de croyance.

L'intellectuel institutionnalisé ressort lui-même de cette professionnalisation dans son rôle d'expert censé déterminer ce qu'il faut connaître. En ayant appris de la « communauté scientifique » pour accéder à elle, il est voué à faire entrer la réalité dans sa classification catégorielle, comme dit Marx dans NMW. Que l'« économiste » soit devenu l'expert par excellence, cela n'a rien d'étonnant à l'heure du capital devenu. Mais soyons lucides sur le fait que la posture de l'intellectuel professionnel est celle de l'objectivisme face à un objet de connaissance qui se donne, alors qu'il croit se le donner. Dans cet univers institutionnalisé, une pensée critique peut devenir dominante, sans pour autant avoir d'effet subversif. Car tant qu'on tourne autour d'un même pieu que nous livre la normalité sociale qui veille, on peut tout dire.

10) L'idée d'une utilisation capitaliste des sciences laisse totalement dans l'ombre le fait que la logique du capital, son sens, contient en lui-même cette science de par son unilatéralité, et qu'elle est sa science de par ses buts intrinsèques. Cette science n'est pas neutre, car pour être science du capital, elle ne produit pas n'importe quoi. Formidable outil qu'Internet ! Mais ne soyons pas aveugles sur le fait que l'outil produit aussi l'individualité du sens du capital, cette individualité sans émotions, faute d'objets, et par là toute disponible pour l'efficacité professionnelle.

Marx, dans LC, limite la machinerie à la production, au rapport hommes-nature du schéma matérialiste historique. Il ne voyait pas la réelle dimension de la soumission réelle, qui concerne non plus seulement le rapport hommes-nature, mais le rapport des hommes entre eux dans la reproduction du capital. Et ici, le problème n'est pas tant que la machine en remplaçant l'homme s'en prend au rapport social, mais bien plutôt que le rapport social se limite de plus en plus au rapport économique marchand, et que celui-ci impose sa machinerie.

Dans la soumission réelle, il faut se demander pourquoi la machine peut se substituer à l'homme. Et il ne suffit pas ici de renvoyer aux progrès de l'humanité. On ne voit que trop que les évolutions renvoient au fait que le travail impose sa rationalité propre à l'homme, et que la machine est constitutive de la rationalité du travail, pour être sa machine.

Et c'est cette réalité spécifique qui se présente dans une vie scindée en un social procurant un pouvoir d'achat, et un privé absolu conçu comme dépense de ce pouvoir en consommation passive de marchandises dans son propre temps « libre ». Dans le schéma consensuel, le contenu de la vie sociale est le résultat inquestionné du travail scientifique, qui en appelle « nécessairement » à sa gestion professionnelle. Mais ce travail comme lien social ne doit pas être confondu avec l'activité par laquelle l'individu participe au social. Dans le premier, le social ne préexiste pas au travail mais en est au contraire constitutif. Dans la seconde, en revanche, le social ne se réduit pas à l'activité participative mais vient en dire le sens. C'est dire si la rétribution selon le diplôme ne sanctionne pas une telle participation, mais bien plutôt la reconnaissance qu'a le capital de ses professionnels, reconnaissance qui dépasse la seule « qualification » (Cf la part croissante du conditionnement entrepreneurial des programmes de formation). Constituer ce social émancipé de la rationalité du travail, c'est à cela qu'une action politique pérenne devrait oeuvrer. Mesurer le « travail » à sa participation au social, et non pas mesurer le social à la rationalité du travail, voilà l'inversion qu'il s'agit de réaliser.

11) On a vu avec Marx, que « la seule expérience de la vie pratique » (385) ne donne pas accès à la réalité, dans la mesure où cette « vie pratique » est celle menée par l'« homme » dans un monde qui lui est « étranger ». On mesure l'écart qu'il y a entre cette compréhension et le sempiternel slogan du « critère de la pratique », rabâché comme le « verbe », pour être censément porteur d'une vérité épistémologique. Mais ce n'est pas parce que Marx nous dit ici exactement le contraire, soit que cette vérité « doit être découverte par la science » (386), qu'il faut rester plombé par une épistémologie en totale absence de compréhension de soi. Car de cette science, il faut dire qu'elle n'est rien d'autre que le reflet pensé de l'expérience des contradictions de la vie en son identité intrinsèque, dans son trajet existentialo-initiatique. Et si dès lors science de l'histoire il y a, ce ne peut être que celle propre à cette vie, déduite d'un point de vue ontogénétique. Et ce n'est certes pas le vieux slogan éponyme du schéma matérialiste historique, « nous ne connaissons qu'une seule science, celle de l'histoire » (IA, 14 n.3), qui viendra éclairer les « errements » de la « vie pratique ».

Car le schéma matérialiste historique ne peut qu'être aveugle sur cela, tenu qu'il est de pérenniser la soi-disant substance historique à travers ses différents moments. Car il appartient à la pensée objective, quelle que soit l'origine de sa revendication d'une philosophie de l'histoire, d'une critique immédiate ou d'une « communauté scientifique », de réceptionner un donné comme un objet de pensée. Ce que fait le Marx de la *première édition*, en présupposant dès l'origine, là où il n'a aucun sens, le « concept » achevé, la force de travail ; en attribuant au schéma matérialiste historique ce qui relève de l'histoire propre du capital, le travailleur collectif ; ou en tenant ferme sur le principe de matérialité, comme à une sorte de « principe de réalité », dans la mesure où il constitue l'élément le plus sûr pour « traverser les âges ». Et tout cela révèle que c'est à une objectivité qui se donne de l'identité vitale spécifique inconsciente, que se rend la pensée objective pour en faire un objet de pensée, épousant ainsi la posture d'un homme-déterminé.

Nous avons vu plusieurs aspects de cela. Nous voudrions en montrer les inconséquences à travers le concept de travail productif-improductif. Car c'est peut-être ici que se résolvent ces questions essentielles. Le travail est-il de nature anthropologique ou comme détermination de la substance spécifique ? Son histoire est-elle de l'ordre du schéma matérialiste historique ou du capital ? Renvoie-t-il à une objectivité présupposée ou à la vie subjective immédiate ?

Chapitre 7. Le concept de travail productif-improductif

Ce concept est tout à fait central pour saisir le sens de la théorie. Tout autre concept peut en effet être plus ou moins questionné sur sa nature matérialiste historique, ou en tant que détermination du spécifique dans la forme de naturalité. Le concept de travail productif-improductif n'offre plus à interprétation pour ne pas être localisé mais le tout localisant. Disant le productif, il dit l'improductif et, dans cette fermeture, il a vocation à éclairer le tout dans le théorique. C'est d'ailleurs comme cela que le traite les *Théories sur la plus-value* (TPV).

Le concept avant Le Capital

1) Dans les *Grundrisse*, « le travail productif est simplement celui qui produit du capital» (G. I, 244), et le travail improductif est doublement défini comme celui qui est « dans son existence immédiate, séparé du capital » (247), c'est-à-dire qui est effectué pour soi, ou comme celui qui est acheté par de l'argent qui « n'est pas du capital, mais du revenu » (406). Marx épouse globalement le point de vue d'A. Smith qui « pour l'essentiel (…) avait raison (…) du point de vue de l'économie politique » (214). Reste à saisir le sens de cette restriction. Un passage nous en donne la réponse : « Seul le travail qui crée de la survaleur est productif ((...) Les comédiens sont des travailleurs productifs non pas en tant qu'ils produisent le spectacle, mais en tant qu'ils *accroissent la richesse de celui qui les emploie*. Pourtant, pour *ce rapport*, il est absolument indifférent de savoir quelle sorte de travail se fait, donc sous quelle forme le travail se matérialise. En revanche, cela n'est pas indifférent selon d'autres points de vue à examiner ultérieurement) » (267-268). On voit de suite de quoi il s'agit. Parce que le point de vue de l'économie politique n'est pas historique, il est porteur d'une *définition spécifique* au MPC du concept, qui est l'indifférence à la nature matérielle ou pas du produit. Mais la définition plus large, historique, n'est pas, elle, indifférente à cette nature, pour ne pas être liée à un point de vue individuel (« celui qui les emploie ») donc apparent. Cela va devenir plus clair dans les TPV.

2) C'est dans les TPV qu'on a les plus longs développements sur ce concept, dans toute l'œuvre de Marx. Développements, il faut le dire, le plus souvent assez ennuyeux à force de répétitions et de portes ouvertes enfoncées. Les TPV commencent par reprendre la définition smithienne : « Du point de vue de la production capitaliste A. Smith a touché juste : sur le plan des concepts, il a épuisé la question. Un de ses plus grands mérites scientifiques est d'avoir

défini le travail productif comme travail qui *s'échange immédiatement contre du capital* » (TPV, I, 167). Aussi « les caractéristiques matérielles du travail et, par conséquent, de son produit, n'ont rien à voir avec cette distinction entre travail productif et travail improductif » (169). Ce que veut dire du point de vue de la production capitaliste, c'est-à-dire du concept, Marx nous le dit dans ce texte même : « ces définitions n'ont (...) pas pour origine la détermination matérielle du travail (...) mais une forme sociale déterminée, les rapports sociaux de production dans lesquels le travail s'accomplit réellement » (167). La critique se fait plus précise : la définition spécifique provient de la pensée reflétant les rapports sociaux de production capitaliste, moment spécifique du tout de l'histoire. Inscrite dans ces rapports, cette pensée perd de vue le schéma matérialiste historique dans lequel s'inscrit le MPC, et pour cela ne donne que des concepts.

C'est donc plus loin que Marx réalise cette inscription dans l'histoire, pour donner une *définition générale* : « Le travail productif (est) (...) un travail qui produit des marchandises, des produits matériels » (185-186). Et il précise ces deux conditions : qu'« il se présente sous forme de chose. Mais il faut en outre que le produit du travail soit une marchandise » (186). Car si toute marchandise est chose, toute chose n'est pas marchandise. De ce point de vue, si le comédien est productif, c'est « pour l'*entrepreneu*r de théâtre, il se révèle improductif, du fait que celui qui l'a acheté ne peut le revendre au public sous forme de marchandises, mais seulement sous forme de cette activité des comédiens ». C'est ainsi que les activités de services sont productives ou pas selon qu'elles s'incarnent ou pas dans des marchandises. (473).

Marx inscrit donc le spécifique dans l'histoire, la pensée reflet des « rapports sociaux » dans la détermination matérielle du travail, mais il le fait en nous livrant ce message éclatant de toutes les lumières du schéma matérialiste historique. « Cependant, il est clair que dans la mesure où le capital soumet à son emprise la totalité de la production (...) de plus en plus apparaîtra une différence matérielle entre les travailleurs productifs et improductifs, en ce sens que les premiers produiront, à un petit nombre d'exceptions près, exclusivement des *marchandises*, tandis que les derniers, à peu d'exceptions près, ne fourniront que des services personnels »(171). Cela signifie qu'avec l'introduction de l'histoire, on dépasse la définition spécifique, abstraite, du concept, sa définition apparente, dans la mesure où sa vérité se dévoile dans sa réalisation qui correspond au développement maximal des forces productives matérielles que peut opérer le MPC. C'est le sens d'un texte qui reprend, de manière plus explicite, le contenu du texte précédent: « Quand on examine les rapports essentiels de la production capitaliste, on peut donc supposer que l'univers des marchandises tout entier, toutes les sphères de la production matérielle (...) sont soumises (...) au mode de production capitaliste (puisqu'on s'en rapproche de plus en plus, que *c'est, par principe, le but* (ns) et que ce n'est que dans ce cas que les forces productives du travail se développent au maximum). Dans cette hypothèse, qui exprime la *limit* (limite), qui se rapproche donc toujours plus de l'exacte vérité (…) on peut (…) dire que la caractérisation des *travailleurs productifs* (…) c'est que leur travail se réalise dans des *marchandises* (...), de la richesse matérielle » (479). Et Marx ajoute une considération qui peut paraître étrange, mais qui s'éclaircira dans LC : « Et ainsi le *travail productif* aurait acquis une deuxième détermination, secondaire, distincte de la caractérisation décisive qui est absolument indifférente au *contenu du travail* et indépendante de lui ».

Constatons que le passage de la définition spécifique à la définition générale, reflète un mouvement de l'histoire du MPC, dans lequel il réalise son « rôle historique » d'augmenter les forces productives matérielles et d'abaisser la part des fonctions improductives dans l'économie totale. La première définition, spécifique, correspondait au moment de la soumission formelle, où le capital s'investit encore très largement dans des productions non matérielles, alors que, inscrit pleinement dans le mouvement historique des forces productives avec la soumission réelle, il s'investit de plus en plus exclusivement dans des productions matérielles: « Dans la production non matérielle (qui) (…) produit (…) des *marchandises*, deux cas sont possibles :1-Elle a pour résultat des *marchandises*, des valeurs d'usage qui possèdent une forme autonome (…) tel est le cas des livres, tableaux (…). Ici, la production capitaliste n'est applicable que dans une mesure très limitée (…) on en reste la plupart du temps à la *forme de transition* vers la production capitaliste ; ce rapport n'a rien à voir avec le mode de production capitaliste proprement dit (…) 2-La production n'est pas séparable de l'acte de production (…). Là aussi, il n'y a mode de production capitaliste que dans une mesure réduite » (479-480).

C'est ici que Marx nous dit que, dans le MPC proprement dit, il restera quelques travaux, comme « orateurs, acteurs, enseignants, médecins, prêtres, etc. » (480), qui « bien qu'ils ne soient pas des *travailleurs productifs* vis-à-vis des élèves (…) le sont vis-à-vis de leur entrepreneur ». Mais « ces phénomènes de la production capitaliste dans ce domaine sont si insignifiants comparés à l'ensemble de la production, qu'on peut les laisser totalement de côté ». Diantre ! Où va se nicher le productivisme des forces productives !

3) Le *Chapitre inédit* n'ajoute pratiquement rien par rapport aux TPV, et une bonne partie en est d'ailleurs une simple reprise. Nous en soulignerons trois points.

— Il reprend la définition générale, mais non plus comme une hypothèse mais comme la définition vraie, dévoilée, et ce en relation au fait que le *chapitre inédit* insiste beaucoup sur la soumission réelle : « Du simple point de vue du procès de travail en général, est productif le travail qui se réalise dans un produit ou, mieux, une marchandise. Au point de vue de la production capitaliste, il faut ajouter : est productif le travail qui (…) produit de la plus-value » (224). Mais avec cette définition vraie, on n'a plus la coexistence de deux définitions, comme précédemment, mais une définition générale qui s'impose à la définition spécifique.

— Il reconnaît, jusqu'à un certain point, le caractère productif du travail du capitaliste. « Le capitaliste remplit une fonction productive qui consiste à diriger et à exploiter le travail productif (…) le capitaliste peut effectuer du travail productif en ce sens que son travail étant intégré au procès de travail total, s'incarne dans le produit » (240).

— Enfin, il pointe la contradiction entre les deux définitions, objet réel du concept : « Du point de vue capitaliste, le luxe devient condamnable dès lors que le procès de production (…) trouve un frein dans l'application *disproportionnée* de travail productif à la création d'articles qui ne servent pas à la reproduction » (235). Dans l'accomplissement de son « rôle historique », le MPC rencontre une contradiction qui lui est propre, car « au reste, le luxe est une nécessité absolue pour un mode de production (…) créant la richesse pour les non-producteurs » (236). C'est cette contradiction, qui vient de ce que « le capitaliste industriel devient plus ou moins incapable de remplir sa fonction (…) dès qu'il veut l'accumulation des jouissances au lieu de la jouissance de l'accumulation » (TPV, I, 322), qu'on va voir à l'œuvre dans LC.

4) *Résumons* : Les *Grundrisse* sont le lieu d'une analyse partant de la définition spécifique pour être celle du point de vue des rapports de production existant. La définition générale (matérialiste historique) est évoquée pour rester un point de vue abstrait. Les TPV commencent par cette définition et présentent sa réalisation comme une histoire nécessaire, où le spécifique devrait réaliser la visée matérialiste historique en se réalisant. Mais cela reste encore un horizon. Avec le *Chapitre inédit* la soumission réelle et son travailleur collectif viennent inscrire ce possible dans la réalité, de sorte que la définition s'énonce comme celle générale sur laquelle vient se greffer sa forme capitaliste, la production de plus-value. Il semble que soit réalisé un principe méthodologique de l'*Introduction de 1857* : « La marche de la pensée abstraite qui s'élève du plus simple (la définition spécifique (PB)) au plus complexe (la définition générale (PB)) correspond au processus historique réel » (CEP, 168).

La définition générale renvoie au travail de la philosophie de l'histoire en tant que médiateur entre l'homme et la nature. En tant que tel, le produit a la matérialité de la nature, et s'inscrit dans le paradigme de l'idéologie du progrès présupposé. Mais la définition spécifique nous dit tout autre chose, qui n'est pas qu'une forme transformée de la définition générale. Il faut donc qu'elle manifeste des rapports de production autonomes par rapport aux forces productives. La définition générale est alors l'expression d'un mode de production déjà là, correspondant au niveau de développement des forces productives, par rapport auquel les formes des rapports de production capitaliste sont déjà des restes d'un mode de production dépassé, auquel correspond la définition spécifique. Et c'est comme cela que Marx traite de la soumission réelle, au point que la définition spécifique disparaît pratiquement, en tant que telle, dans la *première édition* que reprend LC.

Le concept dans Le Capital

1) Dans LC, la définition du *Chapitre inédit* est explicitement renvoyée à la soumission réelle qui polarise le travail productif sur la matérialité du produit. En tant que telle, cette soumission réelle n'est qu'une forme capitaliste du développement des forces productives en général autour du travailleur collectif. C'est du « procès de travail (...) comme acte qui se passe entre l'homme et la nature » (I, 362), que part Marx pour continuer en ces termes : « A partir du moment, cependant, où le produit individuel est transformé en produit social, en produit d'un travailleur collectif (...) les déterminations du *travail productif*, de *travailleur productif*, s'élargissent nécessairement. Pour être productif, il n'est plus nécessaire de mettre soi-même la main à l'œuvre ; il suffit d'être un organe du travailleur collectif et d'en remplir une fonction quelconque. La détermination primitive du travail productif, née de la nature même de la production matérielle, reste toujours vraie par rapport au travailleur collectif considéré comme une seule personne, mais elle ne s'applique plus à chacun de ses membres pris à part ». Et c'est sur ce travailleur collectif productif comme définition générale que vient se greffer sa forme capitaliste : « Mais ce n'est pas cela qui caractérise d'une manière spéciale le travail productif dans le système capitaliste. Là, le but déterminant de la production, c'est la plus-value. Donc n'est censé être productif que le travailleur qui rend une plus-value au capitaliste et dont le travail féconde le capital. Un maître d'école, par exemple, est un travailleur productif, non parce qu'il forme l'esprit de ses élèves, mais parce qu'il rapporte des pièces de cent sous à son patron ». Et Marx vient souligner que cette greffe est, quasiment dans le temps, celle d'un rapport social sur les forces productives présupposées : « Désormais, la notion de travail productif ne renferme plus simplement un rapport entre activité et effet utile, entre producteur et produit, mais encore, et surtout, un rapport social qui fait du travail l'instrument immédiat de la mise en valeur du capital » (362-363).

2) La définition générale, soit la production matérielle de plus-value, a pour objet d'inscrire le concept dans la contradiction force productive/rapports de production, soit dans le mouvement de la dialectique historique. Le MPC a pour rôle historique d'augmenter les forces productives mais, comme chacun sait, à un niveau de son développement, il en devient un obstacle. C'est ainsi que si nous avons pu lire dans les TPV, un texte totalement abstrait sur ce « rôle historique », la tonalité dans LC est tout à fait différente : « A mesure que croît la substance matérielle dont la classe capitaliste et ses parasites s'engraissent, ces espèces sociales croissent et se multiplient. L'augmentation de leur richesse (...) fait naître avec les nouveaux besoins de luxe de nouveaux

moyens de les satisfaire (...) la production de luxe s'accroît » (316). Et « l'accroissement extraordinaire de la productivité du travail dans les sphères de la grande industrie (...) permet d'employer progressivement une partie plus considérable de la classe ouvrière à des services improductifs et de reproduire notamment (...) les anciens esclaves domestiques » (317). Ainsi comprend-on la distinction définition décisive (spécifique) et secondaire (générale) des TPV. La définition spécifique est décisive pour donner les éléments d'une limite aux rapports de production capitalistes ; la définition générale est seconde pour venir, du développement historique, dévoiler cette limite dans sa contradiction avec les forces productives en général.

3) La définition du travail productif renvoie donc à sa contribution ou pas au développement des forces productives matérielles. C'est ce qui apparaît clairement dans l'analyse des activités de stockage et de transport.

À leur propos, Marx distingue les frais de circulation qui « ne résultent que de la forme sociale déterminée du procès de production » (II, 122). « Leur dépense agit donc de la même façon qu'une diminution de la force productive du travail (...). Ce sont de faux frais » qui n'ajoutent pas de valeur. Par contre, si la valeur d'usage « est placée dans des conditions matérielles déterminées » qui nécessitent « la formation d'une provision (involontaire ici) » (123) leur activité ajoute de la valeur. « Avec le développement de la productivité du travail (...) il est indispensable qu'il y ait toujours sur le lieu de la production un stock de matières premières » (124).

Le MPC étant historiquement nécessaire à l'augmentation des forces productives matérielles, toutes les activités qui, dans son procès de production, y contribuent, ressortissent de la détermination de fonctions productives en général, et sont donc créatrices de valeurs. Celles qui, en revanche, ne sont nécessaires qu'à son fonctionnement propre, lui sont spécifiques, sont improductives et donc ne créent pas de valeurs. Bien au contraire, elles constituent un frein au développement des forces productives matérielles en tant qu'elles sont autant de bras pris à son procès.

Que le travail collectif de la grande industrie constitue le critère, cela se lit dans le fait que toute activité utile du point de vue de la valeur d'usage est renvoyée à la production, l'« inutile », à la circulation. Ainsi, pour « l'industrie des transports », Marx prend l'exemple de l'empire des Incas : où « l'industrie des transports y jouait un grand rôle » (II, 131), pour en déduire que « la valeur d'usage des objets ne se réalise que lors de leur consommation, et celle-ci peut rendre nécessaire leur déplacement (...). Le capital productif engagé dans cette industrie ajoute ainsi de la valeur au produit transporté... ». Et le transport « apparaît comme la continuation d'un procès de production à l'intérieur du procès de circulation et pour lui » (II, 133, id III, 260). Puisque la circulation ne crée pas de valeur, il faut bien qu'il en soit ainsi.

La valeur et la plus-value ne sont pas le sens d'une vie spécifique, mais l'attribut d'un objet participant au développement des forces productives. Le critère des forces productives distribue les bons points que sont les valeurs, comme on l'avait déjà vu pour la question de la transmission de valeurs des moyens de production. Et on baigne dans un objectivisme sans mesure. On ne voit pas en quoi est utile toute l'analyse effectuée au début de LC si c'est pour en arriver là. Il aurait suffi de dire, d'abord que l'histoire est celle du développement des forces productives matérielles par le travail, et tout travail qui contribue à ce développement est productif de valeur dans le MPC. Puis que la valeur étant la forme sociale prise par le produit du travail dans le MPC, le travail créateur de valeur est le travail sous son aspect social abstrait, le travail en général se réalisant dans l'industrie. C'est un peu ce que nous disent CEP et la *première édition*. Si c'est de cela qu'il s'agit effectivement, alors on peut sans nul doute se passer de la lecture de la section I, et commencer par la section II.

4) Nous en arrivons à l'activité commerciale au chapitre VI du livre II.

Marx se prévaut de son analyse du chapitre VI du livre I sur la vente et l'achat de la force de travail : « Puisque (...) les marchandises s'achètent et se vendent à leur valeur (...) seule sa forme d'existence a changé » (II, 115). L'acheteur et le vendeur « ont besoin de temps pour se mettre d'accord (...) mais (...), ce travail (est un) moment nécessaire du procès capitaliste de production en sa totalité, lequel implique la circulation ». Aussi « le temps consacré à la vente et l'achat ne crée pas de valeur » (116).

Marx confond en fait l'acte avec une activité. Que la vente et l'achat ne créent pas de valeur, cela va de soi. Mais cela ne dit rien sur l'activité commerciale qui lui est nécessaire. Que les marchandises se vendent à leur valeur est une chose, mais qui a dit que cette valeur ne comprenait pas le travail commercial ?

Marx a recours à cet argument des plus spécieux : « Lorsque (...) les possesseurs de marchandises sont non pas des capitalistes, mais des producteurs directs et autonomes, le temps employé à l'achat et à la vente est à déduire de leur temps de travail, et c'est pourquoi, dans l'Antiquité comme au Moyen Âge, ils se sont toujours efforcés de remettre ces opérations à des jours de fête ». Mais c'est justement parce que le capitaliste individuel, qui maîtrise parfaitement le procès de production de sa marchandise, considère comme du temps perdu la commercialisation qu'il effectue lui-même en interne, que cette activité sera externalisée comme activité exclusive d'un autre capitaliste. C'est cela la rationalité du capital qui fait florès aujourd'hui, et elle ne dit rien sur le caractère productif ou pas du travail effectué en interne. Mais « une fonction improductive en elle-même, mais constituant un moment nécessaire de la reproduction, qui était auparavant exercée par un grand nombre de gens à titre accessoire, ne change pas de caractère lorsque la division du travail en fait l'exercice exclusif d'un petit nombre de personnes, leur occupation particulière » (116). Mais qui dit qu'elle change de caractère, sinon cette « fonction improductive en elle-même », édictée par le schéma matérialiste historique dans sa feuille de route éditée depuis l'Antiquité et le Moyen Âge ?

Le même type d'analyse est reproduit pour la comptabilité : Puisque « tant que la production marchande individuelle ne tient sa comptabilité que mentalement (...) ou ne tient registre de ses dépenses et de ses recettes (...) qu'en passant, en dehors de son temps de production, il saute aux yeux que cette fonction et les moyens de travail qu'elle comporte (...) viennent en déduction du temps qui pourrait être utilisé productivement » (118). Cependant, Marx reconnaît une différence avec les travaux commerciaux, en ce que « ces derniers découlent uniquement de la forme sociale déterminée du procès de production (...) (alors que) la comptabilité (...) devient d'autant plus nécessaire que le procès se passe davantage à l'échelle sociale ; elle est donc (...) plus nécessaire dans la production communautaire que dans la production capitaliste » (119). C'est pourquoi, le travail improductif est, dans ce domaine, réduit à « l'opération de recevoir et débourser l'argent (...) fonction exclusive des banquiers etc., ou des caissiers dans la grande industrie ». On avait pourtant cru comprendre que le critère sautait aux yeux à partir d'une lecture de l'histoire passée, imprégnée d'une expérience objective indélébile, et voilà que viennent maintenant s'ajouter des exigences du futur. Mais si le MPC est un moment nécessaire de l'histoire, si l'augmentation des forces productives de l'histoire passe nécessairement par celles s'effectuant en son sein, et si cette dernière ne saurait avoir lieu sans ses activités spécifiques, qui y contribuent, ne peut-on pas dire qu'il s'agit de fonction productive tout autant que cette comptabilité du futur qui, elle, se transforme, comme par « miracle », de fonction improductive en fonction productive ?

Le critère devient fuyant, mais ce n'est pas pour autant que Marx va céder. Bien plus, même le critère de la matérialité ne résiste pas à l'entêtement. Il existe en effet au moins une exception à ce critère, la monnaie dont les frais de production « sont des *faux frais* de la production marchande en général » (120). Ainsi voit-on que la vraie définition du travail productif n'est pas la matérialité de la marchandise et la création de plus-value, mais le développement historique des forces productives matérielles en général. C'est lui qui dicte ce que sera la plus-value.

5) Marx introduit le travail salarié, mais c'est pour reproduire l'analyse. L'argument « ici » décisif est le suivant : « Comme le commerçant en tant que simple agent de circulation ne produit ni valeur, ni plus-value, il est impossible que le travailleur du commerce qu'il emploie dans les mêmes fonctions lui produise de façon immédiate de la plus-value » (III, 282). Avec un tel raisonnement, il faudrait dire que le travailleur est productif de plus-value parce que le capitaliste qui l'emploie l'était en tant qu'artisan exerçant seul, avant de devenir capitaliste.

La distinction valeur-plus-value faite ici, introduit une antériorité de l'une sur l'autre, et donc un pseudo mode de production marchand composé de producteurs individuels de marchandises, qui prendrait la place théorique du chapitre I du livre I. Mais nous avons vu[97] que du point de vue subjectif, l'échange de surplus ne peut donner la valeur, et quant à un tel échangiste qui échangerait la totalité de sa production, on ne peut le concevoir historiquement qu'avec son métier. Ce n'est qu'avec le capital, et le travail qu'il introduit, que le discours impossible du produit du travail fait apparaître la valeur, de sorte que la distinction n'a qu'un sens objectif, celui du schéma matérialiste historique.

C'est dans le livre III que Marx revient sur cette question du travail salarié. « Le temps de travail et le travail du commerçant ne sont pas par eux-mêmes créateurs de valeur, bien qu'il lui procure une participation à la plus-value déjà produite » (III, 283). On voit bien à quoi sert ici le taux de profit comme forme transformée du taux de plus-value. À conclure que si le salarié ne crée pas de plus-value dans son temps de travail, et qu'il faut bien qu'il donne du surtravail à son capitaliste, c'est donc qu'il permet à celui-ci de participer, par ce surtravail, à la répartition de la plus-value globale à partir du taux de profit, qui cache ainsi l'origine de la plus-value.

Marx se perd ensuite dans des digressions infinies, aussi lassantes qu'inutiles, pour finir par dire : « Il est dans la nature des choses qu'un tel travail ne soit pas, comme le travail directement productif, la cause des grandeurs et masses respectives de ces valeurs, mais leur conséquence » (288). Mais avec cet argument, le travail de transporteurs etc. auparavant productif, se retrouve non productif. Marx ne répond pas à la question qu'il a lui-même posée. Il y répond par une tautologie : puisqu'il ne fait que manipuler des valeurs déjà crées, il n'en produit pas de nouvelles. Que ce travail ne soit pas à l'origine des valeurs qu'il manipule, c'est évident. Mais en ajoute-t-il ?

L'incohérence du discours éclate ici au grand jour. Aussi tenons-nous pour acquis que ces travailleurs sont productifs au même titre que tout autre travailleur qui vend sa force de travail. Comment pourrait-il en être autrement puisque la substance de la valeur est la dépense de force de travail? À quel autre moment de l'analyse Marx aurait-il introduit une autre détermination, « seconde», qui permettrait de nier celle-ci, à laquelle est suspendue toute la cohérence de LC ? Seule une conception étroitement matérialiste du schéma matérialiste historique a pu tenir ces travailleurs pour improductifs.

6) Il y a une parenté certaine entre la manière de construire le concept de travail productif-improductif, et celui de la valeur dans les «§1 » et «§2 » de la *première édition*. On a vu[98] que «§1 » développe un concept général de valeur, puis qu'en «§2 » il y ajoute l'élément historique et, avec lui, la contradiction du travail comme chose double. C'est le même « phasage » que l'on retrouve ici, où le travail productif en général est la définition

---

[97]Cf. Le Dernier-Marx : Critique radicale de la valeur travail.
[98]*Idem*

transhistorique, à laquelle s'ajoute la définition spécifique en tant qu'elle contient la forme contradictoire relative aux rapports de production. Elle renferme la contradiction en tant qu'elle montre un frein au développement des forces productives que rend actuelle la soumission réelle de la grande industrie. C'est proprement le rôle historique du MPC qui est mis en jeu. Le travail de l'industrie réalise de plus en plus le travail en général, dépassant le travail abstrait, comme le concept général de travail productif se réalise de plus en plus en dépassant sa définition spécifique.

Le MPC est légitimé pour développer les forces productives matérielles, dans la mesure où son rôle historique est d'amener à l'issue de la préhistoire de l'humanité. C'est en effet vers la fin du livre III que Marx nous dit : « En fait, le royaume de la liberté commence seulement là où l'on cesse de travailler par nécessité et opportunité imposée de l'extérieur ; il se situe donc, par nature, au-delà de la sphère de production matérielle proprement dite » (III, 742). Le productivisme de Marx est alors certain, mais il est circonstancié : il faut accroître au maximum les forces productives matérielles, pour arriver au plus vite au « royaume de la liberté », le travail se représentant dans la valeur du fait de l'insuffisance de leur développement.

C'est l'Histoire, cette « seule science » qui consiste à verser le tout complexe dans la trémie du schéma matérialiste historique pour en laisser sortir l'essence vraie, qui conçoit la grande industrie comme dernier stade du capital. Le développement des services ne pouvait dès lors se concevoir que dans le socialisme. Le développement capitaliste de la « société des services » n'entrait pas dans le champ de la vision de l'histoire qu'avait Marx. Aberration de l'histoire, les forces productives investies d'un contenu libérateur, se muent en forces destructrices, en investissant des biens qui ne lui étaient pas destinés. La philosophie de l'histoire de Marx ne pouvait encore, durant ces années où il écrivait la *première édition*, imaginer un tel rendez-vous manqué, comme il ne pouvait encore imaginer que la mort puisse vivre.

7) En aucune manière la définition générale du travail productif ne peut être le critère de la contradiction forces productives/rapports de production, dans la mesure où la plus-value ne désigne pas l'accroissement « historique » des forces productives, mais le contenu-sens de la vie du capital. Dès lors la contradiction ne désigne pas l'illégitimité du MPC au regard du développement des forces productives dont il constituerait un frein, mais une crise de légitimité du point de vue de la libération du travail comme contrainte normée provenant du capital.

En aucune manière, le concept n'a vocation à désigner le sujet révolutionnaire. D'une part, son contenu l'interdit, d'autre part, l'exploitation immédiateté qu'il désigne n'est pas immédiatement lisible. C'est à la source de la contradiction qu'il convient de rechercher ce qui constitue la classe. Celle-ci n'est pas une entité, et se construit sur la subjectivité par sa radicalisation possible. Par conséquent, bien que Marx détermine les trois grandes classes par leurs revenus (III, 796), ce n'est que secondairement aux revenus qu'il faut s'arrêter, mais avant tout aux vendeurs de leur force de travail. [99].

8) Jusqu'au « Dernier-Marx », Marx conçoit la théorie comme un prolongement de la pratique, en tant que celle-ci est installée dans les rails d'un dépassement dialectique du MPC. Le problème est que pour refléter le « rôle historique » de ce MPC, cette théorie est inscrite dans l'héritage de l'économie politique, et la critique se fait pratique prophétique. Car on vient de voir que cette critique du « manque d'histoire » ne concerne pas seulement une histoire rétrospective, mais tout autant une histoire prospective. Tant que Marx est uniquement porteur du schéma matérialiste historique, il reste un héritier « critique » de l'économie politique. Il fait de la théorie une économie politique historicisée, et de l'histoire une histoire « économisée ». C'est dire si la rupture radicale avec l'économie politique est identiquement une rupture radicale avec le schéma matérialiste historique[100].
Le déterminisme du matérialisme historique, la dialectique qui lui est prêtée, appartient à l'idéologie bourgeoise du progrès, qui lit l'histoire dans les termes de son présent, et Marx n'échappe pas lui-même à cette idéologie. Il croyait y échapper en lisant l'histoire à la lumière de sa fin communiste. Mais dans cette course à l'objectivisme, c'est l'action des forces productives qui se substituent à la vie en son identité immanente, et la contradiction interne, objective, au MPC, à la contradiction externe subjective, nécessairement externe.

---

[99]Ainsi M. Castel a raison de souligner à propos du travail productif, que Marx « fait de cette activité de transformation de la nature le propre de l'homme, la source de toute valeur, et fonde ainsi le rôle démiurgique qu'il attribue au prolétariat » (357). Et A. Artous a tort de le nier en disant que « Marx montre que les services peuvent relever d'un travail productif et, plus généralement, un individu réalisant la même activité (un cuisinier, un professeur) peut-être, du point de vue du capital, productif ou improductif, suivant que sa force de travail s'échange contre le capital ou du revenu » (2003,56). À l'appui, il cite un texte des TPV qui dit : « Le travail productif est une détermination du travail qui, de prime abord, n'a absolument rien à voir avec le contenu déterminé du travail, son utilité particulière ou la valeur d'usage caractéristique dans laquelle il se présente » (TPV. I, 469). « De prime abord » oui, puisqu'il s'agit de la définition spécifique. J. Bidet voit bien que « l'objet de la théorie marxiste du « travail productif » est d'énoncer la nature particulière des relations entre forces productives et rapports de productions capitalistes » (102). Mais il « ne voit pas » la confusion d'histoires, de sorte que, pour lui, la téléologie « n'a aucun fondement logique dans le système » (118) .

[100]Dans un récent article, L. Sève fait un brillant et lucide constat de la situation qui appelle la critique. « Pour Marx, la masse des prolétaires croissant avec le capital, ce dernier produirait ses propres fossoyeurs. Optimisme historique aujourd'hui bien aventureux. » (2011). Mais faute de voir que bien loin de n'être qu'un « optimisme historique », le pronostic impacte l'ensemble de sa théorie jusqu'à la *première édition*, c'est au marxisme, et non à ces textes de Marx, qu'il s'en prend. « Dans l'ordre théorique, il a fait déchoir le matérialisme historique en objectivisme, en sociologisme, en économisme jusqu'à rendre suspecte toute inclination vers une pensée du sujet, une psychologie de la personnalité, une éthique de la personne » (2008, 556). Le problème est que, avec cette « pensée du sujet », on ne rompt pas avec l'objectivisme. On l'aménage, brillamment certes, mais on l'aménage tout de même…

Ce sont les *Manuscrits de 1844* qui voulaient le passage de l'opposition externe du travail au capital, simplement étrangers, à la contradiction interne, censément antagonique dans la mesure où la tenue d'un même discours en faisait des moments différents d'une même histoire. Croyant faire entrer le prolétariat dans l'histoire, on l'enfermait dans la logique du capital. Et au lieu des révolutions attendues, ce fut à des « contrariétés » pour le capital qu'on eut droit. Il n'y a rien d'indécent à reconnaître que les rudes combats menés par des militants sincères, dévoués à une cause, et en cela admirables, l'ont été sur fond d'une confusion. C'est le contraire qui le serait, en fermant les yeux pour continuer dans l'impasse au lieu de tenter de « redresser le tir ».

Conclusion de la partie II

On le voit, le travail de réécriture du Dernier-Marx ne va pratiquement pas au-delà de la section I de LC. Et son concept de capital reflète ce manque fâcheux. Quand Marx invoque le manque de temps, nous avons dit que l'argument avait bon dos, et cela est incontestablement vrai pour ce qui concerne les livres II et III non publiés. Mais pour ce qui concerne le livre I, l'argument nous semble recevable.

Que Marx soit conscient de ces insuffisances, c'est ce que nous semble montrer son échange avec Danielson, le traducteur russe du Capital, dont nous avons déjà fait part[101]. Dans une lettre du 23 mai 1871, Danielson écrit à Marx : « Notre ami commun a raconté dans un cercle d'amis qui s'intéressent à la continuation de votre œuvre, que l'éditeur de votre livre, pour des considérations d'ordre économique, ne veut pas imprimer le deuxième volume dont le manuscrit est déjà achevé tant que le premier volume ne sera pas épuisé » (LSC, 264 n.3). Dans sa réponse, Marx ne fait aucune référence au deuxième volume, comme si son sort était tranché, et parle de « la continuation de [son] œuvre » en ces termes : « Pour ce qui est de la *poursuite de mon ouvrage*, le rapport of our friend repose sur un malentendu. *J'ai estimé nécessaire une refonte complète du manuscrit* » (ns). S'agissant du Capital, Marx conçoit manifestement la continuation de son œuvre comme une « refonte complète » du livre I. Et, nous venons de le constater, cette « refonte complète » signifiait une quasi réécriture de l'ouvrage. Pour ce travail gigantesque, l'argument du manque de temps est recevable.

Aussi convient-il de rester, pour ce qui est de notre relecture de cette partie, avec le constat des apories de la *première édition*, et la tentative d'y remédier par les quelques éléments théoriques que nous apportons.

---

[101]Cf. Le Dernier Marx : Critique radicale de la valeur-travail (Introduction)

Conclusion

A) C'est de la dialectique historique en tant que mouvement de la contradiction forces productives/rapports de production, qu'a hérité le mouvement ouvrier dans ses deux composantes essentielles, social-démocrate et communiste.

1) Disons-le tout de suite, d'une manière qui apparaîtra provocante, la social-démocratie en est une bonne héritière. Chez Marx, les communistes interviennent pour aider au mouvement de l'histoire, tout en en atténuant ses effets négatifs. Mais comme on l'a vu, le matérialisme historique s'est trompé d'histoire. Aussi, quand on parle de trahison de la social-démocratie, on peut se poser la question de son sens. C'est en tant que porteuse de la logique du capital, que la social-démocratie a, un peu partout, ouvert toutes les portes au libéralisme le plus débridé aux ordres du capital triomphant, comme si l'histoire l'y avait convoquée. Dès lors que l'on reste fidèle aux principes constitutifs du schéma matérialiste de l'histoire, et que malgré tout, le grand soir attendu ne vient pas, l'« aggiornamento » ne fait que sanctionner cette absence de l'Apocalypse, pour s'inscrire, explicitement, dans le système. La refondation social-démocrate est une refondation augustinienne. Par la prise et le saccage de Rome, Alaric a ébranlé la foi chrétienne fondée sur la venue imminente de Dieu sur terre. Saint-Augustin a refondu le christianisme non plus sur cette téléologie mais sur l'intemporalité d'un absolu propre. De même, la social-démocratie refonde le matérialisme historique non plus sur l'Apocalypse de Saint-Jean, mais sur les évangiles de Pierre et Paul, sur la seule logique du capital. Elle montre qu'en ôtant son côté messianique au schéma matérialiste historique, on a une logique du capital. C'est naturellement qu'elle « vire à droite », et en cela elle ne fait que refléter le mouvement de domination croissante de cette logique. C'est sa rationalité qui dit qu'il n'y a pas de programme politique « rationnel » qui ne soit pas de gestion du système. Et c'est cette élite gestionnaire qui se sent suffisamment fondée pour se permettre de déclarer populiste, avec tous les amalgames que le terme rend possible, tout programme qui n'entre pas dans cette logique.

La social-démocratie se moule dans cette politique gestionnaire et dans sa logique « politicienne » faite de représentations et de jeux de pouvoirs, de stratégies de carrière construites sur l'à-propos quant au choix du mentor et de son réseau, et sur le show médiatique, où se forgent des « identités politiques» fictives sur les mots-gadgets et les a-propos du 20 heures, là où le dire et son contraire se perdent dans l'avalanche des mots vides qu'exige le professionnel de l'information. La grande logique du capital se soumet ces petites logiques par leur professionnalisation : professionnels de l'économie, de la politique et des médias. Comme le dit J.-M. Vincent à propos de la politique, « elle participe, sous ses formes fétichisées à la fuite en avant de la valeur qui s'autovalorise » (117).

L'idéologie de la connaissance peut bien se légitimer elle-même en se comprenant comme dépassement de la croyance archaïque, mais c'est pour ignorer son origine, et par là le règne d'une croyance perpétuée. Les idéologies de la transparence et de la connaissance s'alimentent mutuellement pour se faire critères des « idéologies », forcément contestatrices, en un oubli abyssal sur leur propre réalité. C'est dans ce cadre que la social-démocratie déploie son slogan d'égalité des chances d'accès à... l'élite du capital. Cette égalité est tout aussi idéologique que l'égalité d'échange, et il est ruineux d'attraper au vol le mot pour en faire un critère de différenciation politique.

Le progrès se donne comme corrélat de la rationalité du travail, que la social-démocratie expose avec son idéologie de l'entreprise. Dès lors que la parousie est rejetée, l'idéologie pose l'existence en soi comme progrès. C'est ainsi que la Communication dicte que le rapport social n'est plus interpersonnel, mais existe en soi en tant que portée par les professionnels de la communication, devenus une référence en soi. Dès lors se développent les ruptures par rapport aux origines des parcours individuels. Le reniement des origines (ouvriers, banlieue…) devient la règle de la « réussite », parce que ces origines ne sont plus porteuses de valeurs face à celles véhiculées par le social communicationnel, distillant les codes de la norme sociale.

Alors que la peine de mort, l'oppression de la femme et le racisme relèvent de logiques antérieures au capital qui, on l'a dit, n'a que faire du genre ou de la couleur de peau de ceux qui le personnifient, le mouvement ouvrier les a identifiés pour y lire une seule histoire, celle du progrès. Le « progressisme », également porteur de l'anticapitalisme et de revendications « sociétales », constitue le concept sur lequel s'est construite la distinction droite/ gauche. Là encore, la confusion du capital avec ses « béquilles », où s'imbriquaient des restes réactionnaires, a entretenu l'ambiguïté dont s'est nourrie la social-démocratie pour se réclamer d'un héritage historique, alors que la poudre aux yeux des réformes sociétales, cache mal une « politique » intégrée à l'ordre du capital. Le clivage droite / gauche, pour être issu d'une lecture confuse de l'histoire, entretient la confusion quant à la réalité du capital, et doit donc être politiquement réactualisé.

C'est cela la social-démocratie, et on n'a rien compris quand on y voit une trahison. Il n'y a nulle trahison, mais la marche dans des traces déjà balisées.

2) Lénine a introduit une petite révolution dans le schéma matérialiste historique, avec la médiation nécessaire du Parti, porteur conscient de la vérité de l'Histoire. Il est Parti de la Classe ouvrière et, à ce titre, sujet lui-même de l'Histoire. En tant que médiateur entre le contenu des forces productives et la forme des rapports de production, il est l'Eglise qui manquait à la religion. Le premier texte de « fondation » du matérialisme historique, insistait sur

l'alliance de la philosophie et du prolétariat, en une sorte de corps « unifié » de la tête et des bras. Mais on a vu qu'on a très vite oublié cette origine des bras de l'idée, pour son inversion matérialiste en tant qu'idée des bras. Il n'est donc pas étonnant que Lénine revienne à ce moment fondateur pour nous dire l'idée (Parti) des bras (Classe ouvrière) avec, à l'œuvre, ce qui en a été oublié, la réalité des bras de l'idée.

Ce qui distingue dès lors les communistes des socialistes, c'est que ceux-là se font les héritiers de l'Apocalypse de Saint-Jean, et n'existent que par le dépassement, là où les socialistes n'existent que par son abandon. Dans une telle posture, le Parti est appelé à remplacer les rapports de production marchands dans le futur « État ouvrier ». C'est peut-être ici que l'on mesure l'effet le plus néfaste du voile des rapports d'échange, et de leur abstraction pour la lecture transparente de la réalité de la production dans la *première édition*. Quand la §4 sur le fétichisme, fait ses « petites visites » historiques pour nous dire que toutes les déterminations de la valeur y sont, mais non voilées, on voit bien que c'est ce contenu transhistorique que le Parti prétendra incarner de manière consciente dans sa transparence. Le Parti a pour vocation historique de lever les obstacles au développement maximal des forces productives matérielles, soit l'industrie lourde, comme on l'apprend des schémas de reproduction du livre III, et cette fin justifie les moyens. Ce qui chez Lénine est une « voie dangereuse » (la démocratie n'est pas une priorité), devient avec le stalinisme quelque chose de sclérosé et théorisé : la démocratie est dans le Parti unique du Peuple réduit à la Classe ouvrière-sujet.

L'échec de ce « système » était inscrit. S'étant trompés d'histoire, les bolcheviks ont construit le capital... sans capitalistes. L'idéologie du travail, importée sans les moyens immanents de son autodéveloppement, le marché et les rapports marchands, marche à fond, mais à vide faute de son système.

3) Ici l'analyse objectiviste s'en tient à la contradiction valeur d'usage/valeur d'échange pour dire qu'en l'absence du marché, le « système » planifié ne produit que des valeurs d'usage et non pas des valeurs d'échange. Faute de s'attacher à la réalité vitale du phénomène analysé, il échappe à cette analyse que justement on n'y produit pas seulement des valeurs d'usage, mais bien autre chose qui est de l'ordre d'une raison qui ne dit pas son nom. Le quota, puisque c'est de cela qu'il s'agit, répond à une logique qui n'est pas celle de la valeur d'usage, mais de la rationalité propre au travail auquel il convient de souscrire. L'être réel de celui qui doit impérativement y répondre, le planificateur et ses sbires, n'est rien d'autre que la force productive du capital, et la logique du capital s'impose sans que son porteur en soit le capitaliste adéquat à sa reproduction en son identité vitale.

La force de travail est bien prise dans la forme de naturalité du travail, mais la valeur ne se détermine pas, elle, dans la valeur d'échange, mais dans les quotas. La valeur d'usage ne se mesure pas à la valeur d'échange, mais à sa quantité propre qu'est le quota. Avec celui-ci on ne souscrit pas à la « logique de la valeur d'usage », mais à celle du travail se manifestant dans l'impératif d'augmenter les forces productives. Dans le système capitaliste, la valeur d'usage est un réquisit de la valeur. Dans le « système » planifié, elle est un réquisit du planificateur, qui nie le social spécifique (de la valeur) au nom d'un social seulement affirmé.

La logique du capital s'impose, mais n'a pas les moyens de sa reproduction. C'est pourquoi le « système » en reste au stade de la soumission formelle, où il peut encore faire illusion, quant à sa rationalité, comparativement au système capitaliste, mais ne peut atteindre le stade de la soumission réelle, alors même qu'il en reste à une logique du capital. Le schéma matérialiste historique est lu dans des formes relevant encore de la soumission formelle, comme un stade ultime du capitalisme que Lénine entend comme impérialisme, et la soumission réelle n'est saisie qu'à travers « la production », sur le mode de la *première édition*. Les communistes croient trouver confirmation de leur devenir dans des succès incontestables, mais c'est leur aveuglement sur le réel devenir et la soumission réelle qui va constituer le fond d'une tendance à la marginalisation.

Le système capitaliste est la réalisation de l'être spécifique du capitaliste, qui suppose que le travailleur soit réellement soumis à cette logique par sa reproduction. Or, on a un « système » de la force de travail, alors même que cette force de travail n'est pas marchandise. C'est dire si ce « système » baigne dans des extériorités incapables d'être dépassées dans le système de la soumission réelle. Au même titre que le schéma de la réussite de nombre de salariés occidentaux se réduit à un devenir capitaliste, l'être spécifique du bureaucrate est incapable de se réaliser, alors même que l'élite bureaucratique aspire à cette réalisation.

Quand on lit le propédeutique stalinien sur le matérialisme historique (Questions du léninisme), on est frappé de ce que toutes les déterminations de l'homo oeconomicus sont là (transparence du réel, l'individu libre et rationnel dans sa relation à des biens rares, etc.), de sorte que l'on peut caractériser le Parti comme une sorte d'ordo oeconomicus. Aussi, lorsque dans les années 80, Tatiana Zaslavskaia prit la tête de la rénovation de ce marxisme, avec pour mot d'ordre d'introduire de l'individu dans la théorie, il ne fallait pas être grand clerc pour prévoir que cette intelligenstia, reflet intellectuel de l'aspiration de l'élite bureaucratique, était vouée à glisser de cet ordo oeconomicus dans les pas néoclassiques de l'homo oeconomicus. C'est ce qui arriva, au point que dans les années qui suivirent, la Pologne, par exemple, constitua le plus grand rassemblement de thatchériens au monde, notamment dans les rangs de Solidarnosc. Il y a des évolutions qui ont un sens à questionner, plutôt que d'en rester au simple constat... sans voix.

4) Le mouvement ouvrier a subi toutes les évolutions des dernières décennies, pour ne pas les avoir vu venir, aveuglé qu'il était par une lecture aveugle d'une théorie aveuglante.

Pratiquement laissé à lui-même, le capital a mis sa patte d'ogre sur nos sociétés, de sorte que la rationalité du travail les structure à ce point qu'elle impacte un agir des individus conforme à l'« esprit » même du capitalisme. Pris dans l'engouement généralisé pour la « neutralité scientifique » de la communication informatisée, on est resté aveugle sur le sens de son éclosion, parallèle aux victoires du néolibéralisme. Jamais cette révolution, qui en constitue le volet scientifico-naturel, n'aurait pris dans le contexte des Trente Glorieuses. L'Internet et autres jeux vidéo structurent à ce point nos enfants qu'on ne sait pas ce que « vivre ensemble » signifiera dans une trentaine d'années. Et on pourrait multiplier les interrogations inquiètes, jusqu'à d'apparents petits faits comme la signification idéologique du désintérêt croissant pour l'histoire, qui a toujours les horizons d'un autre, au profit d'un apprendre professionnel. On ne mesure pas assez la configuration idéologique des petits faits, ni d'ailleurs d'autres d'importance comme la professionnalisation de la vie, cette dernière expression de la rationalité du travail.

La démocratie représentative ne semble pas poser de problèmes en soi. Mais si la bourgeoisie ne se pose pas le problème de sa professionnalisation, puisque c'est par là même son Etat qui est là pour appliquer les principes de sa vie, pour la classe dominée, la politique a une portée libératrice, alors que sa professionnalisation va à l'encontre de cette visée. C'est dire si la professionnalisation du militantisme, posée sans problème par le parti léniniste, pour être l'« avant-garde », était, au contraire, très problématique, sans que cela fût aperçu par ses théoriciens, de par leur ancrage.

La professionnalisation a affaire à une objectivité comme telle technicisable, par rapport à laquelle l'investissement de soi avec ses convictions et opinions n'a plus cours, pour faire place au savoir-faire technique, appris dans les écoles. Le politique et la communication deviennent le lieu du traitement technique d'un objet technique peuplé de robots vivants. Comment faire du chiffre ? Ça commence comme ça, et ça finit par là : l'homme n'est qu'un chiffre remplaçable. C'est cela le sens de l'économique .

L'élite économico-politico-communicationnelle est à ce point porteuse du sens du capital, que l'exigence de celui-ci se fait raison évidente prétendant s'inscrire comme « constitution » valant en soi, par-delà toute ratification démocratique. Le sens du capital est devenu à ce point dictatorial que la démocratie y perd son sens pour ne pouvoir que s'y aligner. Et c'est au seul nom de cette démocratie alignée par son pur formalisme, que doivent se faire les « révolutions convenables » des temps modernes, réalisant, par les élites locales, le marché mondial du capital. Car il faut se rendre à l'évidence que le temps n'est plus aux luttes anti-impérialistes, dans lesquelles ces élites étaient parties prenantes. Relais idéologiques dociles, les stratégies politiques du capital sont menées selon la ligne du meilleur relais. Qu'une dictature ne fasse plus l'affaire, et c'est une révolution libérale qu'elles soutiennent ou fomentent.

On n'a que trop facilement tendance à voir la Révolution en marche à l'ère où les révolutions sont essentiellement libérales. Mais on raisonne à la source stalinienne du principe que les ennemis de mes ennemis sont mes amis, quand on en vient à soutenir une dictature en place. S'il ne s'agit ici que d'une tendance lourde, il reste qu'elle doit être prise en compte comme telle dans l'analyse bien plus complexe d'une situation concrète.

L'Europe est la preuve qu'on s'est trompé d'histoire. Au même titre que la science du capital, elle a été construite par le capital et pour le capital. A-t-elle permis d'« améliorer » la vie ? Il faut répondre avec Marx : elle n'a pas été construite pour cela ! Il faut se rendre à l'évidence que la seule universalité qui s'est construite est celle du capital, parce que l'histoire qui s'est réalisée a été la sienne. Aussi, dans le débat actuel qui traverse la gauche radicale, à propos de la nécessité ou pas de sortir de l'Europe, il convient de cesser de se référer à un universalisme abstrait, comme si l'universalité concrète du capital la réalisait malgré tout, de par une sorte de ruse de la raison historique. C'est la logique du capital dans sa manifestation la plus développée que nous avons avec l'Europe, sa propre logique absolument opposée à une humanité libre, à laquelle elle s'en prend pour en détruire les éléments possibles. A-t-on quelque part l'expression d'une lutte des classes à l'échelle européenne ? La Confédération européenne des syndicats est ce qu'il y a de plus intégré à la logique du capital. Et si l'on doit attendre de subvertir l'Europe de l'intérieur, alors, encore et toujours, on n'en reste aux incantations. Faisons avancer les choses là où on le peut, et quant aux craintes d'alimenter un « nationalisme », c'est faire peu de cas du programme politique qui doit, il est vrai, s'afficher plus comme luttant *contre* le capital que *pour* une « souveraineté nationale » dont le recours est confusionniste. On ne s'oppose pas à la « démocratie » professionnalisée d'une Commission européenne en lui opposant une « souveraineté nationale », dont on a vu que le parcours était identique, simplement moins développé. Ce n'est pas à un retour en arrière que l'on appelle, mais à une avancée dans la lutte politique contre le capital, tout simplement en commençant là où elle se présente, pour être encore possible.

5) Une refondation est donc absolument nécessaire, sous peine d'une mort politique annoncée. Ici l'important est de reconnaître qu'on a fait fausse route pour avoir emprunté un chemin déjà balisé, qui nous parlait pour pratiquer un même langage, celui d'une histoire soi-disant commune. C'est aussi avec ce même langage qu'est abordé le vieux débat Réformes ou Révolution. Ce débat est, à notre sens, dépassé en ce qu'il était posé en des termes « faussement » alternatifs.

Le réformisme, on l'a pensé dans les seuls termes de la logique du capital dont la social-démocratie était porteuse. Ne voyant pas cette logique propre, on l'a pensée comme « trahison » à partir d'une inscription dans les appareils politiques d'État, naturellement récupérateurs dans la mesure où l'État était précocement caractérisé comme État du capital. Le cambouis salit non seulement les mains, mais les convictions, et les étiole par définition, alors qu'elles ont aussi une histoire. Avec cette « nature » de l'Etat, on a oublié que tout le « politique », étatique et organisationnel, se prédisposait à l'alignement. On a ainsi confondu tout réformisme avec celui social-démocrate, et il est vrai que si « on y va » avec l'outil théorique du schéma matérialiste historique, il y a toutes chances pour que cette crainte trouve à se confirmer. Il suffit de voir les évolutions de la plupart des PC, évolutions largement impactées par la croyance dans les contradictions internes au MPC.

La révolution, on l'a prise dans les termes de celle d'Octobre 17, autour du Parti. Référence d'ailleurs largement mythifié quant à son sens immédiat, en faisant l'impasse sur les revendications déclencheuses (fin de la guerre, redistribution des terres). Non seulement la révolution s'oppose au réformisme électoral, mais elle présuppose le Parti fin prêt pour sa tâche historique, le facteur subjectif. Le diagnostic sur le « réformisme électoral » oppose l'homme isolé à la pratique revendicative des producteurs. Sauf que l'homme isolé dans les urnes est aussi, généralement, un producteur, et que la pratique du producteur est largement surestimée quant à sa capacité à s'en prendre, en tant que telle, à la logique du capital. Mais ce schéma intemporel est daté pour être celui opérant sur des béquilles du capital. On a fait du moment des béquilles de la logique propre du capital, un MPC achevé avec ses contradictions « internes », indépassables sinon par la révolution. Mais aujourd'hui, le capital s'étant en partie débarrassé de celles-ci, le schéma de la révolution n'a plus grand chose à se mettre sous la dent. La tendance peut alors consister, pour certains, à construire le Parti en attendant des jours meilleurs, alors que le système, lui, n'attend pas, déployant toujours plus loin ses tentacules, et rendant la « subversion » toujours plus difficile. On ne fait qu'attendre Godot en jouant à la sœur Anne. Car il n'y a rien à attendre, parce qu'il n'y a rien qui doive venir au nom d'une croyance. Il n'y a que des possibles qu'il faut faire parler en une espérance politique.

Cette sorte de syndicalisme révolutionnaire participe d'une croyance s'illusionnant sur les capacités des luttes locales, et ignorante des tendances propres au syndicalisme livré à lui-même. Pratique locale *et* visée globale, dit justement un slogan. La visée globale en tant que telle est celle des professionnels de la « politique », et on a vu son origine. La pratique locale en tant que telle, est celle d'autres professionnels (du syndicalisme, de l'associatif...), ou de nouveaux croyants saturés du global et généralisant une expérience du système. Agir politiquement, c'est agir pour que l'utopie devienne espérance, c'est-à-dire s'inscrive dans le mouvement de forces capables de faire bouger les choses, en insufflant de l'espérance à ceux qui ne croient plus qu'autre chose soit possible dans un champ « politique » sclérosé par le professionnalisme confiscatoire.

Le fétichisme du mouvement de masses, objet de toutes les attentes, se nourrit de la vieille théorie de la transcroissance qui a la simplicité de son origine. Or, ce dont ce mouvement a plutôt besoin, c'est d'un but politique porteur d'un principe d'espérance, et celui-ci se construit aussi électoralement. Opposer le système électoral au mouvement revendicatif de masses est suicidaire et ambigu. Une force électorale alternative n'a de sens que pour donner l'espoir du changement politique aux luttes revendicatives ; et une lutte revendicative sans espoirs de changement politique est vouée à l'échec dans un capitalisme sans béquilles. On oublie trop vite que les luttes de 1936 sont nées d'un tel espoir, suite à la victoire électorale du Front populaire. Derrière la méfiance envers le système électoral, il y a le vieux schéma, essentiellement engelsien (l'Anti-Dhuring), du système des producteurs associés qui, réduisant le citoyen au producteur, ramène la vie sociale aux retombées du schéma matérialiste historique.

B) 1) La tentative d'expurger le marxisme des relents de sa philosophie de l'histoire, pour en conserver l'essentiel, existe, entre autres chez Althusser, pour qui, la théorie « est limitée à l'analyse du MPC, et de sa tendance contradictoire, qui ouvre la possibilité du passage vers l'abolition du capitalisme, et son remplacement par « autre chose », qui se dessine déjà en creux dans la société capitaliste. Dire que la théorie marxiste est « finie », c'est soutenir l'idée essentielle que la théorie marxiste est tout le contraire d'une philosophie de l'histoire » (Solitude..., 285). Mais ce qui est ici « en creux », ce sont les restes d'une philosophie de l'histoire dont on tente d'expurger le texte tout en oubliant qu'il en procède.

Cela étant, ce rejet débouche chez Althusser sur un *matérialisme de la rencontre* pour lequel « quand on lit d'un peu près le Capital il apparaît que, contrairement à l'idéologie génétique couramment appliquée à Marx (...) le MPC n'a pas été « engendré » par le mode de production féodal comme sa propre fin (...). Le MPC surgit de la rencontre (...) d'un certain nombre d'éléments très précis, et de la combinaison spécifique de ces éléments (...). Ce que le mode de production féodale engendre (...) c'est seulement ces éléments dont certains d'ailleurs (l'accumulation d'argent sous forme de capital) remontent en-deçà du mode de production féodal » (91-92). Le problème, ici, est que l'on n'a pas accompagné le rejet de la philosophie de l'histoire d'une théorie de la logique du capital. Car en éliminant justement la dialectique historique, on a éliminé toute dialectique, et donc toute possibilité de saisir cette logique, au point de risquer d'en conserver des formes de naturalité dans la formation économique et sociale.

Althusser mobilise aussi la « détermination en dernière instance » de l'économie. Et du fait du rejet précédent « l'heure solitaire de la « dernière instance » ne sonne jamais » (Pour Marx, 113). En effet, chez Althusser la contingence n'est pas « récupérable » par la suture d'un mouvement dialectique, mais vient au contraire en dévier l'effet. Et les contradictions économiques qui empêchent la suturation de la formation économique et sociale sur la loi économique, ne deviennent explosives qu'avec la contingence politique. Mais avec ces contradictions économiques, on n'échappe pas au schéma de la contradiction interne, et la nécessité de la contingence politique résonne alors comme l'adjonction de l'élément conscient.

2) Si la suture appartient à l'objet théorique, il est évident que la formation économique et sociale n'est pas totalement suturée. L'essentiel est alors de voir la réalité et la dimension des plis par rapport à la prédominance de la logique du capital. C'est ici que l'analyse devient complexe et ne peut échapper à sa part d'objectivisme. On n'échappe pas, en dernière instance, à l'analyse objective.

Toute la difficulté réside alors dans le fait que les extériorités apparentes en tant que déterminations de l'identité spécifique, coexistent avec les réelles extériorités relatives à l'interférence d'autres sens, et qu'il faut combattre les premières et faciliter au contraire les secondes. Ainsi, dans la contradiction valeur d'usage/valeur, quelles sont les valeurs d'usage qui sont réellement contradictoires et celles qui relèvent de la logique du capital ? Et on ignore cette difficulté quand on préconise une société préoccupée par la seule valeur d'usage, opposée au système du capital visant la seule « valeur d'échange », comme le fait, avec raison mais trop simplement, l'« écosocialisme ».

Il est clair que la « rupture » se révèle autrement plus compliquée que lorsque nous avions affaire à des béquilles du capital. Compliquée parce que les recettes à coups de « baguette magique » n'ont plus cours, et que nous devons manifestement penser la rupture à partir d'éléments qui ne sont pas là, a priori, disposés pour cela. Si la rupture est possible, elle suppose une reconfiguration de la logique de la vie capable de faire elle-même la part de ce qui, dans la contradiction, est déterminé ou réel. Il s'agit donc pour elle de conquérir ce qui est enfoui dans une matérialité qui n'est pas là pour être conquise, mais qui peut l'être dans une tout autre configuration vitale. Plus que d'un matérialisme de la rencontre, il s'agit d'un matérialisme de la conquête rendue possible par une redéfinition-métamorphose de la vie s'impliquant dans un processus jusqu'à son évidence de la rupture nécessaire. C'est ce processus de repositionnement vital qui doit être substitué à l'apparente opposition Réformes-Révolution, doublement datée. Datée quant au langage qui est le sien, et quant à ses références à un système fonctionnant encore avec des béquilles. De leur expérience, on ne peut inférer contre toute réforme et toute révolution possibles. L'heure est sans doute à un « réformisme révolutionnaire », pour lequel il s'agit de donner sens à l'espoir, l'investir dans un processus de réformes aux logiques contradictoires, de plus en plus contradictoires avec celle du système, à aller le plus loin possible en ce sens pour que se constituent des « évidences » contre celles que distille la logique du capital. C'est peut-être là le contenu de vérité du projet gramscien.

Cette « révolution permanente » est vouée à se dérouler dans la complexité, et dans l'éveil des écueils possibles. Elle consiste en définitif à reléguer la rationalité du travail, à l'origine d'une instance productive autonome avec ses propres règles d'un envahissement dictatorial. Dans cette entreprise, il peut sembler que la problématique de l'émancipation par le temps libre soit une voie essentielle. Elle l'est sans doute, mais à la condition de ne pas être aveugle sur certains problèmes qu'on y croise.

3) Dans le livre III, nous trouvons ce passage, déjà cité, sur cette question. « En fait, le royaume de la liberté commence seulement là où l'on cesse de travailler par nécessité et opportunité imposée de l'extérieur ; il se situe donc, par nature, au-delà de la sphère de production matérielle proprement dite (...). En ce domaine, la seule liberté possible est que l'homme social, les producteurs associés règlent rationnellement leurs échanges avec la nature, qu'ils la contrôlent ensemble au lieu d'être dominés par sa puissance aveugle et qu'ils accomplissent ces échanges en dépensant le minimum de force et dans les conditions les plus dignes, les plus conformes à leur nature humaine. Mais cette activité constituera toujours le royaume de la nécessité. C'est au-delà que commence le développement des forces humaines comme fin en soi, le véritable royaume de la liberté (...). La condition essentielle de cet épanouissement est la réduction de la journée de travail. » (III, 742).

Dans ce texte, Marx fait de la liberté, non pas la définition même de la vie, mais un attribut de la vie une fois débarrassée de la contrainte du besoin matériel. Or si la problématique du temps libre a un sens au niveau de la formation économique et sociale, c'est un sens qu'il s'agit d'évaluer au regard du fait qu'il n'en a pas au niveau de l'objet théorique. La liberté y est bien présente en tant que liberté spécifique de la logique du capital, aussi bien en tant que « travail libre » que comme « temps libre » encastré dans la reproduction du capital. C'est cette question du contenu du temps libre qui peut passer inaperçue ou relativisée dans une sorte de fétichisme du temps libre. Ce n'est pas, en tant que tel, parce que le temps de travail occupera une sphère réduite du temps de la vie que l'on cessera d'aller dans le mur avec le capital.

Parce que le travail comme moyen terme n'est pas envisagé comme forme de naturalité, il circonscrit un paradigme de la production matérielle qui reste aveugle sur la nature de cet « au-delà de la sphère de la production matérielle ». Car nous sommes confrontés à la limite d'une soumission réelle ignorante de sa réalité pour être lue à travers le prisme de la soi-disant transparence de la sphère de production, et qui nous montre que la solution du « contrôle rationnel » de la production par la « planification » est en deçà de cette soumission réelle, alors que c'est bien à ce niveau que se pose la question de la rupture en tant que confrontation-opposition d'identités vitales.

Aussi voit-on qu'il n'est pas suffisant d'opposer la problématique du temps libre à la « planification » soviétique comme voie vers l'émancipation. Car sur le fond, on y a la même confusion des béquilles du capital avec des rapports de production capitaliste achevés, et qu'on en reste à une soumission formelle de LC dont on a vu les limites plongeant dans la *première édition.* A se priver d'une théorie de la vie du capital, on court le risque de confondre les réelles extériorités avec celles déterminées de l'identité spécifique.

4) André Gorz identifie la rationalité économique et celle capitaliste, mais d'une manière toute particulière qui n'échappe pas à l'idéologie du travail. Il fait d'abord de la socialisation un processus extérieur et autonome par rapport à l'être irréductible (Métamorphoses…, 48), et en déduit l'existence de deux rationalités, celle des individus poursuivant leur fin et celle « des organisations dans lesquelles ils travaillent » (53). Et dans ce jeu des extériorités, il ne s'agit nullement de remettre en cause la rationalité économique en tant que telle, mais seulement sa domination, en tant que sphère hétéronome, sur celle de l'autonomie. « Il ne s'agit pas de supprimer l'économie, (...) l'autonomie des entreprises, le capital. Il s'agit seulement de remettre la rationalité économique, telle qu'elle s'exprime parfaitement dans les exigences autonomisées du capital, à sa place (...) de mettre fin à la domination de l'économie sur le politique (...), de réaliser l'extinction du capitalisme sans supprimer l'autonomie et la logique du capital, qui ont leur sphère de validité incontestable, quoique restreinte » (Capitalisme…, 182-183). Faisant du capital une simple organisation que requiert la rationalité du travail, il s'agit de refuser de s'y soumettre en faisant droit au politique, lieu d'expression de la rationalité individuelle. D'où cette distinction étonnante entre le capital avec sa rationalité économique, et le capitalisme, le système de sa domination : « ce qui est en jeu dans le conflit entre capitalisme et socialisme, c'est l'étendue de la sphère dans laquelle la rationalité économique peut se déployer, non la rationalité économique elle-même (...) [car] il n'existe pas, en matière de gestion des entreprises, une rationalité autre que capitaliste » (87).

A. Gorz refuse la croyance en un « contrôle conscient des travailleurs associés ». Mais c'est au nom d'une autre croyance en une sorte de « schéma matérialiste historique », dénonçant« l'utopie d'une théorie pré-moderne qui n'envisage pas la naissance d'une société post-industrielle comme le résultat d'un développement par lequel le capitalisme se dépasserait lui-même, mais comme une destruction due à des facteurs extérieurs » (27). Nul doute qu'avec un tel autodépassement en une société post-industrielle, on soit amené à profiter de ses formes libérales à l'œuvre depuis les années 80, celles-ci s'efforçant sans doute de dépasser « l'ambivalence et (...) l'inachèvement de la modernité capitaliste » (101). On est frappé de la parenté du projet avec celui mendésiste d'un « capitalisme moderne », s'inscrivant tout à fait dans la perspective social-démocrate d'un schéma matérialiste historique débarrassé de son contenu apocalyptique.

C'est en tant que la sphère de l'indépassable hétéronomie doit être circonscrite par le développement de la sphère de l'autonomie, que le revenu doit être découplé de la « vente du travail », ce témoin du donné du capital. « Il faut trouver une source d'activité et un mode d'intégration sociale autre que le salariat ; projeter, au-delà de la société de plein emploi, une société de

« pleine activité », dans laquelle le revenu de chacun ne sera plus le prix auquel il vend son travail » (12). Mais on reste aveugle sur l'« autonomie » spécifique derrière l'hétéronomie déterminée, et c'est celle-là qu'on laisse se développer et se manifester dans la revendication libérale du dépassement de l'emploi vers l'activité (Cf. Michel Godet, cet apôtre du libéralisme).

5) Antoine Artous (Travail...) critique justement ce point de vue. Mais à l'identité gorzienne entre rationalité économique et capitaliste, il oppose leur distinction, conservant ainsi la première comme expression d'un rapport instrumental indépassable à la nature. C'est dans la problématique de l'Avant-dernier Marx que s'inscrit son propos. Selon lui, il s'agit pour Marx « simplement d'organiser de façon rationnelle les échanges avec la nature (...). Car le progrès de la civilisation (...) suppose bien la confrontation avec la nature et, donc, de la mise en œuvre d'une rationalité économique. Il est difficile de le faire sans « vision instrumentale de la nature » ; même si ce rapport instrumental doit relever d'une rationalité non pas « capitaliste », mais « humaine » (satisfaction des besoins, mais sur le long terme, en intégrant la dimension environnementale). » (144-145). De ce point de vue, « définir une perspective d'émancipation à travers la dialectique du temps de travail et du temps libre, suppose donc d'émanciper la production de la domination du capital afin de l'organiser de façon rationnelle » (145-146). Le problème est que cette perspective d'émancipation n'a de consistance qu'articulée à la distinction rationalité économique-rationalité capitaliste, qui en reste à la rationalité du travail, cette forme naturalisée reconnue dans son droit propre.

Cette distinction s'origine dans celle entre travail concret/travail abstrait. Or, le rapport instrumental à la nature ne concerne pas seulement le travail concret, le rapport capitaliste renvoyant, lui, à un procès de valorisation structurant la société comme sphère dominante (167). Il peut très bien n'être que la forme de naturalité déterminée de la logique du capital, où le rapport à la nature vient couvrir les certaines choses de l'identité vitale spécifique.

Il devient dès lors problématique de dire que « la séparation des producteurs directs d'avec les moyens de production (...) est également porteuse d'un potentiel d'émancipation des individus » (155). Car si l'émancipation consiste à s'extérioriser de la production pour la soumettre au contrôle conscient, on laisse de côté la question essentielle de la réalité du contact vital au travail, de sorte que le « contrôle conscient » extérieur ne dit pas la nature de cette conscience. Contrôle par quelle conscience et pour quoi faire ?

L'auteur préconise la fin de la marchandisation de la force de travail et des principaux moyens de production afin que le salarié soit « entièrement défini, en tant que membre d'un groupe social, par un statut que lui donne la société ; en l'occurrence le salariat. » (179). Mais quand on dit que le rapport salarial a en soi une vocation émancipatrice (Antoine Artous, Manuel Castels), on court le risque de confondre une société salariale qui ne serait plus vertébrée par le rapport capital-travail (Manuel Castels), avec un retour aux béquilles du capital et son devenir inscrit, et ceci parce qu'on a « oublié » sa logique.

Si cette séparation contient des éléments de réalité, on la voit, dans la formation économique et sociale, dans les dispositifs politiques accompagnant le rapport salarial. Mais ici il convient de définir clairement l'origine de cette action politique. L'État du capital est celui de l'action commune de la logique du capital, que nous avons vu pour la monnaie, et que nous voyons de plus en plus clairement dans la formation économique et sociale. L'État gestionnaire des béquilles est comme arbitre, très conditionné, d'un rapport de forces sociales lui-même conditionné par son origine. Enfin, s'agissant de l'État comme porteur d'un réformisme révolutionnaire, il provient de ce qu'il faut investir l'État pour l'inscrire dans une logique autre. Or, le problème est que le mouvement ouvrier a souvent confondu l'État gestionnaire des béquilles, qui a fait l'objet de toutes ses attentions « institutionnalisantes », avec la nécessaire intervention d'un État porteur d'un réformisme révolutionnaire, ayant vocation à faire se développer les réelles séparations.

L'objectif ici est que l'individu ne soit plus soumis à la rationalité du travail, et que le temps de travail soit un temps de la vie sociale comme sa normativité à elle. S'en prendre à la logique du capital c'est s'en prendre à la rationalité du travail, et à ses « petites logiques » politiciennes, médiatiques... Le temps libre semble se poser contradictoirement à la dictature du Capital, alors qu'il n'en est rien si on le laisse encastré dans la reproduction de celui-ci. Mais il l'est potentiellement, à la condition d'être attentif à son contenu et de ne pas le supposer intrinsèque comme temps libre d'une sorte de « nature humaine ». Car on le sait, la force du système est de se donner en des formes de naturalités normatives, notamment productives de besoins qui en oublient leur relativité à la vie qui les définit. On le voit, la « solution » n'est pas seulement dans l'organisation du social, mais renvoie à l'inscription vitale des individus porteurs de pratiques avec leurs évidences.

On ne peut aller plus loin dans le cadre de cette conclusion, sur une question qui demande une élaboration collective dans le cadre d'un projet politique. Celle-ci est d'autant plus nécessaire, que le Dernier-Marx ne nous donne pas un « sésame » pour sortir du capitalisme, mais une compréhension de celui-ci, plus apte à orienter une politique qu'à la dicter. Par les temps passés et par ceux qui courent, ce n'est déjà pas si mal.

Les concepts traditionnels du marxisme, tirés de la *première édition*, ne permettent pas de penser le capital en dehors du paradigme d'une philosophie de l'histoire. En ce sens, ils sont insuffisants pour alimenter la réflexion sur la nécessité-légitimité de l'action politique, à partir d'une profonde interrogation sur les réelles contradictions des formations économiques et sociales capitalistes. C'est ainsi que le politique fera la preuve qu'il n'est, en tant que tel, ni intégrationniste, ni légitimiste, mais porteur d'un principe d'espérance dans l'avenir de l'humanité. Par cela, on quittera l'ère de la raison, imprégnée par la « domination régnante » d'un sens, pour l'ère non pas des doctrines, ces pré-raisons montesquiennes, mais pour l'ère d'une « post-raison », ou de la vie avec ses ouvertures aux possibles.

Bibliographie

Ouvrages de Marx

Correspondance Marx-Engels (12 volumes), Éditions sociales, 1971-1989

Différence de la philosophie de la Nature chez Démocrite et Épicure, Ducros, 1970

Critique du droit politique hégélien, Éditions sociales, 1975

Manuscrits de 1844, Éditions sociales, 1990

La Sainte-Famille, Éditions sociales, 1972

Lettres sur Le Capital Éditions sociales, 1972

L'Idéologie allemande, Éditions sociales, 1976

Misère de la philosophie Éditions sociales, 1972

Manuscrits de 1857-1858 (« Grundrisse »), 2 tomes, Éditions sociales, 1980

« Introduction à la critique de l'économie politique » in *Contribution à la critique de l'économie politique,* Éditions sociales, 1977

« Critique de l'économie politique » in *Contribution à la critique de l'économie politique,* Éditions sociales, 1977

Manuscrits de 1861-1863, Éditions sociales, 1980

Lettres à Kugelmann, Éditions sociales, 1971

Théories sur la plus-value, 3 tomes, Éditions sociales, 1974-1978

Un Chapitre inédit du Capital, 10/18, 1970

Le Capital, Chapitre I (premier et quatrième éditions allemandes), Éditions du Cerf, 1977

Le Capital, livre I, (quatrième édition allemande), PUF, 1993

« Préface à la première édition du Capital » in *Le Capital* (édition française), Livre I, Éditions sociales, 1976

« Postface à la deuxième édition du Capital » in *Le Capital* (édition française) Livre I, Éditions sociales, 1976

Le Capital (édition française) en 3 tomes, Éditions sociales, 1976 *Critique du programme de Gotha et d'Erfurt,* Éditions sociales, 1966

« Notes marginales sur le Traité d'économie politique d'Adolphe Wagner » in *Le Capital* (édition française), livre II, 1976

Autres ouvrages cités :

Adorno Theodor W, *Société : Intégration, désintégration*, Payot, 2011

Althusser Louis, *Pour Marx,* Maspero, 1967

Althusser Louis, « Du Capital à la philosophie de Marx » in *Lire Le Capital I,* Maspero, 1968

Althusser Louis, « L'objet du Capital » in *Lire le capital I et II,* Maspero, 1968

Althusser Louis, *Avant-propos à « Le concept de lois économiques » dans Le Capital »,* Maspero, 1978

Althusser Louis, *Ecrits sur la psychanalyse,* Stock, IMEC, 1993

Althusser Louis, *Sur la reproduction,PUF,* 1995

Althusser Louis, *Solitude de Machiavel,* PUF, 1998

Arrow Kenneth, « De la rationalité de soi et des autres dans un système économique » in *Théorie de l'infor- mation et des organisations,* Dunod, 2000

Artous Antoine, *Travail et émancipation sociale, Marx et le travail,* Sylepse, 2003

Artous Antoine, *Le fétichisme chez Marx,* Sylepse, 2006

Assoun Paul Louis, *Freud, la philosophie et les philosophes,* PUF, 1995

Badiou Alain, *Abrégé de métapolitique,* Seuil, 1998

Baudrillard Jean, *Pour une critique de l'économie politique du signe,* Gallimard, 1990

Benetti Carlo, Cartelier Jacques, *Marchands, salariat et capitalistes,* Maspero, 1980

Bidet Jacques, *Que faire du capital,* Méridiens Klincksieck, 1985

Bitbol Michel, *De l'intérieur du monde. Pour une philosophie et une science des relations,* Flammarion, 2010

Brunhoff de Suzanne, *L'État et le Capital,* Maspero /PUG, 1976

Castel Manuel, *Les métamorphoses du rapport salarial,* Fayard, 1995

Castoriadis Cornelius, *Les carrefours du Labyrinthe,* Seuil, 1978

Chavance Bernard, *Marx et le capitalisme,* Nathan, 1996

Deleuze Gérard, *Nietzsche et la philosophie,* PUF, 1997

Derrida Jacques, *La carte postale,* Flammarion, 1980

Derrida Jacques, *Etats d'âme de la psychologie,* Galilée, 2000

Dognin Paul-Dominique, *Les sentiers escarpés du Capital,* 2 tomes, Les éditions du Cerf, 1977

Elias Norbert, *La civilisation des mœurs,* poche Pocket, 1974

Elias Norbert, *La Dynamique de l'Occident,* poche Pocket, 1975

Engels Friedrich, *Dialectique de la Nature,* Éditions sociales, 1968

Engels Friedrich, *L'Anti-Dhuring,* Éditions sociales, 1973

Fausto Ruy, « Abstraction réelle et contradictions : sur le travail abstrait et la valeur », *Critique de l'économie politique,* n°2 et3, 1978

Forest Hervé Marie, *Le Capital (chapitre I) : la marchandise/Marx,* Hachette, 1984

Foucault Michel, *Les mots et les choses,* Gallimard, 1990

Foucault Michel, *L'Herméneutique du sujet,* Gallimard-Seuil, 2001

Freud Sigmund, *Métapsychologie,* Gallimard, 1958

Freud Sigmund, *Totem et Tabou*, Payot, 1980

Freud Sigmund, « La désillusion causée par la guerre » in *Essais de psychanalyse,* Payot, 2008 a

Freud Sigmund, « Au-delà du principe de plaisir » in *Essais de psychanalyse,* Payot, 2008 b

Freud Sigmund, « Le Moi et le ça » in *Essais de psychanalyse,* Payot, 2008 c

Godet Michel, *L'emploi est mort vive l'activités,* Pocket, 1997

Gorz André, *Métamorphoses du travail, quête du sens,* Galilée, 1988

Gorz André, *Capitalisme socialisme écologie,* Galilée, 1991

Hai Hac Tran, *Relire « Le Capital »,* Tome I, Page Deux, 2003

Hai Hac Tran, Salama Pierre, *Introduction à l'économie de Marx,* La Découverte, 1992

Hegel Georg-Wilhelm-Friedrich, *La première philosophie de l'Esprit*, PUF, 1969

Hegel Georg-Wilhelm-Friedrich, *Encyclopédie des Sciences philosophiques I, Sciences de la Logique,* VRIN, 1986

Hegel Georg-Wilhelm-Friedrich, *Phénoménologie de l'Esprit,* Aubier, 1991

Hegel Georg-Wilhelm-Friedrich, *Principes de la philosophie du Droit,* Gallimard, 1992

Heidegger Martin, *Etre et Temps,* Gallimard, 2002

Itoh Makoto, *La crise mondiale,* EDI, 1987

Lacan Jacques, *Le désir et son interprétation,* Le Séminaire livre III, Bulletin de psychologie, T.XIII

Lacan Jacques, *Séminaire XVI*, Seuil, 2006

Lefort Claude, *La forme de l'histoire,* Gallimard, 1978

Lénine Vladimir, *Que faire ?,* Éditions sociales, 1971

Lepage Henri, *Demain le capitalisme,* Livre de Poche, 1978

Marcuse Herbert, *Raison et révolution,* Éditions de Minuit, 1968

Mardellat Patrick, *Par delà la notion de rationalité, l'économie comme science de l'esprit,* Cahier d'économie politique, 2006/1 n°50, L'Harmattan

Meda Dominique, *Le travail, une valeur en voie de disparition,* Aubier, 1995

Mercier-Josa Solange, Additif in *mon dernier ouvrage, in Marx démocrate, le Manuscrit de 1843, Actuel Marx*, PUF, 2001

Nadel Henri, *Marx et le salariat*, Le Sycomore, 1983

Negri Antonio, *Inventer le commun des hommes*, Bayard, 2010

Nietzsche Friedrich, *Ainsi parlait Zarathoustra,* Flammarion, 1996

Nietzsche Friedrich, *La Volonté de puissance* (2 tomes), Gallimard, 1997

Nietzsche Friedrich, *Par-delà bien et mal,* Flammarion, 2000

Nietzsche Friedrich, *La généalogie de la morale,* Folio, 2001

Postone Moshe, *Temps, travail et domination sociale,* Mille et une Nuits, 2009

Roubine Isaac, *Essai sur la théorie de la valeur de Marx,* Maspero, 1978

Sartre Jean-Paul, L'Etre et le Néant, Gallimard, 1976

Seve Lucien, *Penser avec Marx aujourd'hui,* tome 2, La Dispute, 2008

Seve Lucien, « Sauvez le genre humain, pas seulement la planète », *Le Monde diplomatique,* novembre, 2011

Simon Herbert, *Administrative Behavior,* New York, Mc Millan, 1947

Staline Joseph, « Le matérialisme dialectique et le matérialisme historique » in *Les questions du léninisme,* Pékin, 1977

Tombazos Stavros, *Le temps dans l'analyse économique. Les catégories du temps dans Le Capital*, Cahiers des saisons, 1994

Varela Francesco, Thompson Evan, Rosch Eleanor, *L'inscription corporelle de l'esprit,* Seuil, 1993

Vincent Jean-Marie, *Critique du travail,* PUF, 1987

Walliser Bernard, *L'intelligence économique,* Odile Jacob, 1994

Weber Max, *L'éthique protestante et l'esprit du capitalisme,* Plon/Agora, 1985

Tatania Zaslavskaia, « Quelle réforme économique en Union Soviétique » in *L'Alternative* n°26 mars-avril 1984

Table des matières

Philosophie
aux éditions L'Harmattan

Dernières parutions

BERDIAEFF, PHILOSOPHE
Dignité humaine et fraternité transcendantale
Tshingola Jean - Préface de Michel Dupuis
Il s'agit ici de prendre au sérieux le programme métaphysique de Berdiaeff, selon qui nous restons en recherche d'une «véritable anthropologie religieuse et métaphysique». Une dignité fondée sur la fraternité des humains, voilà qui ouvre à un authentique personnalisme renouvelé. Une telle lecture réellement psychologique de Berdiaeff est en mesure d'affronter quelques défis majeurs de nos cultures technoscientifiques où l'humain est mis en question.
(26.00 euros, 250 p.)
ISBN : 978-2-343-02589-6, ISBN EBOOK : 978-2-336-35389-0

KANT ET LE POUVOIR RÉCEPTIF
Recherches sur la conception kantienne de la sensibilité
Aportone Anselmo
Le cœur de ce livre est constitué par la méditation qui est menée, d'un chapitre à un autre, autour de la notion de sensibilité et de son rôle dans la philosophie kantienne. L'interprétation qui en est proposée est singulière parce que, tout en étant en un sens imprégnée de néo-kantisme – par le privilège accordé à la forme et à la spontanéité, notamment – elle prend à un autre niveau son contrepied. En effet, elle ne prétend jamais résorber l'exercice de la sensibilité dans l'activité de l'entendement.
(Coll. Rationalismes, 27.00 euros, 260 p.)
ISBN : 978-2-343-01973-4, ISBN EBOOK : 978-2-336-35582-5

KIERKEGAARD AUX ÉTATS-UNIS
Histoire d'une réception
Pons Éric
Le présent ouvrage vise à étudier dans une perspective philosophique la tradition méconnue de la réception de l'œuvre de Søren Kierkegaard aux États-Unis. Cette appropriation donne une figure positive du philosophe danois et contribue à le sortir de l'enfer idéologique dans lequel il est encore plongé. C'est le récit du trajet de son oeuvre de la Scandinavie jusqu'au Middle-West et de son établissement comme philosophe influent du monde intellectuel américain qui est retracé.
(Coll. Ouverture Philosophique, 24.00 euros, 236 p.)
ISBN : 978-2-343-04149-0, ISBN EBOOK : 978-2-336-35546-7

PAUL RICŒUR
Le cogito blessé et sa réception africaine
Davy Kacou Vincent - Préface du Professeur Patrice Jean Ake
L'auteur nous fait redécouvrir les premiers philosophes à avoir abordé la question du «je», du «moi», du «sujet» (Descartes, Husserl, Nietzsche), ce que Paul Ricœur appelle le «cogito blessé ou brisé». Selon lui, c'est en s'éloignant d'une réflexivité immédiate sur soi, en faisant le détour par les médiations, que l'on peut espérer mieux se connaître soi-même. Cette étude est donc essentiellement un procès du cogito cartésien.
(Coll. Ouverture Philosophique, 13.50 euros, 120 p.)
ISBN : 978-2-343-03713-4, ISBN EBOOK : 978-2-336-35502-3

PASCAL ET LA POP CULTURE
Bischoff Jean-Louis - Préface de Jean-François Petit
Comment et pourquoi affirmer que l'humanisme d'un penseur catholique du XVIIe siècle peut nous guider dans la compréhension de phénomènes culturels contemporains, c'est *in fine* la question qui commande cette étude rigoureuse et audacieuse. Faire dialoguer de façon féconde le projet de Blaise Pascal et la pop culture, appréhendée à partir des tribus musicales punk, rock, skinhead, gothique, hip-hop et électro, c'est l'objectif du travail de Jean-Louis Bischoff.
(Coll. Ouverture Philosophique, 25.00 euros, 254 p.)
ISBN : 978-2-343-04084-4, ISBN EBOOK : 978-2-336-35512-2

SCHOPENHAUER ET SCHELLING PHILOSOPHES DU TEMPS ET DE L'ÉTERNITÉ
La deuxième voie du post-kantisme
Ruta Marcello
Les philosophies de Schelling et Schopenhauer ont souvent été mises en relation. L'objectif de cette étude est d'utiliser les notions de temps et d'éternité comme une première clé théorétique permettant d'éclairer les relations et les différences entre ces deux philosophies. Cette analyse conduit à une reconsidération de la position historique de deux pensées qui, selon la thèse de l'auteur, doivent être toutes deux ramenées à leur contexte philosophique originaire, celui du post-kantisme...
(Coll. Ouverture Philosophique, 46.00 euros, 538 p.)
ISBN : 978-2-343-01567-5, ISBN EBOOK : 978-2-336-34905-3

SPINOZA
Problèmes de l'idée vraie
Audié Fabrice - Préface de Pierre-François Moreau
Le *Traité de la Réforme de l'Entendement* est un des ouvrages les plus connus et les plus lus de Spinoza. Il présente pourtant des difficultés : son inachèvement, l'incertitude sur sa date de rédaction, le choix de ses termes et de ses principales notions, le rôle de l'idée vraie dans la méthode et l'élaboration du système. Ce sont ces difficultés que Fabrice Audié s'attache ici à résoudre, en analysant le lexique, en mesurant ce qui vient de Bacon, de Descartes ou de la scolastique, en suivant les étapes et les détours de l'ouvrage.
(Coll. La philosophie en commun, 15.50 euros, 156 p.)
ISBN : 978-2-343-04130-8, ISBN EBOOK : 978-2-336-35569-6

CONDITION (LA) TRANSMODERNE
Rodriguez Magda Rosa Maria - Traduit de l'espagnol par Alcime Steiger
La Modernité est morte, la Postmodernité aussi. Nous sommes dans un autre paradigme, la Transmodernité. Le préfixe « trans » ne cherche pas seulement à mettre en évidence l'aspect dynamique de la transformation, mais vise aussi à postuler la nécessaire transcendance de la crise de la Modernité.
(Coll. Quelle drôle d'époque !, 10.50 euros, 76 p.)
ISBN : 978-2-343-03477-5, ISBN EBOOK : 978-2-336-35436-1

DE L'IMMORALITÉ
ou de la difficulté d'approche de la morale humaine
Sous la direction de Jacques Delga - L. Bibard, G. Chaty, M-P Labreur, F. Mananga, V. Padioleau, O. Brisson, C. Abitbol
On peut se demander ce qu'est l'immoralité. Est-ce notamment la conduite sans référence à des valeurs, et (ou) la conduite selon de mauvaises valeurs ? Cette question de l'immoralité a été abordée par divers philosophes dont notamment Platon, Aristote, Spinoza, Hegel, etc. Les sept auteurs de l'équipe, appartenant à des disciplines distinctes, ont traité librement de la question de l'immoralité.
(26.00 euros, 266 p.)
ISBN : 978-2-343-03812-4, ISBN EBOOK : 978-2-336-35434-7

UN ÉTAT DES LIEUX DE LA RECHERCHE ET DE L'ENSEIGNEMENT EN ÉTHIQUE
Sous la direction d'Edwige Rude-Antoine et Marc Piévic
Les recherches et les enseignements dans le domaine de l'éthique se multiplient au sein des universités et grandes écoles. Sans doute en partie motivés par le bouleversement des repères moraux et la crise de sens qui affectent de nombreux secteurs de la société, ils se développent dans de nombreuses disciplines - philosophie, sociologie, droit, économie, médecine - et les domaines les plus variés : environnement, affaires, technologie. Il semblait important de les réunir.
(Coll. Éthique en contextes, 22.00 euros, 208 p.)
ISBN : 978-2-343-03906-0, ISBN EBOOK : 978-2-336-35473-6

HISTOIRE DE LA LOGIQUE / HISTORY OF LOGIC
Logique classique intra- et interpropositionnelle / Intra- and Interpropositional Classical Logic
(Version française et version anglaise) Bilingue français-anglais
Chatue Jacques, Mondoue Roger
Cet ouvrage est un manuel d'histoire de la logique. Les auteurs y soutiennent en effet que les développements fulgurants de la logique, grâce à la mathématisation, ne doivent pas nous dispenser de décrypter son histoire. Ils étudient ainsi la logique classique dans ses deux variantes, aristotélicienne et stoïcienne. This is a history of logic manual. In the book, the authors actually hold that the dazzling development of logic, through mathematization, should not spare us the necessity of deciphering its history. Thus, they study classical logic in its two variants: Aristotelian and Stoic.
(Harmattan Cameroun, Coll. Cours & Manuels, 14.50 euros, 130 p.)
ISBN : 978-2-343-04340-1, ISBN EBOOK : 978-2-336-35596-2

INTÉRÊT GÉNÉRAL ET BIEN COMMUN
Théorie rénovée de l'Action publique
Oulahbib Lucien-Samir
L'action publique est ici considérée comme le bras armé de la morale publique afin de concilier les idées de bien commun et d'intérêt général. Dans quel but ? Celui de faire en sorte que la notion de République ou de Chose Commune puisse être réellement l'affaire de tous et non pas de quelques-uns. Comment se fait-il que l'État ne soit pas au service du plus grand nombre ? Comment faire en sorte que cela puisse le devenir ? En France et dans le monde ?
(Coll. Épistémologie et philosophie des sciences, 13.50 euros, 126 p.)
ISBN : 978-2-343-04053-0, ISBN EBOOK : 978-2-336-35380-7

UNE LECTURE AFRICAINE DES TROIS MÉTAMORPHOSES DE L'ESPRIT DE NIETZSCHE
Ake Patrice Jean
L'Afrique veut redevenir enfant, en optant pour les simplicités de la vie : manger, dormir et occuper son temps comme on peut. Elle veut choisir de posséder peu et aimer d'instinct ce qui est sobre et épuré. Dans les sociétés occidentales, les personnes ne savent plus vivre simplement, elles ont trop de biens matériels, trop de choix, trop de tentations, trop de désirs, trop de nourriture. Cette étude risque une proposition pour la renaissance ou la résurrection de l'Afrique.
(12.50 euros, 110 p.)
ISBN : 978-2-343-03941-1, ISBN EBOOK : 978-2-336-35392-0

PENSER LES REPRÉSENTATIONS
Sous la direction d'Ayissi Lucien
De quoi peut-il s'agir lorsqu'on entreprend de penser les représentations ? Pourquoi leur accorder un intérêt épistémologique aussi important qu'il faille s'y mettre à plusieurs dans le cadre d'un ouvrage collectif ? A quoi peut bien se destiner cette synergie ? C'est pour pouvoir résoudre le problème de pertinence et de sens que pose la réflexion sur les représentations que des universitaires camerounais ont accepté de collaborer à cet ouvrage.
(Harmattan Cameroun, Coll. Éthique, politique et science, 32.00 euros, 310 p.)
ISBN : 978-2-343-04061-5, ISBN EBOOK : 978-2-336-35384-5

PRÉCARITÉ (LA) DE LA VIE
Sagesse de l'homme vulnérable (Volume 1)
QUÊTE (LA) DE LA SAGESSE
Sagesse de l'homme vulnérable (Volume 2)
Delassus Éric
Les hommes sont dépendants de la nature tout entière et, par conséquent, ils sont dépendants les uns des autres. Cette dépendance n'est pas un signe de faiblesse. C'est elle qui, lorsqu'elle est bien ordonnée, empêche les hommes de devenir ennemis les uns des autres. Il faut donc à l'homme vulnérable une sagesse pour l'inviter à faire preuve d'autant de sollicitude qu'il est possible envers ses semblables. Que peut bien être la sagesse de l'homme vulnérable ?
(Tome 1, 15.50 euros, 146 p.)
ISBN : 978-2-343-03871-1, ISBN EBOOK : 978-2-336-35576-4
(Tome 2, 14.50 euros, 140 p.)
ISBN : 978-2-336-30711-4, ISBN EBOOK : 978-2-336-35577-1

POLITIQUES DE L'APPROPRIATION
Lamarche-Vadel Gaëtane
Si l'appropriation est devenue une conduite réactive à une situation de totale dépendance, l'illusion qu'elle véhicule ne lui vient pas de nulle part mais d'un double héritage. Le premier, une confiance aveugle dans les pouvoirs du propre et de la propriété. Le deuxième héritage a fait de l'appropriation le ressort d'un combat collectif contre les modes de vie sociale aliénés et aliénants, en faveur de la reconception de valeurs communes génératrices de présent.
(Coll. Anthropologie Critique, 19.00 euros, 192 p.)
ISBN : 978-2-343-04243-5, ISBN EBOOK : 978-2-336-35660-0

POLITIQUE ET VIOLENCE
Maurice Merleau-Ponty et Hannah Arendt
Tshitende Kaleka Augustin
L'histoire de l'humanité se confond avec celle de la violence, et notre monde vit dans un état de violence presque permanent. Cette situation ne peut laisser indifférent le philosophe qui réfléchit sur la politique. Ce livre expose les théories de Maurice Merleau-Ponty et Hannah Arendt sur la violence. Si pour l'un elle fait partie de l'essence du politique, pour l'autre elle est antipolitique.
(Coll. Ouverture Philosophique, 28.00 euros, 278 p.)
ISBN : 978-2-343-01641-2, ISBN EBOOK : 978-2-336-35676-1

QU'EST-CE QU'UNE CRISE ?
Éléments d'une théorie critique
Mezilas Glodel
Cet essai aborde un thème encore non traité dans une perspective méthodologique. En général, le concept de crise est accompagné soit d'un adjectif ou d'une préposition, en ce que toute crise est toujours crise de... Mais on n'étudie pas le concept de crise en soi. D'où l'originalité et la nouveauté de cette réflexion. Ce texte succinct suggère un cadre théorique critique pour l'analyse d'une crise quelconque, à partir de la méthode dialectique.
(Coll. Ouverture Philosophique, 12.00 euros, 102 p.)
ISBN : 978-2-343-04177-3, ISBN EBOOK : 978-2-336-35623-5

QUE VALENT LES VALEURS ?
De Lastic Adélaïde - Préface de Valérie Lejeune
Valeur éthique et valeur économique se rapportent toutes les deux à une certaine notion de la richesse. Sont abordés les thèmes suivants : les liens entre valeurs éthiques et la valeur économique, la valeur économique des valeurs éthiques, les nouvelles valeurs.
(Coll. Ad valorem, 13.00 euros, 112 p.)
ISBN : 978-2-343-04035-6, ISBN EBOOK : 978-2-336-35694-5

L'HARMATTAN ITALIA
Via Degli Artisti 15; 10124 Torino

L'HARMATTAN HONGRIE
Könyvesbolt ; Kossuth L. u. 14-16
1053 Budapest

L'HARMATTAN KINSHASA
185, avenue Nyangwe
Commune de Lingwala
Kinshasa, R.D. Congo
(00243) 998697603 ou (00243) 999229662

L'HARMATTAN CONGO
67, av. E. P. Lumumba
Bât. – Congo Pharmacie (Bib. Nat.)
BP2874 Brazzaville
harmattan.congo@yahoo.fr

L'HARMATTAN GUINÉE
Almamya Rue KA 028, en face
du restaurant Le Cèdre
OKB agency BP 3470 Conakry
(00224) 657 20 85 08 / 664 28 91 96
harmattanguinee@yahoo.fr

L'HARMATTAN MALI
Rue 73, Porte 536, Niamakoro,
Cité Unicef, Bamako
Tél. 00 (223) 20205724 / +(223) 76378082
poudiougopaul@yahoo.fr
pp.harmattan@gmail.com

L'HARMATTAN CAMEROUN
BP 11486
Face à la SNI, immeuble Don Bosco
Yaoundé
(00237) 99 76 61 66
harmattancam@yahoo.fr

L'HARMATTAN CÔTE D'IVOIRE
Résidence Karl / cité des arts
Abidjan-Cocody 03 BP 1588 Abidjan 03
(00225) 05 77 87 31
etien_nda@yahoo.fr

L'HARMATTAN BURKINA
Penou Achille Some
Ouagadougou
(+226) 70 26 88 27

L'HARMATTAN SÉNÉGAL
10 VDN en face Mermoz, après le pont de Fann
BP 45034 Dakar Fann
33 825 98 58 / 33 860 9858
senharmattan@gmail.com / senlibraire@gmail.com
www.harmattansenegal.com

L'HARMATTAN BÉNIN
ISOR-BENIN
01 BP 359 COTONOU-RP
Quartier Gbèdjromèdé,
Rue Agbélenco, Lot 1247 I
Tél : 00 229 21 32 53 79
christian_dablaka123@yahoo.fr

Achevé d'imprimer par Corlet Numérique - 14110 Condé-sur-Noireau
N° d'Imprimeur : 114627 - Dépôt légal : décembre 2014 - *Imprimé en France*